Werner Gratzer

Aggressivität in der Schule

Vorbeugen – Eingreifen – Grenzen setzen

westermann

Um die Kopiervorlagen auf ein DIN-A4-Blatt zu vergrößern,
verwenden Sie bitte den Faktor 126 %.

© 2014 Bildungshaus Schulbuchverlage
Westermann Schroedel Diesterweg Schöningh Winklers GmbH, Braunschweig
www.westermann.de

Druck A[1] Jahr 2014

Redaktion: Kirstin Jebautzke, Nicole Amrein
Herstellung: PER Medien+Marketing GmbH, Braunschweig
Satz und technische Umsetzung: PER Medien+Marketing GmbH, Braunschweig
Druck und Bindung: westermann druck GmbH, Braunschweig

ISBN 978-3-14-162157-0

Inhalt

Vorwort

Unterrichtsstörungen, Aggressivität und Gewaltbereitschaft nehmen bei Kindern und Jugendlichen zu – eine Tatsache, die nicht zu leugnen ist.

Im Buch sollen die beiden Grundfehler vermieden werden, die im Zusammenhang mit dieser Problematik immer wieder zu beobachten sind: es wird in diesem Buch nichts dramatisiert, nichts hochgeputscht – aber auch nichts heruntergespielt, nichts verharmlost und nichts unter den Teppich gekehrt.

Viele Überschriften verdeutlichen die Praxisorientierung, ebenso der Verweis auf die zahlreichen Kopiervorlagen auf der nächsten Seite.

Zunächst wird dem Phänomen „aggressives Verhalten" auf den Grund gegangen. Ohne die Definitionen zu detailliert darzustellen, werden klare Abgrenzungen aufgezeigt. „Diagnose kommt stets vor Therapie" – diese Erkenntnis wird ernst genommen, aber in dem vorliegenden Buch nicht überstrapaziert..

Es wird nicht veräumt, auch sehr drastische Beispiele anzubieten, Beispiel von verbaler Aggressivität, von Vandalismus und Beispiele politisch rechtsorientierter Gewaltformen.

Einen wichtigen Teil nehmen die Maßnahmen, die Hilfen ein, die den Lehrpersonen angeboten werden – nicht im Sinne von Rezepten, sondern als Angebot, als Hilfe. Präventive umfassende Maßnahmen, aber auch korrigierende Intervention werden konkret und vor allem auch umsetzbar, der Leserin bzw. dem Leser vorgestellt. Die Schule ist eben nicht machtlos!

Verschiedene Fallbeispiele runden diesen Teil ab. Hier aber auch sonst ist der Praxisbezug immer gewahrt, die Sprache verständlich und fundiert. Dabei wird aus Gründen der Lesefreundlichkeit meist nur von Lehrern und Schülern gesprochen, auch wenn selbstverständlich immer sowohl die weiblichen als auch die männlichen Personen gemeint sind.

Die vorgestellten Feedback-Formen – mündliche, schriftliche, mediative – sind ein innovatives und überzeugendes Instrumentarium, mit störenden aggressiven und gewaltbereiten Schülern und Schülerinnen umzugehen. Lehrpersonen, die diese neue Form „wagen", gewinnen …

Braunschweig, im Februar 2014   *Werner Gratzer*

Kopiervorlagen

Unterrichtsstörungen, Aggressionen

Fakten

Es gibt sie
- die nervöser werdenden Schüler;
- die verbalen Attacken;
- die streitenden, schreienden Schüler;
- die schlagenden, raufenden Schüler;
- die Störer;
- die Provokateure;
- die Erpresser;
- die Gewaltbereiten;
- die Gewaltanwender zur Durchsetzung eigener Interessen;
- die Vandalen;
- die spontane, ungeplante Aggression;
- die geplante, zielgerichtete Aggression.

Es gibt sie
- die nervöser werdenden Lehrer;
- die hilflosen Lehrer;
- die ausgelieferten Lehrer;
- die nach Hilfe und Hilfen suchenden Lehrer;
- die humanen Lehrer mit Niederlagenserien;
- die autoritären Lehrer mit Niederlagenserien;
- die ausgebrannten Lehrer;
- die resignierenden Lehrer.

Es gibt sie
die typischen Verhaltensweisen im Vorfeld aggressiven Verhaltens (altersabhängig):

Verhaltensweisen, die sich direkt auf den Nachbarn beziehen:
- das Bein stellen;
- den Stuhl wegziehen;
- beim Reden stören;
- die Tasche verstecken;
- falsch vorsagen;
- das Buch auf den Kopf schlagen;
- die Jacke (Schultasche, Schreibgeräte) klauen;
- Kaugummi auf die Bank kleben;
- schlagen, boxen, mit dem Zirkel stechen;
- vom Stuhl werfen.

Verhaltensweisen, die sich auf die Klassenöffentlichkeit beziehen:
• mit Absicht vom Stuhl fallen;
• zum Waschbecken laufen;
• das Handy klingeln lassen;
• während des Unterrichts reden;
• während des Unterrichts zum Papierkorb gehen;
• dazwischenrufen;
• sich wie verrückt melden;
• Briefchen schreiben;
• die Bänke wegschieben;
• mit Papier in der Klasse herumwerfen;
• in der Klasse umherlaufen;
• mit Schwamm (Kreide) werfen.

Verhaltensweisen, die sich auf die eigene Person beziehen:
• Smartphone-„Aktivitäten";
• SMS lesen und schreiben;
• schlafen;
• essen.

Es gibt sie, die Gewaltanwendung
in Schulen und im schulischen Umfeld:

Überfall auf zwei Lehrer

Köln (dpa) – Vor den Augen seiner Klasse ist gestern ein Kölner Lehrer von drei maskierten Jugendlichen überfallen und mit einem Stock verprügelt worden. Die etwa 16-jährigen Täter waren in das Klassenzimmer einer Gesamtschule gestürmt. Der Pädagoge musste nach dem Überfall im Krankenhaus behandelt werden.

Auf offener Straße ist ein weiterer Lehrer in der Domstadt von einem Jugendlichen schwer verletzt worden. Der Täter hatte dem Pädagogen hinter geparkten Autos aufgelauert. Als der Lehrer mit dem Rad vorbeifuhr, schlug der Jugendliche mit einem Stein auf sein Opfer ein. Der Mann stürzte und wurde in ein Krankenhaus eingeliefert. In beiden Fällen fehlt von den Tätern bisher jede Spur.

(Münchner Merkur vom 14.01.1992)

Beispiele aus der Spitze des Eisbergs: Im Pausenhof springen zwei 13-Jährige einer Zwölfjährigen von hinten ins Kreuz; Dutzende von Schülern feuern die beiden Buben an, während sie auf ihr Opfer einschlagen; als das Mädchen die Pausenaufsicht um Hilfe anfleht, sagt diese: „Geh zur Klassenlehrerin!"

Zwei 13-jährige Burschen sprühen einer 14-Jährigen eine Spraydose ins Gesicht und zünden den Strahl mit einem Feuerzeug an; nach der Stichflamme rettet nur eine Operation das rechte Auge.

Eine Schlägerclique stürzt sich auf zwei Mädchen, die sich nicht anmachen lassen wollen; mit ausgekugeltem Arm und blutüberströmten Gesichtern kommen die beiden ins Krankenhaus.

Im Sportunterricht treten zwei Burschen einen anderen zusammen und brechen ihm die Hand.

Nach einem Sportfest stiefeln Schläger einer anderen Schule willkürlich einen 14-Jährigen und einen Lehrer so, dass beide mit Kiefer- und Nasenbeinbrüchen wochenlang im Krankenhaus liegen.

(Münchner Merkur vom 20.01.1992)

Es gibt sie, die eindeutigen Untersuchungsergebnisse und Tendenzen.
Eine Analyse der relevanten Literatur und die Ergebnisse der zum Problemfeld durchgeführten Erhebungen führen zu folgenden *Thesen*:

1. Die Gewaltbereitschaft bei Jugendlichen hat seit den achtziger Jahren stark zugenommen.
2. Die Gewalttaten gegen Sachen wie vor allem auch gegen Personen sind linear dazu angestiegen.
3. Dies gilt nicht nur für ältere Jugendliche, sondern auch für den Primar- und Sekundarbereich.
4. Die Altersgrenzen der Gewalttätigen sind in den letzten Jahren deutlich gesunken.
5. Der Kulminationspunkt der Gewaltbereitschaft und Gewalttätigkeit scheint noch nicht erreicht zu sein.
6. Die Initiative zu Gewalttätigkeiten geht meist nicht von Gruppen, sondern von Einzelakteuren aus.

(nach: Rolinski u. a., Gewalt in unserer Gesellschaft. Gutachten für das Bayerische Staatsministerium des Innern)

Wie reagieren?

Nichts hochspielen!

Es kann durchaus ein Selbstschutzmechanismus sein, Phänomene, vor denen man Angst hat, überdimensional darzustellen, zu dramatisieren, zu verzerren, ihnen einen zu hohen Stellenwert zuzumessen, den sie nicht verdienen.

Störungen des Unterrichts, aggressives Schülerverhalten, Disziplinkonflikte, Gewaltanwendungen sind Fakten; leider scheint der Kulminationspunkt dieser Erscheinungsformen noch lange nicht erreicht. Wer aber die zweifellos vorhandene Gefahr hochspielt, reagiert meist falsch, aktiviert die Gesellschaft und nicht zuletzt die Medien, die dann wiederum Einzelvorfälle leicht pauschalisieren und überbewerten. Für eine gelassene pädagogische Reaktion bleibt dann wenig Raum. Wer dramatisiert, braucht sich nicht zu wundern, wenn aus kleinen Feuerchen Flächenbrände werden.

Nichts herunterspielen!

Vielfach werden Phänomene selektiv wahrgenommen, damit die eigene Sicherheit und Identität nicht gefährdet sind. „Es kann nicht sein, was nicht sein darf!" Das Aggressionspotenzial von Kindern und Jugendlichen wird unterschätzt, die Gewaltbereitschaft geleugnet, typische Erscheinungsformen werden bagatellisiert. Wer aber die Augen verschließt, verdrängt, konsequent ignoriert, braucht sich nicht zu wundern, wenn aus kleinen Feuerchen Großbrände werden.
Die Presse übertreibt gelegentlich maßlos:

„Die rasten einfach aus"
An deutschen Schulen explodiert die Gewalt. Aggressive Kinder bedrohen Klassenkameraden mit dem Tod, sie prügeln, rauben, erpressen. Schwere Verletzungen sind an der Tagesordnung. Lehrer und Polizei stehen der Brutalität von bisher nie erlebtem Ausmaß hilflos gegenüber. Experten suchen die Schuld bei den Eltern.

(Spiegel 42/1992)

Störende, aggressive Schüler, Konfliktsituationen, Provokation von Erwachsenen, insbesondere von Erziehenden, gab es schon immer:

„Sie scheinen jetzt das Wohlleben zu lieben, haben schlechte Manieren und verachten die Autorität, sind Erwachsenen gegenüber respektlos … und tyrannisieren ihre Lehrer!"

(Sokrates um 400 v. Chr. über die Jugend)

„Ihr habt meinen Befehl und euren Ruhm missachtet, indem ihr das Studium der Wissenschaften vernachlässigt und der Genusssucht, dem Spiel, der Faulheit und eitlem Tun erlagt."

(Karl der Große um 800)

„Die unüberbietbare Frechheit der Jugend unseres Jahrhunderts ist ein sicheres Zeichen für das Herannahen des Jüngsten Gerichts."

(Melanchthon um 1560 über die Jugend)

„Die Kollegiaten treiben unerhörten Mutwillen und Bosheit im Kollegio und in der Schule; sie zerbrechen die Fenster, zerstücken den Ofen, bleiben ohne gegebenen Anlass außer dem Kollegio, saufen sich voll, zerreißen nach geschlossener Tür die Fensterläden … und begehen unzählige andere Verbrechen."

(Bericht über Kollegiaten 1657 nach G. Keller: Das Klagelied vom schlechten Schüler)

„Nach Berichten und Erfahrung der letzten Jahre hat die Zahl der Schüler zugenommen, die sich den pädagogischen Maßnahmen der Schule böswillig und nachhaltig verschließen und widersetzen, die die Schulordnung und die Gemeinschaft erheblich stören und dadurch dem Lehrer im Unterricht große Schwierigkeiten bereiten."

(Erlass des Ministeriums, Hessen 1956)

Unterrichtsstörungen gehörten und gehören zum Unterrichtsalltag, allerdings rufen sie immer den Unmut von Lehrern hervor. Offensichtlich planen Lehrer den Unterricht immer (noch) so, als gäbe es nur lernwillige und unauffällige Kinder. Als Störung wird dann alles empfunden, was dem Lehrer das Erreichen seines Ziels erschwert. Dazu können dann sogar an sich positive Handlungen von Schülern zählen. Diese stellen z.B. Fragen, echte Fragen; sie stellen etwas ehrlich infrage; sie suchen nach Alternativen, wollen nicht nur ablenken; sie bringen eigene Erfahrungen mit in den Unterricht ein, wollen sich nicht nur „wichtig" machen. Der Lehrer als sensibler Pädagoge ist gefordert. Er wird immer abzuschätzen haben, ob die Schülerhandlung echt und ehrlich ist oder ob eine geplante Störaktion vorliegt, die Ablenkungsabsicht dominiert bzw. der Lehrer verunsichert werden soll. Grundsätzlich sollte gelten, dass man den Schülern nicht immer von vornherein die eher negative, destruktive Haltung und Handlung unterstellt.

Noch einmal: Unterrichtsstörungen gehören zum Geschäft von Pädagogen. Beängstigend sind allerdings das Tempo der Eskalation an gewaltbereitem und gewalthaltigem Handeln, der alternativlose und auch unreflektierte Einsatz von Gewalt sowie die Qualität und Intensität der angewendeten Mittel und Methoden.

Aggression – Abgrenzungen, Erscheinungsformen

Über die Entstehung von Aggression bestehen verschiedene, teils sich überschneidende, teils gegensätzliche Theorien. Bis heute sind die einzelnen Erklärungsansätze durch die Aggressionsforschung nicht hinreichend geklärt. Allgemeine Kriterien für die Begriffsbestimmung „Aggression" können bislang kaum oder gar nicht definiert werden.

Jeder Prozess sozialer Einordnung ist notwendigerweise von Versagungen und Konfliktsituationen begleitet, die als Ausgangspunkt für neue Lernerfahrungen notwendig sind. Aus der Aggressionsforschung ist bekannt, dass Beziehungskonflikte und Aggressionen in einem wechselseitigen Zusammenhang stehen (*Dollard*). Es kommt darauf an, Verhaltensweisen zu entwickeln, die geeignet sind, diese Konflikte auszutragen. Je regelbarer Konflikte sind, desto leichter lässt sich aggressives Verhalten beeinflussen.

Aggression und Aggressivität

In diesem Zusammenhang ist deutlich zu unterscheiden zwischen Aggression und Aggressivität. Aggressivität ist die Einstellung, die Bereitschaft zu aggressivem Handeln, Aggression ist die Handlung selbst. Aggressivität verhält sich zu Aggression wie Gewaltbereitschaft zu Gewalt, wie das Potenzial zum tatsächlichen Einsatz, wie die Gefahr zum tatsächlichen Schaden.

Aggressivität ist deshalb schwer messbar, weil sie ein intentionales Moment beinhaltet, die „Absicht", einen anderen zu verletzen. Die Intentionalität entzieht sich aber einer Messung weitgehend. Für den einen ist eine verbale Attacke ein starker Ausdruck von Aggressivität, während physische Aggressionen weniger gewichtig sind. Bei anderen ist es umgekehrt.

Expressive und instrumentelle Aggression

W. Michaelis (Verhalten ohne Aggression?) hat für die Kategorisierung aggressiver Handlungen eine wichtige Unterscheidung eingeführt, die auch für die pädagogische Praxis von Bedeutung ist. Er differenziert zwischen expressiver Aggression und instrumenteller Aggression.

Die *expressive Aggression* dient dem Abbau der Erregung, die durch Misserfolg, Frustration, Verärgerung hervorgerufen wurde.

Die *instrumentelle Aggression* hat die Verletzung eines anderen zum Ziel. Viele Kinder und Jugendliche verfolgen mit ihrem Verhalten bewusst ein Ziel, z.B. eigene Interessen durchzusetzen, dem anderen bestimmte Verhaltensweisen aufzuzwingen, andere hilflos zu machen, die eigene Macht zu demonstrieren.

Beide Formen der Aggression unterliegen der sozialen Kontrolle durch die Umwelt. Für die *Bewertung* eines Verhaltens sind grundsätzlich sowohl die beobachteten Reaktionen als auch die Absichten, die dem Verhalten zugrunde liegen, entscheidend.

Wenn das Verhalten „trifft" und vom „Betroffenen", vom „Getroffenen" als aggressive Handlung wahrgenommen wird, ist aggressives Verhalten wirklich instrumentell. Dabei ist die Bewertung des aggressiven Aktes durch die Umwelt oft entscheidender als die Aktion selbst. Gleiches Verhalten wird vielfach unterschiedlich interpretiert, bewertet, kategorisiert. Dabei spielen verschiedene Komponenten eine Rolle, z.B. Distanz bzw. Nähe zum „Akteur", eigene Erfahrungen mit ähnlichen Aktivitäten, der Grad, in dem sich das „Opfer" bedroht fühlt, eigene Leitbilder und Verhaltensgewohnheiten usw. Lehrer und Lehrerinnen sollten sich dessen immer besonders bewusst sein.

Angstmotivierte Aggression

Neben der instrumentellen Aggression sollte hier noch die *angstmotivierte Aggression* erwähnt werden. Diese Form von Aggression äußert sich beispielsweise in Wutausbrüchen und Zorn und ist meist begleitet von Unsicherheit aus einer Abwehrhaltung heraus. Die eigene, manchmal auch objektiv unbegründete Angst wird präventiv durch Aggressionen zu reduzieren versucht. Besonders häufig ist diese Form bei Kindern im Grundschulalter zu beobachten oder z.B. in der spezifischen Situation einer möglichen Niederlage (Versagen beim Sport, Rückgabe von Leistungsfeststellungen). „Vermutlich reagieren diese Kinder sehr schnell aggressiv, weil sie sich der Zuneigung ihrer Mitmenschen ungewiss sind, übermäßige soziale Anerkennung erwarten oder Bedrohung übersensibel und deshalb gehäuft wahrnehmen."
(Petermann, F./Petermann, U., Training mit aggressiven Kindern, Weinheim)

Angstmotivierte Aggression ist deshalb so schwer in den Griff zu bekommen, weil sich ein Kreislauf in Gang zu setzen beginnt: Aus Angst und Unsicherheit erwächst ein hoher Erwartungsgrad nach sozialer Anerkennung. Dies geht Hand in Hand mit einer Übersensibilität gegenüber Bedrohungen. Nun setzt das Kind aggressive Handlungen als Mittel ein, um sich Respekt und Zuwendung zu verschaffen. Dies führt zunächst zu einer emotionalen Erleichterung und Angstreduzierung. Immer häufiger wird soziale Angst durch Aggression abgebaut, aber mehr Aggressionen haben Bestrafung, Sanktion, Einschränkung, Entzug zur Folge. Dies wird wiederum als erhöhte Bedrohung empfunden. Es wird, um sich zu behaupten, wieder mit aggressiven Mitteln reagiert. Das Karussell beginnt sich zu drehen ... Nicht jede Aggression hat das Ziel, Personen zu schädigen, zu schwächen, in Angst zu versetzen bzw. Sachen zu beschädigen oder zu zerstören. Neben dieser *aktiven* Aggression gibt es auch die *reaktiven* Arten von Aggression:

• *Unmutsaggression* („Scheiße ...");
• *Vergeltungsaggression*, die *introvertiert* motiviert ist, auf die Wiederherstellung z. B. von Gerechtigkeit zielt und immer Befriedigung vermittelt;
• *Abwehraggression*, die *extrovertiert* motiviert ist und als Ziel Schadensabwendung hat.

Aggressive Gefühle und aggressives Verhalten

Auf eine Gefahr sei hier noch deutlich verwiesen: Leider werden häufig aggressive Empfindungen und aggressives Verhalten wie selbstverständlich als zusammengehörend interpretiert. Es ist aber sehr wichtig, insbesondere auch was die adäquate Reaktion von Erziehenden angeht, hier zu unterscheiden.
„Ein Schüler richtet seine Aggression gegen den Lehrer!" Heißt dies nun, dass der Schüler wütend auf den Lehrer ist, ihn ablehnt, auf Rache sinnt – oder heißt dies, dass er stört, schreit, spottet, auch schlägt?
Nicht jedes aggressive Gefühl drückt sich in aggressivem Verhalten aus, und nicht jedes aggressive Verhalten beruht auf aggressiven Gefühlen. Beim Bemühen, seine Aggressionen zu reduzieren, kann es sinnvoll sein, die *Gefühle* selbst zunächst so anzunehmen, wie sie sind, das Verhalten hingegen, das *Ausdrücken* der Gefühle also, zu verändern. Im folgenden wird deshalb der Begriff „Aggression" immer das Verhalten, das Handeln bezeichnen.

Aggression – einige Erklärungsversuche

Klare, eindeutige Definitionen des Begriffes Aggression gibt es nicht. Folgende knappe Erklärungsversuche sollen nur dazu dienen, Verständigungsprobleme größeren Ausmaßes zu vermeiden:

„Aggression umfasst jene Verhaltensweisen, mit denen die direkte oder indirekte Schädigung eines Individuums, meist eines Artgenossen, intendiert wird."

(Merz, F., Aggression und Aggressionstrieb, in: Thomae, H. (Hg.), Allgemeine Psychologie II, Motivation, S. 571)

„Unter aggressiven Verhaltensweisen werden solche verstanden, die die Individuen und Sachen aktiv und zielgerichtet schädigen, sie schwächen oder in Angst versetzen."

(Fürntratt, E., Angst und instrumentelle Aggression, S. 283)

„Aggression ist ein Verhalten, dessen Ziel eine Beschädigung oder Verletzung ist."

(Berkowitz, L., Aggression, in: Arnold, W./
Eysenck, H. J./Meili, R. (Hg.), Lexikon der Psychologie, S. 27)

„Aggression ist jene dem Menschen innewohnende Disposition und Energie, die sich ursprünglich in Aktivität und später in den verschiedensten individuellen und kollektiven, sozial gelernten und sozial vermittelten Formen von Selbstbehauptung bis zur Grausamkeit ausdrückt."

(Hacker, F., Aggression, S. 80)

„Führer" und „Geführte"

Menschen, junge wie ältere, neigen dazu, Aggression immer beim anderen zu suchen, sie meinen, selbst nicht aggressiv zu agieren, sondern, wenn überhaupt, aggressiv zu reagieren. Deshalb hier noch ein kritischer Blick auf die eigene Aggression und ihre Bedeutsamkeit für das Zusammenleben in Gruppen, z. B. auch Klassen.

Anfang der sechziger Jahre wurde in den USA in der Yale-Universität das so genannte „Milgram-Experiment" durchgeführt. Einige tausend „Durchschnittsamerikaner" nahmen daran teil. Diese Untersuchung wurde seither oft wiederholt, unter anderem auch in München. Die Ergebnisse waren überall nahezu gleich.

Das Experiment
Die Testpersonen glauben, es handelte sich um ein Projekt der Lern- und Gedächtnisforschung. Intention des Versuches ist es aber, die Bereitschaft zum Gehorsam zu erforschen.

Die Situation
Der Proband soll als „Lehrer" einem anderen Probanden (Schüler), der in einem abgetrennten Nebenraum sitzt, bestimmte Lernaufgaben stellen. Der Versuchsleiter ist beim „Lehrer". Der „Schüler" ist aber kein Proband, sondern ein Mitarbeiter des Versuchsleiters. Auf dem Tisch vor dem „Lehrer" steht eine Schockmaschine mit 30 Hebeln (15–450 Volt!). Der „Lehrer" soll nach Anweisung dem „Schüler" immer dann einen Schock versetzen, wenn dieser einen Fehler macht, bei jedem Fehler 15 Volt mehr. Die Apparatur ist natürlich nur Attrappe, aber das weiß der „Lehrer" nicht. Der „Schüler", also der Mitarbeiter des Instituts, zeigt ab 165 Volt Schmerzen, bei 315 Volt beginnt er zu schreien; ab 390 Volt herrscht „Totenstille". Zögert nun der „Lehrer", bekommt er die Anweisung, nicht aufzuhören: „Das Experiment erfordert es, dass Sie weitermachen." Ca. zwei Drittel aller Versuchspersonen schöpften das Maximum von 450 Volt aus, obwohl kein anderer „Zwang" bestand als der, dem Versuchsleiter zu gehorchen.

Warum gehen die Probanden so weit? Sie wollen ihr Versprechen, dem Versuchsleiter zu helfen, unbedingt (bedingungslos!) halten. Die Soziologin *Hannah Arendt* bezeichnet dies als die „Banalität des Bösen": Selbst die brutalsten Formen kollektiver Gewalt gehen meist nicht auf einzelne „Sadisten" zurück, sondern auf ganz „normale" Menschen, die ihre persönliche Verantwortung auf „Vorgesetzte", auf „Führer" abschieben, dabei andere verletzen. Die rechte Szene lässt grüßen … Für Pädagogen kann und muss dies heißen, in der Schule und im schulischen Umfeld sehr deutlich zu differenzieren zwischen den „Lenkern und Führern" und den „Gelenkten und Geführten". Die pädagogischen Maßnahmen bedürfen einer sensiblen Differenzierung!

Aggression macht – für den „Täter" – Sinn

Jede Aggression will jemandem etwas mitteilen, leider häufig in entstellter Form. Aggressives Verhalten macht für den „Täter" immer Sinn. Welche Sinnperspektiven kann es geben:
• Aggression kann *spielerischer Kampf* sein, Beweis von eigener Stärke; die Freude am Siegen wird ausprobiert. Aus diesem Spiel kann aber im Extremfall relativ unvermittelt bitterer Ernst werden!
• Aggression kann *bloßes Auskundschaften* bedeuten. Es geht darum, Freiräume zu erkunden, Grenzen abzutasten, Reviere zu sichern. Im Extremfall geht es aber um Macht, Machtstreben, Machterhaltung!

- Aggression kann *Abwehr von Bedrohung* sein. Angst soll beseitigt werden, Verletzungen sollen vermieden werden. Im Extremfall kann dies aber auch zur Zerstörung und Vernichtung führen!
- Aggression kann *Reaktion auf Frustration* sein. Das Nichtgelingen eines Vorhabens, die Enttäuschung über eine Niederlage, eine persönliche Bloßstellung usw. frustrieren und haben aggressives Verhalten zur Folge. Im Extremfall führt diese Reaktion immer zu einem Ausgleich für Niederlagen und wird so zur Ersatzbefriedigung!
- Aggression kann *„entstellte Liebessehnsucht" (Winkel)* sein. Das aggressive Handeln sucht nach Liebe, es will Zuwendung gewinnen – um jeden Preis. Selbst eine negative, sanktionierende Zuwendung wird als wertvoller empfunden als ignoriert zu werden!

Aggressionstheorien

Die Wissenschaft unterscheidet drei grundlegende Theorien:
- die Aggressions-Trieb-Theorie;
- die Frustrations-Aggressions-Theorie;
- die Lerntheorie.

Allen drei Ansätzen gemeinsam ist, dass hinter aggressivem Verhalten aggressive Impulse stehen: Impulse als Folge eines vererbten Triebes, Impulse als Folge einer Frustration, Impulse als Folge eines individuellen Lernprozesses.

Die Aggressions-Trieb-Theorie

Nach *Freuds* Überzeugung lässt sich gegen die angeborene Neigung zum Bösen wenig ausrichten, bestenfalls kann sie stellvertretend abreagiert oder in produktiven Tätigkeiten quasi „veredelt" werden. Wenn sich die aufgestaute Energie nicht gegen die Person selbst entladen soll, braucht sie hin und wieder ein Ventil. Die Triebtheoretiker erhalten insbesondere von der vergleichenden Verhaltensforschung Unterstützung: „das so genannte Böse" diene der Arterhaltung. Nach *Konrad Lorenz* sammelt sich unaufhörlich Energie in einem speziellen, inneren Aggressionsreservoir und drängt in gewissen Abständen eruptiv nach außen.

Viele Psychoanalytiker gingen lange Zeit zwar von einem angeborenen Aggressionstrieb aus, lehnten aber das komplexe dynamische Modell von Freud ab (vgl. hierzu *Lischke, G., Aggression und Aggressionsbewältigung*).

Mitscherlich versucht neue sozialpsychologische und soziologische Erkenntnisse in seine Theoriebildung einzubeziehen. Obwohl er der Aggressionskontrolle durch gesellschaftliche und pädagogische Maßnahmen einen größeren Spielraum einräumt, geht er ebenfalls von einem primären, anlagebedingten Aggressionstrieb aus. Er sieht es als unmöglich und auch gar nicht wünschenswert an, aggressive Impulse ganz auszuschalten, da es außer destruktiven Formen auch konstruktive gebe. Gerade die Hemmung und Unterdrückung der spontanen Aggression in der frühen Kindheit verursache später aggressiv-destruktives Verhalten. *Mitscherlichs* Zielvorstellung ist es also, zu lernen mit Aggression bewusst und angstfrei umzugehen.

(Mitscherlich, A., Massenpsychologie ohne Ressentiments, Frankfurt 1972)

Die Annahme eines den Menschen angeborenen Aggressionstriebes scheint inzwischen wissenschaftlich widerlegt. Es ist nicht die Aggressivität, die Konflikte auslöst, sondern es sind die Konflikte, die Aggressivität auslösen!

Die Frustrations-Aggressions-Theorie

Hauptvertreter dieser Sichtweise ist *Dollard. (Dollard, J., Frustration and aggression, New Haven 1939; deutsche Übersetzung Weinheim 1971)*

Nach dieser Theorie ist Aggression immer eine Re-Aktion auf ein unangenehmes Erlebnis. Frustrierende Ereignisse können z. B. sein, dass ein zielgerichtetes Verhalten gestört wird, dass ein Mangelzustand entsteht, oder Provokationen aller Art. Wichtig ist in diesem Zusammenhang, dass nicht das Störereignis als solches die Aggression veranlasst, sondern das Verhalten abhängig ist von der subjektiven Interpretation des Betroffenen (Attribution). Also muss nicht jede Frustration automatisch zu aggressiver Reaktion führen.

Frustration ist die Enttäuschung von Menschen. Nach der Frustrationshypothese ist jede Aggression ein Resultat von bzw. eine Antwort auf Versagungen aller Art im bisherigen Leben, retrospektiv und aktuell. Aggression braucht also immer auslösende Reize.

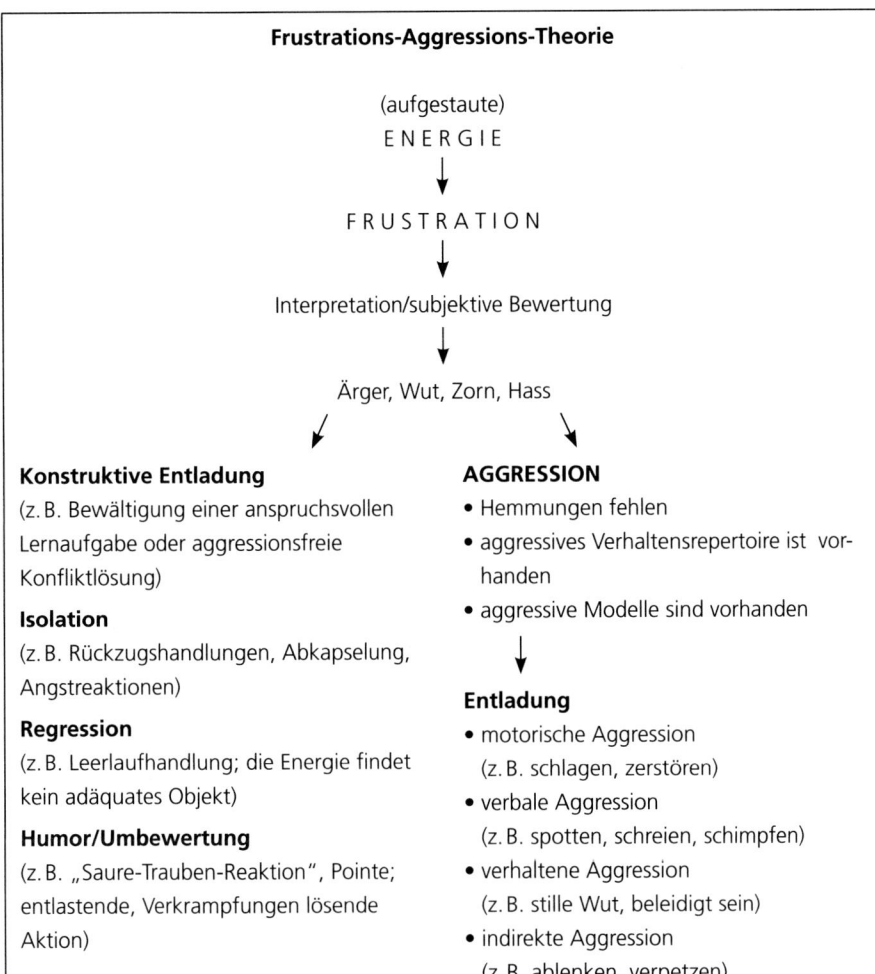

Frustrations-Aggressions-Theorie

(aufgestaute)
E N E R G I E

↓

F R U S T R A T I O N

↓

Interpretation/subjektive Bewertung

↓

Ärger, Wut, Zorn, Hass

Konstruktive Entladung
(z. B. Bewältigung einer anspruchsvollen Lernaufgabe oder aggressionsfreie Konfliktlösung)

Isolation
(z. B. Rückzugshandlungen, Abkapselung, Angstreaktionen)

Regression
(z. B. Leerlaufhandlung; die Energie findet kein adäquates Objekt)

Humor/Umbewertung
(z. B. „Saure-Trauben-Reaktion", Pointe; entlastende, Verkrampfungen lösende Aktion)

AGGRESSION
• Hemmungen fehlen
• aggressives Verhaltensrepertoire ist vorhanden
• aggressive Modelle sind vorhanden

↓

Entladung
• motorische Aggression
  (z. B. schlagen, zerstören)
• verbale Aggression
  (z. B. spotten, schreien, schimpfen)
• verhaltene Aggression
  (z. B. stille Wut, beleidigt sein)
• indirekte Aggression
  (z. B. ablenken, verpetzen)

Auf den Unterricht bezogen heißt das, sowohl Mangel als auch Überfluss ist unangenehm und frustriert. *Mangel* kann heißen: Unterforderung, Langeweile, Leere, lernblinde Strecken, Monotonie, kaum Leistungserhebungen. *Überfluss* kann heißen: stoffliche Überforderung, zu hohes Lerntempo, zu frühe, unangemessene Abstrahierung, Materialflut, zu viele Leistungserhebungen.

Als *Zusatzhypothesen* können formuliert werden:
• Die Tendenz, auf eine Frustration mit Aggression zu reagieren, ist umso größer, je intensiver ein Ziel angestrebt wurde, je größer das Ausmaß der Störung ist, je mehr vorausgehende Aktivitäten bereits gestört wurden.
• Eine Aggressionshandlung wird durch zu erwartende Strafen und Sanktionen unterdrückt oder zumindest abgeschwächt, gehemmt.

- Je größer allerdings diese Hemmung ist, desto wahrscheinlicher treten *indirekte* Aggressionen auf. Die Form und/oder die Richtung der aggressiven Handlung wird verändert. Diese Verschiebung bedeutet, dass die aggressiven Impulse Gegenstände, Unbeteiligte, Schwächere als Adressaten ins Auge fassen. Im Extremfall richten sich die Aggressionen gegen die eigene Person.
- Eine erfolgreiche Aggressionshandlung reduziert die Neigung zu weiteren Aggressionen (Katharsis). Während nach der Aggressions-Trieb-Theorie ein völliges Absinken der Aggressionsbereitschaft nach einer aggressiven Handlung angenommen wird (Ventilfunktion), gilt der kathartische Effekt im Rahmen der Frustrations-Aggressions-Theorie nur für die erfolgreiche Ausführung von aggressivem Verhalten, während bei nicht erfolgreicher Handlung die Wirkung einer erneuten Frustration vorausgesagt wird.

Insbesondere unter lernpsychologischem Aspekt hat das Modell von *Dollard* mit den Zusatzhypothesen seine Bedeutung, kann es doch den Einfluss von Lernprozessen auf aggressives Verhalten verdeutlichen.

Sehr populär ist die Annahme, dass man über Sport und heftige körperliche Aktivitäten (Holzhacken usw.) seine Aggressionen loswerden könne. Die wissenschaftlichen Befunde sprechen jedoch eindeutig dagegen. Einige Beispiele:

Für ein 10 Minuten langes Einschlagen von Nägeln fand *Hornberger (1959)* eine eher stimulierende Wirkung (auf aggressive Äußerungen in einem Satzergänzungstest) heraus.

Bei *Zillmann u.a. (1972)* hatten verärgerte Versuchspersonen kräftig in die Pedale eines Heimtrainers zu treten. Dies steigerte (!) ihre Neigung, den Provokateur in einem anschließenden „Lernexperiment" mit Elektroschocks zu bestrafen (im Vergleich zu einer Gruppe mit ruhiger Tätigkeit).

In einer größeren Studie von *Peper (1981)* wurden Schüler (ca. 15 Jahre alt) während einer Sportstunde bei einem Ballspieltest durch einen Sporthelfer provoziert und um ihre Punkte gebracht. Anschließend machte ein Teil der Schüler Übungen, die Kraft und heftige Bewegung erforderten. Die Vergleichsgruppe machte Geschicklichkeitsübungen. Eine motorische Abreaktion von Aggression durch den Kraftsport war weder am beobachteten Verhalten noch an anderen Aggressionsindizes (Bildgeschichte, Befragung) festzustellen.

Die Lerntheorie

Gemäß dieser Hypothese handelt es sich bei Aggressionen um unterschiedliche, komplexe soziale Verhaltensweisen, die genauso *erlernt* und *verlernt* werden können wie andere soziale Verhaltensweisen. Gelernt werden kann
- am Erfolg/Misserfolg oder
- am Modell.

Lernen am Erfolg/Misserfolg
Dem Lernen am Erfolg, dem Verstärkungslernen, kann man drei Prinzipien zuordnen:
• positive Verstärkung,
• negative Verstärkung,
• Duldung.

Eine *positive Verstärkung* aggressiven Verhaltens liegt vor, wenn man mit Aggression ein Ziel erreicht. In vielen Fällen ist die unmittelbare soziale Anerkennung z. B. in der Klasse durch Mitschüler effektvoller als die nachfolgende Missbilligung des Lehrers.

Eine *negative Verstärkung* hält dann aggressives Verhalten aufrecht, wenn ein Kind bzw. ein Jugendlicher ein bedrohliches Ereignis oder einen ihm unangenehmen Zustand erfolgreich durch aggressives Verhalten verringern oder beseitigen kann.

Die *Duldung* aggressiven Verhaltens z. B. durch Lehrer und Lehrerinnen wirkt verstärkend, da aus dieser Haltung eine stillschweigende Zustimmung gegenüber Aggression abgeleitet wird. Gründe für diese Duldung können Überlastung, Ohnmacht, Gleichgültigkeit, Verantwortungslosigkeit sein.

In engem Zusammenhang mit diesen Lernprinzipien steht die Möglichkeit des Abbaus oder der Löschung aggressiven Verhaltens. Wenn Belohnungen ein Verhalten fördern können, dann kann der Entzug von Belohnungen (nicht die Bestrafung!) zum Verschwinden einer Verhaltensweise führen. Obwohl dieses Prinzip recht einfach erscheint, erfordert die praktische Anwendung doch einige wichtige Voraussetzungen: Zunächst muss herausgefunden werden, welche spezifischen Verstärkungen für das Individuum infrage kommen. Außerdem ist zu beobachten, dass inkonsequente Disziplinierungsversuche sogar zur Verfestigung eines Verhaltens führen. Das „Verlernen" unerwünschten, aggressiven oder gewalthaltigen Verhaltens lässt sich also nur erreichen, wenn aggressionsverstärkende Handlungserfolge konsequent ausbleiben. Nur so wird der gelernte Zusammenhang zwischen der aggressiven Handlung und dem vorher erlebten Erfolg vollständig unterbrochen. Diese Strategie ist aber nur dann effektiv, wenn zusätzlich eine Verhaltensalternative angeboten wird, die ebenfalls zum Erfolg führt.

Im Zusammenhang mit dem Lernen am Erfolg bzw. Misserfolg soll noch kurz auf den Stellenwert von Strafen eingegangen werden:

Untersuchungen von *Bandura* (Bandura, A./Walters, R. H., Aggression, in: Stevensen, Child Psychology 62) zeigten, dass Strafmaßnahmen deshalb sehr häufig wirkungslos bleiben, weil sie zu spät erfolgen, nämlich erst nachdem die aggressive Handlung bereits erfolgreich war. Darüber hinaus können unter bestimmten Bedingungen sanktionierende Maßnahmen als eine Form von Zuwendung und Beachtung sogar positiv verstärken und damit aggressionssteigernd wirken.

Strafe darf sich nicht gegen die Person selbst richten, sondern muss gegen das konkrete (Fehl-)Verhalten der Person zielen; sie sollte immer begründet sein, unmittelbar und nicht zeitversetzt angewendet werden. Es sollte immer bedacht werden, dass Strafen als solche nur mitteilen, welches Verhalten *nicht* erwünscht ist, nicht aber sagen, welches Verhalten erwünscht ist.

Es besteht kein Zweifel daran, dass Strafen aggressives Verhalten hemmen können – können! Aber die Frage ist, zu welchem Preis und wie wirksam. Strafen unterdrücken aggressives Verhalten, löschen es aber nicht. Strafen wirken wie Medikamente mit unübersehbaren, möglicherweise drastischen Nebenwirkungen. Oft sind Strafen Frustrationen, die wiederum aggressionsauslösend wirken. Oft sind Strafen aggressive Modelle im Umgang mit Aggression. Dabei sollte man besonders die Rolle der „Zuschauer", der Unbeteiligten, also die der anderen Schüler nicht unterschätzen … Im Übrigen beeinträchtigen Strafen immer die emotionale Beziehung von Sozialpartnern. In der Konsequenz heißt dies, dass Strafen nur dann eine eher dauerhafte Wirkung haben, wenn sie sich gegen noch nicht (!) erworbene, gelernte Verhaltensweisen richten. Im Übrigen sollten Strafen selbst möglichst wenig aggressiv und angsterregend sein, sondern am besten natürlich Wiedergutmachung anstreben.

Lernen am Modell

Das Lernen durch Erfolg liefert zwar eine brauchbare Erklärung für die Aufrechterhaltung von aggressivem Verhalten; die Frage aber, wie dieses Verhalten zum ersten Mal bei einem Kind entsteht, wird dadurch noch nicht beantwortet. Dies kann eher mit dem Prinzip des Lernens am Modell erklärt werden. Das Lernen am Modell ist im Zusammenhang mit dem Erwerb von aggressivem Verhalten in zahlreichen Experimenten untersucht worden. Das Lernen auch komplexer Handlungsfolgen kann schon nach einmaliger Beobachtungsphase durch Nachahmen stattfinden. Dabei ist es unbedeutend, ob das Modellverhalten von Personen direkt, also „live" miterlebt wird oder lediglich indirekt über die Medien.

In diesem Zusammenhang wird häufig zu negativ argumentiert und die Negativmuster, insbesondere in den Medien, werden strapaziert. Dabei wird übersehen, dass besonders Positivmuster als Vorbilder fungieren. Die Nachahmung wird um so eifriger betrieben, je erfolgreicher und sympathischer ein Vorbild (der Vater, die Mutter, der Lehrer, der Star) ist. Leider setzen sich auch Negativmuster fast ebenso intensiv wie langfristig fest. *Bandura* hat in Experimenten nachgewiesen, dass Kinder noch ein halbes Jahr, nachdem sie einen Film mit aggressiven Vorbildern gesehen hatten, viele schäbige Tricks sehr gut imitieren konnten. Neuere Studien deuten darauf hin, dass die jungen Fernsehzuschauer am Bildschirm auf jeden Fall ihr Repertoire an Verhaltensmustern erweitern. Ob sie die Rezepte im Alltag dann auch „nachkochen", hängt von der Beziehung zu ihrer Umgebung ab.

Neben der Aufnahme und Imitation neuer Verhaltensweisen ist noch ein zweiter Effekt beim Lernen am Modell beobachtbar, nämlich die Verstärkung bzw. Enthemmung von bereits vorhandenen Verhaltensmustern. Diese Wirkung zeigt sich umso deutlicher, je größer der Erfolg/Misserfolg des real beobachteten bzw. über das Medium konsumierten Modellverhaltens war und je mehr die vorgeführten Aggressionen dem Betrachter als gerechtfertigt erscheinen.

Über die Lernformen hinaus bestehen *Bedingungen,* die situativ darüber entscheiden, wie wahrscheinlich ein aggressives Verhalten ist.

Folgende, *die Aggression begünstigende* Bedingungen sind gut erforscht:

- *Frustration* durch Entzug von Aufgaben, durch das Erleben von Niederlagen, durch den Verlust sozialer Anerkennung u. a.;
- *Anonymität* in einer Gruppe, die zu der Annahme führt, dass man nicht zur Verantwortung gezogen werden kann für die Folge seines Verhaltens;
- *Anwesenheit von Personen,* z. B. von Außenseitern, „Prügelknaben", die als Hinweis für die Rechtfertigung von Aggression interpretiert werden;
- *Befehle und Anordnungen* einer (vermeintlichen) Autorität;
- *spezifische Hinweisreize,* z. B. Waffen, aggressive Slogans, herausfordernde Symbole, aggressive Haltung, die eine aggressive Reaktion erleichtern;
- *aggressive Vorbilder* in Wirklichkeit oder in den Medien, die nachahmenswerte „Idole" darstellen. (nach: Petermann, F./Petermann, U., Training mit aggressiven Kindern)

Lernen am Modell wird auch durch Fensehen beeinflusst.

2 Herausforderungen sind immer eine Chance

Die Schule von heute braucht Lehrerinnen und Lehrer von heute

Welcher Stil ist zu bevorzugen:
- der bestimmende, kontrollierende Stil,
- der auf Distanz haltende Stil,
- der mitteilungsfreudige Stil,
- der helfende Stil,
- der selbstlose, sich aufopfernde Stil,
- der aggressiv-dominierende Stil,
- der sich selbst bestätigende Stil?

Wohl keiner der oben genannten, sondern eben der individuelle, der echte, der eigene Stil ist gefragt. Die Kinder und Jugendlichen brauchen couragierte Lehrer. Die Kinder und Jugendlichen brauchen zwar berechenbare, aber kreative Lehrer, die auch einmal völlig überraschend und nicht „programmiert" reagieren. Die Kinder und Jugendlichen brauchen Lehrer, die eine klare Sprache sprechen, klar im Sinne von eindeutig Stellung beziehend und verständlich, nachvollziehbar. Die Kinder und Jugendlichen brauchen kontrollierte Spontaneität und dynamische Gelassenheit. Lehrer sind immer, ob sie es wissen oder nicht, ob sie es wollen oder nicht, Muster und Modelle; eine schwierige Situation, eine Herausforderung – eine Chance!

Gelassenheit und Ausgleich

Unsere Schüler brauchen weder den stahlharten Blick, die Eiseskälte noch feiges, sich anbiederndes Getue. Sie brauchen weder autoritäres Gehabe noch pseudoliberales Spontitheater. Zäune und Stacheldraht sind keine Wegmarkierungen, aber Styropor und Watte, wie *Winkler* es bezeichnet, auch nicht. Schüler brauchen den gelassenen, humorvollen und gerechten Lehrer, den Lehrer, der Widersprüche und Spannungen zwar ertragen kann, aber sie nicht ignoriert, den Lehrer, der Freiheit ermöglicht, aber Einengungen zumutet.

Überblick und Aufmerksamkeitsteilung

Dies ist die Fähigkeit von Lehrern, den Schülern verbal oder auch nur gestisch und mimisch mitzuteilen, dass sie sehr wohl ihr Verhalten registrieren, aber eben (noch) nicht intervenieren. Gleichzeitig müssen die Lehrer der Zukunft, in welcher Schulform und in welcher Altersstufe auch immer, bei wachsenden Schülerzahlen die Fähigkeit haben, bei zwei gleichzeitig auftretenden Problemen beiden simultan gerecht zu werden bzw. Aufmerksamkeit zuzuwenden.

Gruppenaktivierung und Rechenschaftsprinzip

Der Lehrer sollte in allen Phasen des Unterrichts den Gruppen-Fokus wahren, d. h. er darf bei aller Schülerorientierung und individueller, sei es helfender oder mahnender Zuwendung in der Beschäftigung mit einem einzelnen Schüler die Gruppe/Klasse nicht vernachlässigen, „vergessen", ihre Anwesenheit übersehen – ein „beliebter" Fehler, besonders bei vielen Berufseinsteigern …

Dynamik und Regungslosigkeit

Eine gewisse Zügigkeit der Unterrichtsführung ist unverzichtbar; fade, langweilige, monotone, lernblinde Strecken müssen weit gehend vermieden werden. Dies ist nicht gleichbedeutend mit Treiben und Hetzen. Es geht um die Fähigkeit, die Fäden immer in der Hand zu behalten. Besonders in Übungsphasen und an unterrichtlichen Übergangsstellen (Fachwechsel, Sozialformenwechsel, Tätigkeitswechsel usw.) darf das Steuer nicht aus der Hand gegeben werden. Das Feld für Störaktionen aller Art, auch für voraggressives und aggressives Verhalten, ist gerade hier bereitet.

Geistige Herausforderung und Abwechslung

Schüler sind verwöhnt durch Medien, Computer usw. Ohne Abwechslung, ohne Kreativität im Unterricht ist kaum noch Motivation erreichbar. Nicht der „Multimediashow" soll hier das Wort geredet werden, aber mit den Mitteln der Sechziger kann man dem Schüler von heute nicht gerecht werden. Lernaktivitäten aller Art, besonders in Phasen der Einzelarbeit und Stillarbeit, brauchen einen gewissen intellektuellen Herausforderungsgrad: suchen, selbst erkennen und finden lassen, „trial-and-error"-Phasen integrieren, kombinieren und testen lassen, positive bzw. negative Rückmeldungen geben, einen hohen Erreichbarkeitsgrad einplanen.

Die Beherrschung solcher wichtiger Klassenführungstechniken ist kein Selbstzweck, sondern ein notwendiges Instrumentarium. Sie erweitert den individuellen Handlungsspielraum, ermöglicht Alternativen, lässt kognitive Lernziele leichter erreichen, reduziert Störungen, macht Aggressivität und Aggression bedeutend weniger möglich.

Disziplin – Disziplinierung

Wer von *Disziplinlosigkeit* spricht muss auch von *Disziplin* sprechen dürfen! Autorität erreicht man nicht durch autoritäres Handeln!

Allzu liberale, antiautoritäre „Rezepte" taugen nicht (mehr), aber Erziehung durch Angst, Druck und Repression taugt auch nicht (mehr)! Orientierungshilfen, Grenzen, Tabuzonen, Wertevermittlung, verbindliche Regeln und Rituale, Rückgrat zeigen … das macht sicher, selbstbewusst und stark. Also dürfen, ja müssen Sekundartugenden gepflegt werden (dürfen): Fairness, Höflichkeit, Leistungsbereitschaft, Zuverlässigkeit, Ehrlichkeit, Hilfsbereitschaft, Rücksichtnahme. Erziehende dürfen den Kopf nicht feige in den Sand stecken, sondern müssen „den Kopf wieder *über* den Füßen tragen.

Disziplin ist *nicht* blinder Gehorsam gegenüber Willkür, sondern bedeutet „Selbstspiegelung" im sozialen Miteinander. *Disziplin* ist erlernbar!

Erziehung bedeutet führen, helfen, Mut zeigen, bedeutet auch „ziehen", „mitziehen", „Grenzen aufzeigen". Kinder *brauchen* Grenzen – Kinder *wollen* Grenzen – Kinder wollen diese Grenzen aber auch *austesten* …

Wer nicht er-zieht   bekommt Un-er-zogene – Un-ge-zogene …
Wer nicht be-wacht   bekommt Un-be-wachte …
Wer nicht be-schützt   bekommt Un-be-schützte …

Wer nicht erzieht, wer Kinder pausenlos Sinnreizen aussetzt, braucht sich nicht zu wundern.

Kinder und Jugendliche sind/werden dann
• desorientiert • überfordert • egoistisch • unsozial • unverfroren • arrogant
• unkonzentriert • aggressiv • frustriert • uneinsichtig • rücksichtslos
• ungeduldig

Wir brauchen wieder mehr *Mut zur Erziehung*. Erziehung ohne Konflikte gibt es nicht und kann nicht gelingen. Disziplin heißt nicht Zwang, Druck, Verzicht, Angst; Disziplin beginnt zunächst immer *fremd*bestimmt und sollte *selbst*bestimmt enden. Disziplin legitimiert sich nur durch Zuwendung, durch „Liebe" zum Kind!

Die vermeintlichen Gegensätze bedingen sich immer gegenseitig; Eltern und Pädagogen sollten immer die Mitte der schwierigen Gratwanderung finden:
• Führen – wachsen lassen • Gerechtigkeit – Güte • Disziplin – Liebe • Konsequenz – Fürsorge • Kontrolle – Vertrauen

Erziehung muss Gelegenheiten für *Bewährung* bieten und muss dabei die Erfahrung des Scheiterns zulassen, z. B. beim Taschengeld, Laptopkauf, Discobesuch, Alkoholkonsum, Führerschein, Urlaub u.v.a. Dabei muss immer die *Menschlichkeit* zum Leitbild erhoben werden!

Ertappt ein junger Mensch beispielsweise einen Erziehenden bei einer Lüge, fallen die Bemühungen um Ehrlichkeit in sich zusammen. Allerdings (!) darf auch ein Erziehender versagen, aber er muss die Lüge dann auch eingestehen.

Eine maßgebliche Tugend aller Erziehenden muss die *Konsequenz* sein; sie ist Richtschnur allen pädagogischen Handelns und braucht Augenmaß. Konsequenz ist kein mechanisches Verhaltensschema, keine Dressur und braucht zwei Bedingungen: *Zeit* und *Humor*. Erziehungsnotstand entsteht häufig aus Zeitmangel und (!): Häufig ist es nicht die Zeit, die wir nicht *haben*, sondern die Zeit, die wir uns nicht *nehmen*!

Humor ist die am häufigsten genannte, gewünschte, erhoffte Eigenschaft, wenn man junge Menschen befragt, wie sie sich gute Lehrer/innen bzw. Eltern vorstellen. *Humor* entspannt angespannte Situationen sehr schnell. *Humor* erspart manchen pädagogischen Ratgeber.

Humor gewinnt Herzen!

Im Folgenden seien einige Thesen von Bernhard Bueb zusammengefasst:
- „Strenge" kann stärken – *zu viel* Fürsorge kann schwächen!
- Es gibt *auch* ein Glück der Anstrengung!
- Verzicht führt zur Selbstdisziplin.
- Die Macht der Eltern (und Pädagogen) wandelt sich zu Autorität durch Liebe zu den Kindern
- Rechtmäßig (!) genützte Macht, also Autorität, erzeugt keine Angst, sondern schafft Vertrauen. – Der Mangel an Autorität führt zu Angst, Unsicherheit, Orientierungslosigkeit.

Die Auseinandersetzung um Macht findet auch außerhalb der Familie statt. Ein neuer Lehrer betritt den Raum einer Mittelstufenklasse zu Beginn des Schuljahres. Die Art seines Auftretens entscheidet über das Machtverhältnis der nächsten Zeit in der Klasse. Der neue Lehrer ist gut beraten, wenn er seine Machtposition gleich am Anfang deutlich markiert. Die Schüler erwarten einen Lehrer, der weiß, was er will, der Konflikte nicht scheut und seinen klaren Führungsanspruch geltend macht. Zugleich erwarten sie einen Lehrer, der deutlich zu erkennen gibt, dass er aus Fürsorge seinen Führungsanspruch erhebt, dass die „Liebe zu Jugendlichen" das Motiv seines Handelns ist und dass sich dadurch seine Macht zu Autorität wandelt. Er muss wissen: Liebe allein genügt nicht. Es ist kein partnerschaftliches Verhältnis. Versäumt er es, sich klar zu positionieren und seine Macht zu etablieren, kann im schlimmsten Fall seine Autorität für das ganze Schuljahr infrage stehen. Schüler nützen unbarmherzig Schwächen aus, die sie bei Lehrern entdecken. Noch als Väter und Großväter be-

richten sie stolz, wie sie Lehrer„fertig gemacht" hätten. Es wird einem Lehrer nicht verziehen, wenn er den Machtkampf verliert.
Schwache Lehrer üben nur Macht aus – gute, starke Lehrer haben *Autorität*!

Jugendliche brauchen Autorität wollen Autorität. Autorität in der *Schule* definiert sich über drei Schienen:
• Amtsautorität
• Sach- und Methodenautorität
• Persönlichkeitsautorität

Respekt von Kindern und Jugendlichen muss nicht erbeten, schon gar nicht erbettelt werden; Respekt kann/muss eingefordert werden; aber es gilt auch: Respekt muss/kann erlernt werden! *Jede* Lehrkraft, *jeder* Vater, *jede* Mutter hat ein Recht auf Respekt, nicht nur die charismatischen!

Kennen Sie die ISA-Kinder? **I**ch! **S**ofort! **A**lles!
Sind *manche* (!) Kinder nicht die neuen Kaiser der Familien: alles haben, alles wollen, alles dürfen. Häufig spielen viele Faktoren eine Rolle, wenn die Sozialisation sich mit diesem Ergebnis präsentiert. Häufig ist es auch das negative Ergebnis von *Über*hütung, falschem, pseudotolerantem Verstehen, von *zu viel* Liebe und zu *wenig* Disziplin. Diese Kinder erwarten ständig Zuwendung, emotionale und materielle und können und wollen auf nichts verzichten; sie kennen und akzeptieren keine Grenzen, keine Vetos, keine Tabus, keine (An)-Forderungen. Kinder brauchen aber auch die pädagogischen Konflikte, den Widerstand, den Einspruch, um daran zu wachsen. „Puddinghafte" Pädagogik, „Kuschelpädagogik" hilft hier nicht, sie führt oft zu mangelnder Anstrengungsbereitschaft, Spaßhaltung, Selbstmitleid und Konsumgier.

Vielleicht ein wenig stark pointiert:
• Haben alle früheren Zappelphilippe „ADS"?
• Sind alle früheren Arbeitsverweigerer,„überfordert" bzw.„hochbegabt"?
• Haben alle früheren Provokateure eine,„Ich-Schwäche"?
• Sind alle früheren Verhaltensauffällige „kreativ" bzw. „originell"?
Keine Psychologisierung der Pädagogik!

Kinder müssen moralisch gestärkt werden; nicht alle Schwächen müssen erklärt und entschuldigt werden! Man muss nicht *immer* (!) alles (!) mit Kindern diskutieren; das bedeutet häufig Zeit- und Energieverlust, kostet Nerven, strengt an und führt am Ende oft genug zu nichts!

Äußere Ordnung führt zur inneren Ordnung

Es geht nicht um pedantische, perfektionistische Ordnung; hier wird nicht den Ordnungsfetischisten das Wort geredet! Es geht vielmehr z. B. um eine überschaubare Umgebung, um eine „Ordnung der Werte", um Ordnung im familiären Miteinander u. ä. Wichtig dabei ist natürlich immer das Modell der Eltern bzw. Pädagogen; Chaoten können nicht zur Ordnung erziehen ... und noch etwas: „Repetitio mater omnium" (Die Wiederholung ist die Mutter aller Dinge). Allerdings darf Ordnung nie Selbstzweck sein, sonst wird sie schnell zum Feind der Freiheit!

Gerecht erziehen
Wer gerecht erziehen will, muss auch bereit sein zu strafen. Strafen müssen aber immer individuell, fallbezogen, personenbezogen, altersangemessen, direkt, verantwortungsbewusst, wohl überlegt sein ... dann werden sie auch akzeptiert.

Pädagogen und Eltern müssen grundsätzlich berechenbar und von Anfang an konsequent reagieren; schon im Vorfeld müssen die Konsequenzen bei Vorkommnissen bekannt sein, allerdings sollte es nicht „kasuistische Einzelfalllisten" geben! Eine gute, bewährte Methode sind *PLUS*-Punktkontigente oder/ und *MINUS*-Punktkontigente.

Angst ist nicht Furcht! Konkrete, bekannte, erwartete Strafen machen keine Angst – diffuse, unbekannte Sanktionen und Bedrohungen und Willkürlichkeit schon! Die bekannte „Allegorie der Gerechtigkeit" zeigt eine Frau mit *Waage* ... und *Schwert*! Allerdings gilt auch die Allerweltserkenntnis: „Allen Menschen recht getan, ist eine Kunst, die niemand kann."

Strafe darf *niemals* sein:
• Die Befriedigung von Rachegelüsten
• Körperliche Züchtigung
• „Notenpeitsche"
• Spiel mit der Angst
• Persönliche, seelische Verletzung

Retrospektive – Perspektive

(Ein Blick zurück – ein Blick voraus)
„Laisser-faire" – „lass sie machen" –
lass sie machen, was sie wollen" – und sie machen, was sie wollen!
Zwei Fragen seien erlaubt: Hemmt denn Einengung, Führung, Zielvorgabe, Vorbild zwangsläufig die geistige und charakterliche Entwicklung? Heißt „erziehen" nicht auch „ziehen", „überwinden" von Widerständen, sich durchsetzen, Energie investieren, um Aufgaben zu bewältigen?

Freiheit ist das oberste Gebot! – Ist Freiheit das oberste Gebot?
Freiheit darf nie absolut sein. Sie findet ihre Grenzen immer an der Freiheit des anderen. Freiheit haben, Freiheit nutzen heißt, mit ihr verantwortlich umgehen. Einem Kind, das die Folgen seines Handelns weder rational noch moralisch überblicken kann, jede Freiheit zuzubilligen, ist ganz eindeutig verantwortungslos, von Eltern wie von Lehrern!

Sind „Rücksicht", „Einordnung", „Unterordnung" pädagogische Fremdwörter (geworden)?
Die Scheu vieler Eltern, diese Tugenden innerhalb eines sozialen Umfeldes zu fordern, macht Lehrern häufig das Leben schwer. Man rechnet, dass bis zu 40 % Unterrichtszeit durch Unkonzentriertheit „verloren" gehen. Der mahnende Kleindialog nervt alle: Schüler wie Lehrer. Ständiges Bitten und Mahnen, Schimpfen und Zurechtweisen frustriert, kostet Zeit, mindert die Unterrichtsqualität, macht unruhig und aggressiv.

Schule soll Spaß machen!
Soll Schule Spaß machen?
Welch eine Frage! Natürlich soll Schule auch Spaß machen, aber sie kann das nicht jeden Tag, immer und überall leisten! Nichts frustriert mehr als „Enttäuschung". Unreflektierte Slogans, pauschalisierend, Hoffnungen weckend sollten aus dem Verkehr gezogen werden. Schule darf auch (!) anstrengen, herausfordern, Schweiß kosten.

Gehorsam und Pädagogik passen zusammen!
Passen Gehorsam und Pädagogik zusammen?
Im Wort „Gehorsam" steckt auch das Verb „hören" – also „hinhören", „zuhören". Ein Mindestmaß an Disziplin ist unverzichtbar. Wer über Disziplinschwierigkeiten redet, muss auch über Disziplin reden (dürfen). Niemand will autoritäres Gehabe, Repression, Drill, Druck, Unterwürfigkeit! So viel Freiheit wie möglich, so viel Disziplin wie nötig!

Die Zukunft hat schon begonnen

Ein *Telegramm* an Pädagogen (in Anlehnung an *Otto Herz* und *Johann Bense*):
Lebensumstände ändern sich, die Lernumstände kaum.   – STOP –
Kinder sind immer häufiger Einzelkinder. In der Schule findet oft innere Immigration statt; Kinder können aber kaum für sich sein.   – STOP –
Der Pflichtverband (!) Familie, in dem soziale Verhaltensweisen geübt, ein kontinuierliches Miteinander trainiert werden, existiert häufig nicht mehr!   – STOP –
Auf zwei Ehen (intakt, noch intakt, nicht intakt?) kommt eine Scheidung – und wo bleiben die Kinder?   – STOP –
Aus instabilen Familien wachsen selten stabile Kinder heraus!   – STOP –
Kinder von heute und morgen kennen ihn auch schon – den Freizeitstress. Der Freizeitstundenplan übertrifft den Schulstundenplan an Umfang und Intensität.
                                    – STOP –
Unsere Schüler sind Medienkinder. Wasser auf dem Bildschirm macht aber nicht nass und blutende Menschen gehen nicht unter die Haut. Ungelebtes, nicht lebbares Sinnesleben steigert die Suche nach Sinn und Unsinn!   – STOP –
„Frei sein – frei – Freizeit – Befreiungszeit – Freiarbeit" –
Gesellschaft und Pädagogik sind gefordert. Frei zu sein heißt nicht, chaotisch, ziellos zu sein.   – STOP –
Die europäische Öffnung bringt die multikulturelle Gesellschaft bzw. hat sie gebracht. Toleranz und Akzeptanz sind gefragt, nicht die alltägliche Missachtung und Verneinung und Verurteilung.   – STOP –
Wenn Schule etwas zu tun hat mit Dazulernen, Verändern, Wachsen, dann ist ein gleichförmig dahinalterndes Lehrerkollegium eine unzureichende Repräsentanz dafür.   – STOP –
Lehrer wissen, dass es Störungen des Unterrichts immer gab, gibt, geben wird: Sie müssen nicht kämpfen und therapieren gegen den ungestümen Bewegungsdrang und das kindliche Mitteilungsbedürfnis von Siebenjährigen; gegen die (vor)pubertäre Unbeherrschtheit und Aufmüpfigkeit von 12-/13-Jährigen; gegen die passiven und aktiven Widerstände von 16-Jährigen!   – STOP –
Die Zukunft hat schon begonnen – sie fordert uns, fordert uns Lehrer und Lehrerinnen heraus.

3 Ursachen für zunehmende Aggressivität

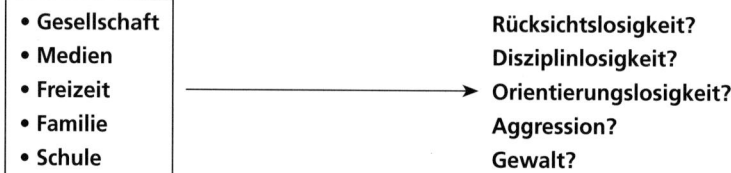

Eine Gesellschaft,
die nach dem Leistungsprinzip organisiert ist, in der Konsumdenken und Egozentrik dominieren …,   *formt unsere Kinder.*

Die Medien
mit ihren eskalierenden Gewaltdarstellungen, ihrer Sensationslust, ihren Spielen mit der Angst, ihrer fast totalen Inanspruchnahme … *formen unsere Kinder.*

Eine Freizeit
ohne Tabus, mit unüberschaubarem Überangebot, kaum vorhandenen Wert-
maßstäben und spezifischen Cliquennormen … *formt unsere Kinder.*

Familien,
die häufig zerbrochen sind, oft ohne Mut zur Erziehung, die überfordert sind,
kaum Orientierungshilfe geben und evtl. selbst gewalttätig sind …,
formen unsere Kinder.

Die Schule
mit institutionellen Zwängen, zu großen Klassen, unsicheren Lehrern, ungeeig-
neten Sanktionsmaßnahmen … *formt unsere Kinder.*

Gesellschaft

„Kindererziehung", beklagte schon *Demokrit,* „ist eine unsichere Sache. Wenn
sie glückt, so ist es Kampf und Sorge gewesen. Wenn sie aber nicht glückt, ist der
Kummer mit keinem anderen zu vergleichen."

Sollte man Erziehung deshalb nicht gleich unterlassen? Fast scheint es, als
habe der Staat und hätten die Familien sich schon vor geraumer Zeit darauf ge-
einigt.

Die Politikverdrossenheit, insbesondere der Jugend, hat sicher ein Ursachen-feld in einer Haltung der Bevölkerung, die in großer Zahl Zeugnis abgibt für das Versagen von Erziehung: Undankbarkeit, Anspruchsdenken, Egoismus, pflichtscheues Vorteilsstreben, Missgunst, Vertrauensschwund, bedenkenlose Brutalität.

Unseligerweise ist auch der Liberalismus in einen Gegensatz zu ehrgeizigen Erziehungskonzepten gebracht worden. Dies war eine eher verhängnisvolle Konfrontation. Die Tugenden eines richtig verstandenen Liberalismus sind alle-samt defensive Tugenden, entwickelt in einer Zeit, in der es galt, Freiräume gegen totalitäre Ansprüche aller Art, von Staat und Kirche, zu erkämpfen und zu sichern. Der Liberalismus war und ist aber nicht fähig, Grundlagen für Ge-meinschaftsleben zu schaffen, sodass der einzelne, auch der schwache einzelne, eine echte Chance bekäme. Dies muss Erziehung leisten. Hier muss (auch) der Staat Anstrengungen unternehmen:

• Was gehört unverzichtbar zur Erziehung?
• Welche Ziele gilt es anzustreben?
• Welche Werte sollen erhalten, verändert, neu gesetzt werden?
• Wo gibt es verantwortbare Tabuzonen?
• Wo ist die Schutzfunktion des Staates gefordert?

Dies muss umgesetzt werden für die Erzieher, vor allem für die Lehrer. Ihnen muss der Rücken gestärkt werden für den Mut, die schwierige und unsichere Er-ziehungsarbeit zu leisten. Erziehung ist keine antiquierte Sache. Erziehung ist lebensnotwendig, und der Bedarf an Erziehung wächst mit dem Maß unserer Freiheit! Junge Menschen wollten und wollen sich immer für irgend etwas ein-setzen, engagieren. Wenn ihnen unsere Erziehung nichts „Vernünftiges", „Sinn-volles" anbietet, setzen sie sich für etwas „Unvernünftiges", „Unsinniges" ein!

Sicher gab es zu keiner Zeit ein einheitliches Weltbild. Aber eine so intensive Zersplitterung mit jeweils eigenen, teilweise extrem gegensätzlichen und abso-luten Ansprüchen gab es noch nie. Kinder und Jugendliche haben den Überblick verloren – und nicht nur sie! Die jeweiligen Gebote, Verbote, Ideale oder Idole, Ziele und Normen verwirren. Oft bleiben dahinterstehende Personen oder Insti-tutionen anonym. Es wird immer schwieriger, Verbindliches und Wesentliches kennen zu lernen. Die Frage nach dem Sinn des Ganzen bleibt bestehen, entzieht sich aber zunehmend möglichen Antworten. Diese Überforderung führt häufig zu Verunsicherung, Ratlosigkeit, Pessimismus, auch zu Angst oder, je nach wei-teren Einflüssen aus dem erziehlichen Umfeld, zu aggressivem Verhalten und zu Gewaltbereitschaft.

„Jugendliche brauchen Leitsterne, keine Irrlichter" – Phrase, überzogene Me-tapher, ein Stück Wahrheit? Niemand fordert „Ketten" in der Erziehung, wohl aber eine Richt*schnur*, einen roten *Faden*, eine Orientierungs*linie*. Kinder und junge Menschen müssen sich allmählich abnabeln von den Eltern und deren Wertvorstellungen – keine Frage. Aber man kann dieses Abnabeln auch ins Unnatürliche steigern: Es geschieht zu schnell, es geschieht ohne Reflexion, es geschieht ohne Zielorientierung, es führt zur Entfremdung. In Deutschland haben nur noch 38 % aller 18- bis 24-Jährigen ähnliche Moralvorstellungen wie ihre Eltern … Dies bezieht sich auch auf Bereiche wie Politik, soziales Verhalten, Religion. *Eltern* haben häufig zu wenig Mut zur Erziehung; *Eltern* zeigen zunehmend weniger generationsübergreifende Solidarität; *Eltern* verursachen häufig selbst den Vertrauensverlust; *Eltern* provozieren manchmal geradezu, wenn auch unbewusst, die Suche ihrer Kinder nach „Unsinn", die Flucht in die Pseudogeborgenheit irgendwelcher Cliquen und Gruppen. *Neil Postman* stellt zutreffend fest, dass ein Erziehungswesen ohnmächtig ist, das keine Maßstäbe mehr zu vermitteln vermag, Maßstäbe, die zeigen, was sinnvoll und bedeutsam ist *(Postman, N., Wir informieren uns zu Tode, in: Die Zeit, 10/1992)*. Es geht hier nicht um weltanschauliche und politische Indoktrination durch das Elternhaus oder gar durch die Schule, sondern es geht um die Erziehung zur Urteilsfähigkeit in Orientierungsfragen. Dabei sollte eben nicht vergessen werden, dass Lernprozesse auch und besonders über Nachahmung laufen – auch Gewalt, Aggression, Rücksichtslosigkeit, Intoleranz werden so gelernt!

Es darf nicht soweit kommen, wenn es nicht schon soweit ist, dass es junge Menschen gibt, die kaum oder gar keine menschlichen Werte kennen und für die „Menschenwürde" eine Worthülse ist. Kinder entwickeln nicht von selbst soziale Gefühle, Mitleid, Achtung, Toleranz. Dies sind Gefühlsqualitäten, die Eltern und Lehrer vorleben und transparent machen müssen. *Mitgefühl* für jemanden aufzubringen, ist keine Gefühlsduselei, sondern bedeutet, den anderen in seine Gedanken- und Gefühlswelt einzubeziehen, Entscheidungen daraufhin zu überprüfen, was sie bei anderen bewirken, die Gefühle des anderen im Auge zu behalten und zu respektieren. Auch sich gegen Unrecht gegen andere zu empören (!), gehört in diese Kategorie des Denkens und Fühlens, die nicht zufällig entsteht!

Wer nicht erzieht, erzieht auch – das Ergebnis: im Stich gelassene *„Unerzogene"*!

Medien

Den Medien soll hier nicht wie so oft die Sündenbockrolle zugewiesen werden, sehr wohl aber die Verstärkerrolle. Zum Thema Medienkonsum, Wirkung von TV-Gewalt, Folgen beobachteter Aggression gibt es zahllose Dokumentationen und Studien. Die Medienforscher *Hans Dieter Kübler* und *Gerd Würzberg* kommen zu vier mehr oder weniger konträren Hypothesen:

- Die *„Katharsisthese"* besagt, dass die Betrachtung von Gewaltdarstellungen Ventilfunktion habe, um eigene Aggressivität des Zuschauers abzubauen.
- Die *„Stimulationsthese"* geht davon aus, dass Gewaltdarstellungen enthemmend auf das menschliche Verhalten wirken und zum Nachahmen reizen.

- Die *„Inhibitionsthese"* nimmt an, dass als abscheulich dargestellte Gewalt eher Aggressionen dämpfe, da sie von der Gesellschaft missbilligt werde.
- Die *„Habitualisierungsthese"* nimmt an, dass die gewohnheitsmäßige Gewaltbetrachtung zu Gleichgültigkeit gegenüber Aggressionsopfern führe und Gewaltanwendung als probates Mittel zur Konfliktlösung erscheinen lässt.

Diese Theorien gründen sich allerdings nur auf Wirkungsstudien vergleichsweise harmloser Fernsehsendungen – kein Vergleich zu dem, was Video und Kabel anbieten und anbieten werden!

Im Frühjahr 2012 – die Bilder vom Krieg in Syrien flimmern über den Bildschirm – bauen Kinder im Grundschulalter in ihre Spiele Raketenangriffe und Abwehrraketenangriffe mit ein. So drücken manche Kinder ihre Ängste und Ohnmachtsgefühle gegen eine undurchschaubare, anonyme, oft bedrohliche Medienwelt aus.

Die eher antisozialen Wirkungen von Mediengewalt stehen inzwischen außer Frage. „Als unbestritten kann gelten, dass Fernsehgewalt kurzfristige emotionale Effekte bewirken kann wie alle anderen Fernsehinhalte auch … Nicht zu bestreiten ist, dass es in Einzelfällen zur mehr oder weniger direkten Nachahmung auch kriminellen bzw. violenten Verhaltens kommen kann." (Kunczik, M., Gewalt und Medien, S. 173)

So sollten wenigstens wir Lehrer und Lehrerinnen uns nicht scheuen, uns der Thematik mehr anzunähern, auch wenn der erste Schritt schwierig ist, nämlich die Angst- und Ekelschwelle zu überschreiten. Es geht darum, zu produktiven Umgangsformen z. B. mit Horrorfilmen zu gelangen. Die breite Kluft zwischen Kindern und Erwachsenen (auch Lehrern) hinsichtlich medialer Gewaltdarstellung trennt. Deshalb vermeiden wir sehr häufig dieses emotionsgeladene Thema im Schulalltag, anstatt dass wir versuchen, medienpädagogische Unterrichtssequenzen durchzuführen. Die Pädagogik beginnt nur zögernd, zu zögernd, die pauschale, undifferenzierte, kulturkritische Verdammung der modernen Medien zu überwinden und sich den Herausforderungen wirklich zu stellen. Die Medienthematik muss ein eigener Schwerpunkt werden; die Veränderungen der pädagogischen Aufgaben, die sich im elektronischen Zeitalter ergeben, müssen wahrgenommen werden.

Ein „Nebenaspekt" sei hier noch erwähnt: Lehrer sollten wissen, dass nach umfangreichen Forschungsberichten Mädchen sich eher mit den Opfern identifizieren als Jungen. Sie äußern nicht nur mehr Angstfantasien, sondern haben auch mehr Mitleid. Jungen lassen meist nur drastische körperliche Verletzungen als Gewalt gelten, während Mädchen z.B. Prügeln bereits als Gewalt bezeichnen. Allen Kindern gemeinsam ist, dass sie selten gezielt z.B. Kindersendungen sehen – die Fernsehmacher sollten darüber nachdenken –, dafür lieben sie Serien, Spielfilme, Shows am Nachmittag und Abend, aber zunehmend auch in den frühen Morgenstunden, und das nicht nur am Wochenende!

Gemeinsam ist Kindern auch, dass ihnen Gewaltdarstellungen in Animations- und Actionserien selten Probleme machen. Nach dem Grund dafür befragt, wird deutlich, dass die Gewalt*folgen* in solchen Filmen verharmlost bzw. (fast) ganz ausgespart werden. Verunsicherungen und Ängste belasten Kinder dann, wenn „Gewalthandlungen mit drastischen, sichtbaren Folgen verbunden sind, von ihrer Art und ihrem Kontext her die Kinder an ihre Realität erinnern und in mysteriöse Kontexte eingebaut sind." (Theunert, H. u.a., Zwischen Vergnügen und Angst – Fernsehen im Alltag von Kindern, S. 198)

Und noch etwas: Nicht dramatisieren – die ganz überwiegende Mehrzahl junger Leute stellt den Konsum von Horrorfilmen mit zunehmendem Alter (fast) ganz ein!

Aber es steht zweifelsfrei fest, dass von Mediengewalt schädliche Wirkungen ausgehen:
1. *Tendenzen zur Dosissteigerung*, hervorgerufen durch physiologische Anpassung an intensive Reize;
2. *fehlendes Mitfühlen, Mitleid*, das ohne die Opferperspektive kaum aufkommt;
3. *Imitationsfunktion*, nach der das Vorbild zur Orientierungshilfe wird;
4. *angstgeladene, misstrauische Grundstimmung*.

Etwa 85 % aller Medienforscher kommen heute zu dem Schluss, dass Mediengewalt sehr wohl einen Lernprozess in Gang setzt. Das tägliche Brot des Brutalen stimuliert den Zuschauer. Die Persönlichkeit des Zuschauers wird trainiert für eine mögliche Grenzsituation, in der er vielleicht auf sein Repertoire an Gewaltmodellen zurückgreift.

Neuere Studien ergeben zweifelsfrei, dass der Nachahmeeffekt gekoppelt mit der gleichgültigen Reaktion gegenüber den Geschädigten dominiert. Eine Jugendmedienstudie des Regensburger Psychologieprofessors *Helmut Lukesch*

(Lukesch, H., Jugendmedienstudie, in: Medienforschung Bd. 1, Regensburg) kommt nach der Befragung von 4000 Jugendlichen zwischen 16 und 18 Jahren zu eindeutigen Ergebnissen: Die jugendlichen Videokonsumenten bewerten 51,6 % der Horrorfilme, 41,1 % der Sex- und Pornofilme als gut und sehr gut. 36,7 % haben indizierte Filme gesehen. Über ein Viertel der Befragten zählt diese verbotenen Filme zu ihren Lieblingsfilmen. Weiteres Ergebnis: Zwischen allen Arten abweichenden Verhaltens und dem Gewaltkonsum in den Medien bestehen substanzielle Beziehungen. Besonders hoch ist der Zusammenhang zwischen dem Konsum von Gewaltvideos und der „Aggressivität gegen Mitschüler und Sachen" sowie der Kleinkriminalität. Bis heute liegen keine endgültig gesicherten wissenschaftlichen Ergebnisse darüber vor, warum Gewalt-/Grusel-/ Horrorfilme besonders für Kinder geradezu Sogwirkung haben.

Mögliche Motive für den Konsum von Gewaltfilmen

Rückzugsverhalten, Langeweile, Perspektivlosigkeit
Dies sind Schlagworte für einige der sozialen und persönlichen Konflikte, die vielen kennzeichnend für die heutige Generation erscheinen. Ein übersteigerter Videokonsum kann eine Art von Ersatzbefriedigung darstellen, welche die realen Probleme verdrängen hilft.

Nervenkitzel
Aussagen:
„Es sieht alles so echt aus, z. B. eine Axt im Kopf; wenn Blut fließt und dann noch die Musik dazu kommt."
„Da wird gezeigt, was man noch nie gesehen hat, z. B. dass da ein Bein abgebissen wird, wie das angeknabbert wird."
„Tolle Effekte sind z. B., wenn man ein Messer in den Kopf kriegt oder wenn vom Arm ein Stück rausgebissen wird oder wenn Spinnen den Körper hochkommen und den Leuten die Augen und Zungen rausreißen."

Reiz des Verbotenen
Viele Kinder und Jugendliche erleben es als ein Stück Abenteuer, Filme, die verboten sind, „heimlich" anzusehen. Unsere durchorganisierte und von Jugendlichen oft als monoton empfundene Lebenswelt fördert solche Verhaltenstendenzen.

Gruppeneffekt
Ein Großteil der Erlebniswelt junger Menschen vollzieht sich in Freundesgruppen oder Cliquen. Der soziale Druck innerhalb solcher Gruppen („mitreden können", „cool sein", „Mut beweisen müssen") kann dazu führen, dass auch zurückhaltende Jugendliche sich gezwungen sehen, solche Filme anzusehen.

Indirekte Aggressionsablenkung
In ihrer Alltagswelt werden Kinder und Jugendliche vielfach frustriert – etwa in der Schule, in der Freizeit, in der Familie, im Umgang mit Erwachsenen und Institutionen und bei vielen anderen Gelegenheiten. Werden solche Probleme nicht gelöst, so kann sich das in einer Hilflosigkeit äußern, die zu Aggressionsgefühlen in erster Linie gegen den Verursacher dieser Gefühle führt. Jugendliche stimulieren dann möglicherweise ihre Fantasie durch brutale Videoszenen, stellen sich vor, dass den Personen, gegen die sich ihre Aggressionen richten, ebenso Brutales widerfährt.

Fehlende Einsicht in die Folgen von Gewaltanwendung
Für die meisten Kinder und Jugendlichen wie auch für Erwachsene gehört Gewaltanwendung heute zur alltäglichen Erfahrung. In den Nachrichten, im Straßenverkehr, am Sportplatz zeigt sich Gewalt in den verschiedensten Formen und Abstufungen. Während jedoch z. B. die „dokumentierte" Gewalt von Nachrichtensendungen aufklärenden Charakter hat, wird die fiktive Gewalt im Videofilm oft zum Selbstzweck. Ohne pädagogische Anleitung fällt Jugendlichen diese Unterscheidung schwer. Gewalt wird aus der Perspektive des Konsumenten betrachtet, und nur selten versetzen sich Jugendliche in die Rolle der Betroffenen und begreifen die Folgen des durch Gewaltanwendung erzeugten Leids.

Die wichtigsten Inhalte von Gewaltfilmen bzw. Gewaltvideos

Kannibalismus
Der Verzehr von Menschenfleisch wird mit aller Ausführlichkeit dargestellt. Die Opfer werden zum Teil bei lebendigem Leib zerrissen. Ein eigenes Genre stellen die „Zombie-Filme" dar: Erweckte Tote besorgen sich auf grausamste Weise Menschenfleisch, um weiterleben zu können.

Brutalsex
Nicht vergleichbar mit „üblichen" Sexfilmen zeigen diese Filme sadistisch-sexuelle Handlungen mit der Absicht, den Zuschauer sexuell zu stimulieren.

Horror/Action
Es handelt sich um Spielfilme, in denen Gewalt und Terror gegen Personen einfach aneinander gereiht und bis ins Detail dargestellt werden. Die Spannung wird nicht durch eine entsprechende Spielhandlung, sondern fast ausschließlich durch überraschende und schockierende Gewaltakte erzeugt.

Western/Eastern
Eingebettet in dürftige Spielhandlungen aus dem „Wilden Westen" oder aus fernöstlichen Kulturen werden Brutalität, Folter und Massaker oft mit rassendis-

kriminierender Tendenz gezeigt. Besonders zu nennen sind die „Kung-Fu"-Filme, in denen die Karate-Technik als wichtigste Voraussetzung fürs Überleben verherrlicht wird. Selbstjustiz ist in diesen Filmen selbstverständlich.

Kriegsverherrlichung unter dem Deckmantel der Dokumentation
Unter dem Deckmantel von Information und Aufklärung werden Kriege, historische Ereignisse und Geschehnisse im Umfeld historischer Persönlichkeiten dargestellt. Kernstück dieser „Dokumentationen" sind ausgedehnte Gewaltszenen. Krieg und Massenvernichtung werden verharmlost und auf unterschwellige Weise glorifiziert. Beispiele für Gewalt im Fernsehen lassen sich im Programm für eine Woche in erschreckendem Maße finden, und zwar nicht nur bei den „Privaten".

Einige rechtliche Grundlagen zu Gewaltdarstellungen in Medien

Grundgesetz Art. 5:
(1) Jeder hat das Recht, seine Meinung in Wort, Schrift und Bild frei zu äußern und zu verbreiten und sich aus allgemein zugänglichen Quellen ungehindert zu unterrichten ... Eine Zensur findet nicht statt ...
(2) Diese Rechte finden ihre Schranken in den Vorschriften der allgemeinen Gesetze, den gesetzlichen Bestimmungen zum Schutze der Jugend und dem Recht der persönlichen Ehre.

Strafgesetzbuch (StGB):
Das StGB meint, wenn es von „Schriften" spricht, zugleich „Ton- und Bildträger" (§ 11 Abs. 3 StGB). Nach § 131 StGB macht sich strafbar, wer Bildträger herstellt, verbreitet oder zugänglich macht, die Gewalttätigkeiten gegen Menschen in grausamer oder sonst unmenschlicher Weise schildern und dadurch eine Verherrlichung oder Verharmlosung solcher Gewalttätigkeit ausdrücken oder zu Rassenhass aufstacheln.

Gesetz gegen Ordnungswidrigkeiten
Nach § 118 OWiG muss mit einer Geldstrafe rechnen, „wer eine grob ungehörige Handlung vornimmt, die geeignet ist, die Allgemeinheit zu belästigen oder zu gefährden".

Kriterien zur Beurteilung von Gewaltanwendungen

1. Nicht die Grausamkeit und Intensität der Darstellung ist alleiniges und wichtigstes Kriterium der Beurteilung. Entscheidend ist, ob Gewaltanwendung durch den Kontext der Handlung gerechtfertigt wird (Verherrlichung bzw. Verharmlosung), z. B.
   • wenn der als positiv und sympathisch gezeichnete Held Gewalt anwendet,
   • wenn sich Zuschauer oder eine Zuschauergruppe (z. B. Jugendliche, ethnische Gruppen) mit dem Helden identifizieren können,
   • wenn ein als grausam und bedrohlich gezeichneter Verbrecher von der Polizei oder einem Privatdetektiv brutal behandelt oder erschossen wird,
   • wenn Gewalt als Strafe für selbstverschuldetes Unrecht desjenigen dargestellt wird, der unter Gewalt zu leiden hat,
   • wenn Gewalt als Reaktion auf erlittenes Unrecht dargestellt und entschuldigt wird,
   • wenn Gewaltanwendung durch Erfolg belohnt wird.
2. Mediengewalt ist weiter negativ zu beurteilen, wenn Gewaltanwendung als einziger Ausweg aus einem Konflikt erscheint.

3. Eine realistische Darstellung von Gewalt, die Nachahmung ermöglicht (Schlagen auf den Kopf, Messerkampf, Einsperren usw.), ist negativ zu beurteilen. Dagegen ist Verfremdung der Gewaltdarstellung eher dazu geeignet, negative Auswirkungen beim Zuschauer zu neutralisieren.

4. Es ist positiver zu bewerten, wenn die Folgen der Gewaltanwendung gezeigt werden, als wenn die Folgen verschleiert oder ausgeklammert werden.

5. Besonders negativ sind Gewaltdarstellungen zu bewerten, wenn sie mit pornografischen oder sadomasochistischen Darstellungen verbunden sind, z. B. Darstellungen von Vergewaltigungen. Vor allem sind solche Darstellungen und Berichte negativ zu bewerten, in denen Schmerzreaktionen von Frauen als Zeichen sexueller Erregung dargestellt werden.

Die hier zusammengestellten Kriterien fordern nicht, dass Gewalt als Faktum im Erfahrungsbereich des einzelnen und der Gesellschaft verschwiegen wird. Es soll nur auf solche Formen der Gewaltdarstellung aufmerksam gemacht werden, die Gewaltanwendung als selbstverständliches Mittel der Konfliktlösung und Verbrechensbekämpfung hinstellen, die die Anwendung von Gewalt rechtfertigen. (aus: Medienpraxis 2, „Gewaltdarstellungen in Film und Fernsehen")

Fragen:
Wo ist der Staat, der seine Schutzfunktion auszuüben hat?
Wo sind die Eltern, die den eigenen Fernseh- und Videokonsum kontrollieren?
Wo sind die Eltern, die ihren Kindern bestimmte Sendungen verbieten?
Wo sind die Lehrer und Lehrerinnen, die diese Problematik couragiert thematisieren?
Wo sind die Fernsehanstalten, die ihren starren Blick nicht (nur) auf Verkaufs- und Einschaltquoten richten, vorbei an den Bedürfnissen von Kindern und Jugendlichen?
Wo sind die Psychologen, die laut, deutlich und nachdrücklich die zynische Argumentation zurückweisen, es sei wissenschaftlich nicht sicher nachzuweisen, dass die Betrachtung von „antisozialen" Inhalten wirklich schädlich sei?
Wo sind die Soziologen, die mit Intelligenz, Kreativität und Kultur nach neuen Wegen, realistischen Alternativen suchen?
Wo sind die Pädagogen, die akademischen Fantasiedimensionen ohne Bezug zur pädagogischen Praxis ein Ende setzen?
„Eine freiheitliche Gesellschaft, die ihre Werte dem finanziellen Profit opfert und die ihre Schule als pädagogisches Feigenblatt benützt, legt eine unerträgliche Doppelmoral an den Tag!" (Dannhäuser, A., Gewalt in den Medien – Ein Statement)

Freizeit

Für Jugendliche ist Freizeit:
• Ausgehzeit mit „Action" und „Relaxen";
• Kino-, Disko-, Kneipenbesuch;
• „Scheiß-Machen" und Lachen;
• Musikzeit;
• Fernseh- und Videozeit;
• Computerzeit; Aufenthalt in den Sozialen Netzwerken;
• Streitzeit; Clique gegen Clique;
• „Knutschzeit";
• Sportzeit, selber schwitzen und zuschauen;
• „labern", blödeln, albern;
• „ärgern", provozieren, ausprobieren.

Tendenz: Null Bock auf nix?

„Sinn oder Unsinn des Lebens? Was ist das Leben? Wozu ist es da? Diese Fragen habe ich mir schon so oft gestellt. Man lebt für Arbeit, Ärger, Stress und Kummer." *(Saskia, 16)*

„Mir kommt das heutige Leben sehr eintönig vor, weil man irgendwie schlecht ausbrechen kann … Wir leben in verklemmten Zeiten. Wir sind ständig eingeklemmt. Nirgendwo dürfen wir frei sein!" *(Klaus, 16)*

„Immer dieser ganze Ärger mit der Schule, zu Hause und einfach überall. … In der Schule steht man unter Noten-Stress; bloß keine Arbeit verhauen, denn man braucht ja gute Noten für später!? Aber wer garantiert mir, dass ich überhaupt eine Lehrstelle, geschweige denn einen Arbeitsplatz bekomme?" *(Peter, 15)*

„Jeder … muss das und das machen, und wenn er's nicht macht, hat er kein Ansehen, nichts. Man ist gebunden, kriegt alles vorgeschrieben, jeden Tag …" *(Peter, 15)*

„Ich kann mich in meiner Umwelt kaum zurechtfinden … meine Gefühle kann ich selten jemandem erzählen! Wen interessiert das denn?" *(Sandra, 15)*

„Ich hab' Freunde. Wir denken gleich. Wenn uns einer blöd kommt, hauen wir drauf – basta!" *(Jochen, 14)*

Vandalismus

Zunehmend ist zu beobachten, dass *Vandalismus* ein „beliebter Sport" wird. Warum? Es macht Spaß, bereitet Vergnügen, wird als „Spiel" angesehen, ist auch überlegte, geplante Protesthaltung gegen erlittene oder vermeintlich zugefügte Macht (= Ohnmachtssignal), ist Symptom für Unsicherheit und des Versagens beim Hineinwachsen Jugendlicher in die Erwachsenenwelt (Jugendidentitäts-krise; Rollenfrustration), ist Modell- und Musterverhalten nach häufigem Konsum destruktiver Filme.

Diese Erkenntnisse belegen, dass die Gruppe hier im Vordergrund steht. Ihre Interaktionen werden häufig als versehentlich oder zufällig angesehen, unterliegen jedoch eindeutig einer Phasenfolge:

- gammeln, Langeweile, unstrukturierte Zeit;
- Vorschlag eines einzelnen für eine vandalistische Aktion;
- möglicher Widerstand wird durch Erregung, Neugierde, Nervenkitzel stark gemindert;
- ein Aufschaukelungsprozess beginnt, Vorschläge werden wagemutig, absurd;
- gegenseitige Überzeugungsprozesse; Aktionen werden gegebenenfalls zu „Mutproben" hochstilisiert; wer will schon „feige" sein?
- Einzelne verlieren häufig weit gehend ihre Identität; sie wird ersetzt durch Solidarität mit der Gruppe; die Normen der Gruppe dominieren; die Gruppe garantiert Anonymität und vermittelt ein gewisses „Sicherheitsgefühl";
- Vandalismus wird als „Spaß" deklariert; die kriminelle Komponente, der Tatbestand der Sachbeschädigung wird verdrängt – es wird ja kein Opfer geschädigt. (nach: Geschwinder, H. – G., Gewalt in der Schule, S. 212)

Begünstigende Faktoren sind zweifellos sterile Klassenräume, monotone Schulgebäude mit unübersichtlichen Gebäudestrukturen, kaum vorhandene Identifikation von Lehrern und Schülern mit „ihrer" Schule, z. B. durch hohe Fluktuation, mangelnde Beteiligung von Eltern an schulischen und außerschulischen Aktivitäten. Vandalismus kann zum Symptom dafür werden, dass Schüler unbewusst auf ihre Probleme aufmerksam machen wollen!

Familie

Hier soll nur auf einen häufigen, allerdings sehr vernachlässigten Aspekt in der Erziehung innerhalb der Familie eingegangen werden: Aggression und Gewaltanwendung der Eltern. Kinder werden von klein auf geschlagen, damit sie lernen, nicht zu schlagen. Die Erziehungsbotschaft: Du sollst nicht schlagen – die Erziehungsmethode: Schläge. Die Kleinen lernen ihre Lektion! Wer ein Kind mit Schlägen erziehen will, handelt wie jemand, der sein Auto mit Hupen lenken will … Eltern lieben ihre Kinder, sie meinen es gut, sie wollen nur das Beste für das Kind. Daher fühlen sie sich auch verpflichtet, möglichst früh mit zielgerichteter Erziehung zu beginnen. Sie kommen sich bestimmt nicht als Aggressoren vor. Eltern wollen ihren Kindern, in deren eigenem Interesse natürlich, das Richtige beibringen und das Falsche verleiden, ver*leiden*. Nur deshalb greifen Erzieher immer wieder zur Gewaltmethode, wenn es angeblich gar nicht mehr anders geht – und empfehlen übrigens diese Methode durchaus dem Lehrer als

Erziehungsmittel! Es gibt sie, die rohe und brutale Gewalt in der Familie: grausame Eltern, die ihre Kinder misshandeln, Ehemänner, die ihre Frauen verprügeln, auch in Anwesenheit der Kinder (!).

Die Familie ist der Ort, an dem die meisten Menschen das erste Mal Gewalt erfahren. Gewalterlebnisse innerhalb der Familie üben einen wesentlichen Einfluss auf die Entwicklung von Wertvorstellungen beim Kind aus. Sie prägen die Einstellung des Kindes und späteren Erwachsenen zu aggressivem Verhalten und zum Einsatz von Gewalt. Das Kind lernt, dass bestimmte Ziele die Ausübung von Gewalt erlauben.

Aggressive Interaktionsmuster der Eltern, aber auch die verdeckte Billigung von Aggression fördern die Gewaltbereitschaft. Wer Gewalt in der Familie als erfolgreiche Konfliktlösungsstrategie erfahren hat, wendet sie später mit hoher Wahrscheinlichkeit auch an. Gewalterfahrungen spiegeln sich sowohl in Einstellungen als auch in Verhaltensweisen wider. Der Erziehungsstil der Eltern hat immer deutlichen Einfluss auf aggressive Handlungsweisen der Jugendlichen. Es konnte nachgewiesen werden, dass sich neben einer negativistischen Haltung, insbesondere der Mütter in den ersten Lebensjahren, vor allem ausgeprägte Toleranz gegenüber aggressivem Verhalten und körperlichen Bestrafungen beim Kind und Jugendlichen aggressionsfördernd auswirken.

Gewalt durch Eltern – wie äußert sie sich? Eine besondere Ausprägungsform der Gewalt stellen alle Arten der *direkten* psychischen Beeinträchtigung wie Bedrohung, Beschimpfung, Beleidigung, Erpressung und der *indirekten* Beeinträchtigung wie Ignorieren und Liebesentzug dar. Gewalt gegen Kinder wird häufig pauschal als Misshandlung bezeichnet. Eine spezifische Form der Misshandlung sei auch erwähnt, nämlich der Missbrauch, am häufigsten der sexuelle Missbrauch eines Kindes oder Jugendlichen. Schließlich kann man als indirekte Form der Gewalt die psychische oder soziale Vernachlässigung unterscheiden, die bewusste oder fahrlässige, aber vermeidbare Nichtbeachtung fundamentaler Bedürfnisse. Hierzu zählt auch das Unterlassen der Förderung und Unterstützung der physischen, psychischen und sozialen Entwicklung des Kindes oder Jugendlichen, wobei Benachteiligung, aber auch Schädigungen und Verletzungen in Kauf genommen werden.

Allein in den alten Bundesländern wurden bereits 1989 über 1.400 meist brutale körperliche Kindesmisshandlungen bei den Polizeidienststellen registriert. Die Tendenz ist seitdem deutlich steigend. Zusätzlich wurden fast 11.000 Fälle des sexuellen Missbrauchs angezeigt, davon waren 90 % Mädchen betroffen. Diese Zahlen können aber nur ein Anhaltspunkt für die wirkliche Verbreitung sein, denn die „Dunkelziffer" ist ungeheuer groß; nur schätzungsweise 30 % aller Fälle werden offiziell registriert. Wenn man auch Fälle von gravierender emotionaler Ablehnung, seelischer Quälung und psychosozialer Vernachlässigung berücksichtigt, stößt man vermutlich auf weitere 15 % von jungen Menschen, die in ihren Familien unter groben Fehlhandlungen oder Misshandlungen zu leiden haben.

Drei Beispiele

Da ist der 13 Jahre alte Junge, der erzählt, er könne abends oft nicht ein-schlafen, weil der Lebensgefährte der Mutter Pornovideos zu laut abspiele. Wenn der Stiefvater auch noch betrunken sei, schlage er die Mutter. „Ich wünsche mir", so der Junge, „er wäre tot."

Da ist die 16-Jährige, die während des Unterrichts in einer Frankfurter Ge-samtschule den Kopf nicht von den Armen auf dem Tisch nehmen will. Nach der Schule erzählt sie verschämt, sie habe bis morgens um fünf am Bett der Mutter gesessen, die vom angetrunkenen Vater zusammenge-schlagen worden sei.

Und da ist die 14 Jahre alte Schülerin, deren Mutter von der Pädagogin Waltraud L. in die Schule gebeten wurde, weil das Kind über Selbstmord gesprochen hatte. Sie möge ihre Tochter sowieso nicht, verkündete die Mutter ungerührt im Beisein des Mädchens, „ich wäre froh, wenn ich sie nicht hätte".

Zum Schluss sei noch ein Aspekt erwähnt: *die Gefahr der Überforderung von Kin-dern und Jugendlichen als prototypischer Aggressionsauslöser.*
Häufig projizieren Eltern in ihre Kinder Vorstellungen, Wünsche, Ideale, Le-bensplanungen hinein, die zu einer enormen Belastung für die Kinder werden können. Eine spezifische Belastungsform ist die *schulische* Leistungserwartung der Eltern, der offen oder unterschwellig Nach*druck* verliehen wird. Häufig kommt es zu langanhaltenden Konflikten, das Spannungs- und Belastungs-potenzial steigt. In den „Bielefelder Jugenduntersuchungen" von *K. Hurrelmann* werden die Folgen dokumentiert: Verhaltensauffälligkeit, Gesundheitsbeein-trächtigung, Drogenkonsum, Delinquenz, Aggressivität. „Zeichnet sich ab, dass die Erwartung der Eltern nicht realisiert werden kann, so reagieren viele der be-troffenen Jugendlichen mit psychosozialen und psychosomatischen Sympto-men, erhöhtem Alkohol- und Tabakkonsum und mit aggressivem Verhalten."
(K. Hurrelmann, Gewalt in der Familie)

Schule

Können Schule und Lehrer aggressionsauslösend bzw. aggressionshemmend wirken? Was die Rolle des Lehrers angeht, so sei auf das spätere Kapitel verwiesen.

Ruhloff formulierte schon 1972 (!) eine allerdings provozierende Antwort auf die Frage, warum Schüler so aggressiv sind: „Die Schüler müssen sich einer Schulordnung fügen, die sie nicht gemacht haben, den Anordnungen von Lehrern, die sie nicht ausgewählt haben, Lehrformen und Lehrinhalten, deren Veränderung nicht in ihrer Macht liegt. Sie gehen in Schulhäuser und Klassenräume, bewegen sich auf schäbigen Schulhöfen, die andere für sie hergerichtet haben. Es hilft ihnen nichts, wenn ihnen die Schulhöfe zu eng, die Pausen zu kurz, die Räume zu muffig, die Klassen zu voll, die Hausaufgaben zu viel sind. Ob sie Strafen gerecht oder ungerecht, Schulordnungen vernünftig oder Quatsch, Stunden langweilig oder schön genug finden, tut nichts zur Sache. Ihre Urteile, Vorstellungen, Vorschläge, Begründungen sind allenfalls ‚pädagogisch wertvolle' Beweise der ‚Selbstständigkeit'. Wirksam sind sie nicht. Mit Hoffnung auf Folgen dürfen Schüler nur wollen, was sie wollen dürfen, nur zulässige Interessen haben, nämlich solche, die im Interesse ‚der Schule' sind." (Ruhloff, J., Demokratisierung der Schule)

Was hat sich an dieser Situation geändert? Ein eher düsteres, aber nach wie vor wahres Bild! Sind *Aggression* und *Schulunlust* untrennbar miteinander verknüpft? Schulunlust gab es immer, aber heute scheint eine schulisch typische Aggressivität vielfach mit penetranter Schulunlust, d. h. mit mangelnder Lernmotivation und Störaktivitäten gekoppelt zu sein. Eine Bedingung dafür ist sicher das Lernen von Aggressionen am Modell. Wenn um einen herum, vor und nach dem Unterricht und in den Pausen ständig attackiert wird, verbal und motorisch, attackiert man mit, das steckt an! Ebenso fördert ein langweiliger Unterricht die Lernunlust; unmotivierte, gelangweilte, nach unsinnigen Alternativen suchende Mitschüler stecken an! Aufgestautes Energiepotenzial entlädt sich in der Schule auch dann als aggressives Verhalten, wenn keine oder kaum körperliche Beanspruchung vorliegt und der Junge oder das Mädchen stundenlang verbalisierender, kognitiver, „schultypischer" (?) Kommunikation ausgesetzt ist.

Daneben wirken natürlich noch andere, außerschulische Faktoren mit hinein, z. B. verdeckte autoritäre häusliche Strukturen oder Vernachlässigungstendenzen im Elternhaus. Kinder, die unter solchen Bedingungen aufwachsen, sollten in der Schule die Chance haben, sie zu kompensieren. Damit soll nicht gesagt sein, dass Schule alle misslungenen Sozialisationsversuche teilweise chaotischer Elternhäuser kompensieren kann. In der Schule entladen sich häufig Attacken, vor allem wenn der Faktor „Angst" wegfällt, gerade gegen Mitschüler, die man eigentlich mag, bzw. gegen „humane" Lehrer.

Es besteht auch kein Zweifel, dass es einen Zusammenhang zwischen Lernunlust, begleitet von Aggressionen und einer verschulten, lebensfremden Schule gibt. Die nicht seltene Erstarrung als Verwaltungssystem, eng fixierte Lernzielvorgaben, der Rückzug der Lehrer von der Übernahme erziehlicher Verantwortung seien hier stellvertretend genannt. Ihren eher destruktiven Beitrag leisten auch Tatsachen wie die zunehmende Zersplitterung in Einzelstunden, der Massenbetrieb an der Schule und große Klassen. Es kommt darauf an, größere Zusammenhänge zu sehen, in die sowohl die primäre Lebenswelt des Schülers als auch das Schulsystem einbezogen sind.

Aggressives Verhalten ist fast immer ein Signal für komplexe, belastende Bedingungen in der alltäglichen sozialen Umwelt, im System der eigenen Familie. Das Kind deutet an, dass es Hilfe braucht, erzieherische Hilfe.

„Es geht darum, dass das Prinzip der dominanten Selbstdurchsetzung (gegen andere), wie es die Kinder heute an den Erwachsenen massenweise erleben und das zu einer allgemeinen Vernachlässigung der kindlichen Grundbedürfnisse geführt hat, abgelöst wird durch ein Prinzip der gemeinsamen Sorge, der gemeinsamen Verantwortung gegenüber der Zukunft angesichts ihrer Bedrohung durch massenhafte Gewalt und Vernichtung. An diesem Umorientierungsprozess ist die Schule maßgeblich mitbeteiligt. Ihr Beitrag könnte u.a. darin bestehen, dass sie sich mehr und deutlicher der Kooperation verschreibt, also z.B. der Verständigung im Lehrerkollegium jenseits überholter ideologischer Fronten, einer mehr partnerschaftlichen Zusammenarbeit mit den Eltern und einer verbindlicheren Einübung in Rücksichtnahme aufeinander in der Schulklasse ... Gewalt gegen andere und gegen gemeinsame Güter ist nicht einfach ein symptomatisches, diagnostisch besonderes Ereignis mit bloßer psychologischer Bedeutung, sondern auch ein Akt, der Lebens- und Sachgüter schädigt. Pädagogik ist nur sinnvoll praktizierbar, wenn eine gewisse stabilisierende, d.h. Halt gebende Orientierung für das Bewerten von Handlungen im Umgang miteinander für das Kind und seine Erzieher erkennbar und verbindlich wird."
(Speck, O., S. 114)

Eine nicht zu unterschätzende Rolle, aggressionsfördernd bzw. aggressionshemmend, spielt die Befindlichkeit, die *Grundstimmung des Lehrers*. Fühlt sich der Lehrer wohl, so wirkt sich dies positiv aus.

C. Rogers bemerkt dazu: „Einen Menschen so zu mögen, wie er ist, und auf meine Erwartungen, wie ich ihn haben möchte oder wie er für mich sein sollte, zu verzichten, meinen Wunsch aufzugeben, diesen Menschen nach meinen Bedürfnissen zu ändern, dies ist ein überaus schwieriger, aber Gewinn bringender Weg zu einer befriedigenden Beziehung."

Gerade in einem Kollegium, in dem Menschen tagtäglich zusammenarbeiten (müssen?), auch mit der Schulleitung, ist dieser Grundsatz sehr wichtig. Um sich als Schulleiter oder Lehrer wohlzufühlen, in der Balance zu bleiben, bedarf es bestimmter Einsichten und konkreter Verhaltensweisen:

• Die Entscheidung, Lehrer zu werden bzw. zu sein, schließt mit ein, dass man in einer Institution mit all ihren Mängeln, Belastungen und Schwerfälligkeiten zu arbeiten bereit ist.

• Es gibt Grenzen, Vorgaben und Unverrückbarkeiten. Mit dem Kopf durch die Wand zu wollen, immer nur nach institutionellen Veränderungen zu rufen, bringt Frustration, macht verbittert, verschüttet die so notwendige Energie.

• Kollegen sollten in ihren Positionen zwar nicht unkritisch gesehen, aber akzeptiert werden. Ewiges Nörgeln lässt den Aufbau von Vertrauen und förderliche Beziehungen kaum zu. Machtkämpfe, gleichgültig in welcher Richtung, produzieren Verlierer – Verlierer sinnen auf Revanche!

• Mancher Lehrer ist, aus welchen beruflichen/privaten Gründen auch immer, nur noch am „Hadern" und versäumt dabei, neue Chancen und Perspektiven ins Auge zu fassen, beim Schopf zu packen.

• Ein Tipp für Lehrer und Schulleiter: Knackt das Prinzip der geschlossenen Türen!

• Ein Spruch für Schulleiter: „Wenn der Navigator nicht weiß, woher der Wind weht, ist kein Wind der richtige!" *(Seneca)*

Lehrer können steuern, helfen, verstehen, sanktionieren, verändern, etwas bewegen.

Wenn Schule etwas zu tun hat mit „wachsen", „verändern", dann sind langsam vor sich hinalternde Lehrerkollegien eine schlechte Repräsentanz dafür. Eine Provokation? Mitnichten! Natürlich gibt es engagierte, kreative, schülernahe ältere Lehrer, aber wie viele haben noch die Energie, das Reservoir, den Mut zu investieren? Vor allem wegen der stark zurückgegangenen Schülerzahlen wurden kaum noch junge Lehrer eingestellt. Die Gruppe der älteren Lehrer vergrößerte und vergrößert sich ständig! – Na und? Als Antwort nur ein paar Schlaglichter:

• aktive Unternehmungen?
• Fortbildungsbereitschaft?
• neuer pädagogischer Wind?
• „Burnout-Syndrom"?
• außerschulische Aktivitäten?
• Schülernähe?
• Frustrationstoleranz?
• Geduld?

Im Zusammenhang mit dieser bildungspolitisch relevanten Problematik sei auf die parallel dazu verlaufende Entwicklung hingewiesen: größer werdende Klassen.

„10 Gebote" für kleinere Klassen – ein Plädoyer

Weniger Schüler: Die Ausgangslage kann wesentlich schneller, effektiver und zuverlässiger eruiert werden.

Weniger Schüler: Arbeitstechniken lassen sich besser einführen.

Weniger Schüler: weniger Unruhe, höhere Konzentration.

Weniger Schüler: Die direkte Rückmeldung und Verstärkung gelingt leichter.

Weniger Schüler: Mehr und intensivere Zuwendung dem einzelnen Schüler gegenüber ist möglich.

Weniger Schüler: Häusliche Erziehungsdefizite werden leichter kompensierbar.

Weniger Schüler: Vertrautheit nimmt zu; Vertrauen baut Aggression ab.

Weniger Schüler: „Problematische" Schüler sind leichter beobachtbar, ansprechbar, „therapierbar".

Weniger Schüler: Schnellere Reduzierung von aggressivem Verhalten bzw. Gewaltbereitschaft (individuelle Zuwendung leichter.

Weniger Schüler: Der Lehrer verbraucht weniger Energie und Substanz.

Wenngleich später noch zu reden sein wird von der *Rolle des Lehrers/der Lehrerin* sei schon hier auf einen Aspekt verwiesen: Der Kompass zwischen Lehrern und Schülern kreiselt; Kinder agieren, Lehrer resignieren zunehmend! Es gilt „den Schülern aufs Maul zu schauen", aber ihnen „nicht nach dem Mund zu reden".

„Aufs Maul schauen" heißt: ihre Sprache verstehen, Gedanken und Gefühle transparent machen und transparent werden lassen, Meinungen zulassen und provozieren, Gefühle ernst nehmen, hinhören, aktiv zuhören, hinterfragen.

„Nicht nach dem Mund reden" heißt: sich nicht kumpelhaft anbiedern, Positionen nicht aufgeben, Courage und Standfestigkeit beweisen, modernistische Strömungen entlarven, Nähe nicht übertreiben und gesunde und notwendige Distanz nicht verlieren, nicht klein beigeben, keine faulen Kompromisse schließen.

Nur eine lebendige Schule mit lebendigen Lehrern kann mit einem reichhaltigen Netzwerk geistiger und gefühlsmäßiger Elemente psychohygienisch günstige Strukturen sichern und vor inhumanen Entwicklungen schützen. Es ist die Fantasie gefragt, solche Elemente zu schaffen und mit genügend Geduld und langem Atem zusammenzufügen, sodass sich allmählich eine neue Dynamik zu entwickeln beginnt. Ein neuer pädagogischer Mut ist gefragt, der neben dem Fördern und Fordern das Fühlen zulässt. Erst auf diesem Hintergrund ist Wertevermittlung möglich in Gestalt von Respektierung der Gefühle und körperlichen Unversehrtheit von Menschen, Respekt vor (fremden) Sachen und von Ideen und Überzeugungen. Wer nicht und nicht genug fühlen kann, ist zu wirklich brutalem Handeln fähig.

Es darf kein Wertevakuum entstehen! Wir Pädagogen sind (mit-)verantwortlich!

4

Die Schüler

Die Störer

Eine banale These: Unterrichtsstörungen gehören zum Unterrichtsalltag ..., aber sie nerven die Lehrer. Das *Ursachenfeld* ist riesig. Hier seien stichpunktartig sieben mögliche Ursachen erwähnt:

• Soziale Beziehungen in der Klasse:
  Cliquen, Clowns, Außenseiter, Prügelknaben ...
• Rollenkonflikte:
  „Streber", Starposition, unterschiedliche Positionen in unterschiedlichen Gruppierungen ...
• Freude am Widerspruch:
  Querulanten, prinzipiell Opponierende, Nervensägen, Gerechtigkeitsfanatiker ...
• Autoritätsprobleme:
  mit den Eltern, Angst vor dem Lehrer, Grenzen austesten, Führungspositionen erobern wollen ...
• Unterschiedliche Motivation:
  Unterforderung, Überforderung, Desinteresse, Ansprechbarkeit ...
• Orientierungslosigkeit:
  Hilflosigkeit, Unsicherheit, Unordnung (in Schultaschen und Kopf), Vergesslichkeit ...
• Monotoner Unterricht:
  keine wechselnden Sozialformen, keine Medien, keine Schülerorientierung, keine Herausforderungen ...

Unterrichtsstörungen – was geht in Ihnen vor, und wie reagieren Sie?

Testen Sie sich einmal kurz. Welches Gefühl lösen bei Ihnen folgende Situationen aus; wie würden Sie spontan reagieren, bzw. wie haben Sie in solchen Situationen reagiert?

Situationen

„Bloß nicht wieder den lang-
weiligen Scheiß!" (7. Kl.)

Ein Schüler kommt vom Papierkorb
und fegt grinsend die Bücher eines
anderen vom Tisch. (8. Kl.)

Marcel: „Mir reichts!", steht auf und
will das Klassenzimmer verlassen.
(4. Kl.)

Ein Schüler geht auf die Toilette;
daraufhin gehen drei weitere mit.
(3. Kl.)

Während der Musikstunde
trommelt Markus ständig auf
die Bank. (9. Kl.)

„Sie haben hier gar nichts zu sagen.
Heute machen wir, was wir wollen!" (9. Kl., zu einer Vertretungs-
lehrerin)

Während Sie vorlesen, beobachten
Sie, wie Simon unter der Bank eine
SMS auf dem Handy liest.

Ein Schüler „spielt" mit einem
„Butterflymesser". (9. Kl.)

Eine Klasse hat ausgemacht, sich
nicht zu melden. (7. Kl.)

Zwei Schüler reden und lachen
unentwegt miteinander. (5. Kl.)

Völlig unvermittelt lacht ein
Schüler laut auf. (6. Kl.)

Störertypen

Es gibt intentionale und funktionale Unterrichtsstörungen. Manche Störungen werden bewusst zum Zwecke des Störens inszeniert. Und es gibt Phänomene in und an Schülern, die sie selbst zwar nicht als Störung wahrnehmen bzw. als solche meinen, die aber objektiv den Lehr- und Lernprozess beeinträchtigen oder auch stören. Im heutigen Unterricht überwiegen bei weitem die funktionalen Störungen. Ein besonders nerviger *Störtypus* ist der *Überaktive*; sein Verhalten reicht von Zappeligkeit und Rumschreien bis hin zur Übermotorik. Aber ganz im Gegensatz zu ihm gibt es heute auch den absolut *Passiven*. Er ist abgeschlafft, müde, stumpf, desinteressiert. Manche Schüler machen sich oft mit Worten fertig und benutzen dazu Killerphrasen, um das Selbstwertgefühl des anderen zu mindern. Die eher Passiven, Schüchternen bieten sich häufig geradezu als Opfer an. Wer abweichende Persönlichkeitsmerkmale aufweist, wird schnell zum Sündenbock, besonders dann, wenn die Gruppe/Klasse insgesamt ein hohes Aggressionsniveau aufweist.

Conners-Skala zur Differenzierung zwischen „echtem" und „unechtem" Zappelphilipp

Eltern-Lehrer-Fragebogen (Kurzform)

Bitte beurteilen Sie das Kind _____
hinsichtlich der aufgeführten Verhaltensweisen!

Datum: _____

	über- haupt nicht	ein wenig	ziem- lich	sehr stark
	0	1	2	3
1. Unruhig oder übermäßig aktiv	☐	☐	☐	☐
2. Erregbar, impulsiv	☐	☐	☐	☐
3. Stört andere Kinder	☐	☐	☐	☐
4. Bringt angefangene Dinge nicht zu einem Ende – kurze Aufmerksamkeitsspanne	☐	☐	☐	☐
5. Ständig zappelig	☐	☐	☐	☐
6. Unaufmerksam, leicht abgelenkt	☐	☐	☐	☐
7. Erwartungen müssen umgehend erfüllt werden, leicht frustriert	☐	☐	☐	☐
8. Weint leicht und häufig	☐	☐	☐	☐
9. Schneller und ausgeprägter Stimmungswechsel	☐	☐	☐	☐
10. Wutausbrüche, explosives und unvorhersagbares Verhalten	☐	☐	☐	☐

(Rothenberger, A., Klassifikation und neurotischer Hintergrund des hyperkinetischen Syndroms, in: Franke, U. [Hg.], Aggressive und hyperaktive Kinder in der Therapie, Springer-Verlag, Berlin 1988)

Was den anderen Störtypus angeht, den Hyperaktiven, so wäre es wichtig, den echten vom „unechten" Hyperkinetiker zu unterscheiden. Die *Conners*-Skala (s. S. 39) ist ein relativ einfaches diagnostisches Mittel, das Lehrern sowohl Hinweise auf die Symptomatik als auch auf eine Abgrenzung der beiden diagnostischen Gruppen gibt. Als kritischer Wert gilt eine Punktzahl von 18, die, falls unterschritten, auf ein „unechtes Zappel-Philipp-Syndrom", falls überschritten, auf eine Schädigung der Hirnfunktion hinweist. Im zweiten Fall kann diese Problematik von Lehrern nicht behandelt werden.

Der *traditionelle* Unterrichtsstörer lebt ja in der Retrospektive, mit nostalgischem Flair eher positiv und liebevoll bewertet, in fast jedem Erwachsenen weiter. Die „Feuerzangenbowle" lässt grüßen. Eine ganze Klasse hält gegen den Lehrer fest zusammen, Solidarität macht stark. Regelverletzungen gegen eine (meist zu) strenge Schulordnung werden schelmisch und kreativ ausgeheckt. Die Streiche zerstören nichts, verletzen niemanden. „Leider" gehört dieser Typus der Vergangenheit an; ein neuer Typus zeichnet sich ab, gekennzeichnet durch vandalistische Aktivitäten, durch zunehmende Brutalität, durch Erpressung, durch Unterricht zerstörende Aktionen. *„Antischüler"* dieser Art gibt es in einer heterogenen Gruppe meist zwei oder drei. Sie können eine durchaus unterschiedliche Beziehung zur Gewalt haben. Ihre Aktionen sind kaum geplant, „ausgeheckt" also, sondern spontan, unvermittelt, unberechenbar und verlaufen meist chaotisch, laut und demonstrativ. Sie wirken als „Unterrichtszerhacker" und provozieren bewusst den Autoritätskonflikt mit dem Lehrer. Sie brauchen den Beifall. Sie kompensieren dabei große Defizite im kognitiven wie im affektiven Bereich und treffen sowohl „harte" als auch „liberale" Lehrer.

Die Rolle von Strafen

Dieser Aspekt soll im Zusammenhang mit gestörtem Unterricht nicht unerwähnt bleiben. Nur sieben Prozent aller Lehrer halten den Abbau von Störungen durch *Strafen* für sinnvoll *(Nolting, H. P., Lernfall Aggression, S. 25)*.

Die entscheidende Frage aber ist, wie viel Prozent die Strafe tatsächlich anwenden. Ist sie nicht der „schnelle" Ausweg aus der Störsituation? Macht ihre Anwendung aber nicht auch die Hilflosigkeit und Ohnmacht deutlich? Ist sie nicht das „bewährte" Mittel? Kennt der Lehrer überhaupt ein Alternativinstrumentarium? Sehen sich nicht viele Lehrer in Zugzwang und bringen sich selbst auf die Verliererstraße, wenn sie bei einer Störung einen Satz mit der Drohgebärde beginnen: „Wenn du nicht sofort …" – ja, was denn dann eigentlich?

Strafe als repressives Sanktionsmittel kann zum Einsatz kommen, aber sehr dosiert, sehr differenziert, sehr sensibel. Der Lehrer bestätigt sonst nur das traditionelle „Lehrer-Schüler-Feindbild", spielt nur seine „Amtsautorität" aus, reagiert meist unangemessen in der Relation zwischen Aktion und Sanktion, erzielt keine mittel- oder langfristige Wirkung, schafft keine Begründungszusammen-hänge. Er muss natürlich auch damit rechnen, dass sein „Modell" imitiert wird! Die Reaktionen der Schüler sind meist Angst, Unsicherheit, Hass, Rache, Aggressivität. Sind das die angestrebten Einstellungs- und Verhaltensänderungen? Im Übrigen erreicht Strafe praktisch nie wirkliche Veränderung, sondern lehrt Vermeidungsstrategien anzuwenden, z. B. lügen, vertuschen, leugnen, ablenken. Im Extremfall kann, wie schon an anderer Stelle erwähnt, negative Zuwendung, Bestrafung also, als positive Verstärkung verstanden werden nach dem Motto: „Besser negative Zuwendung als gar keine Beachtung!"

Fragen Sie sich doch bitte selbst einmal ganz ehrlich:
… und wie reagieren Sie(!) bei Unterrichtsstörungen?

Ich bleibe meist gelassen.
Ich brülle häufiger schon mal los.
Ich knalle das Buch auf den Tisch.
Ich nehme nur Blickkontakt auf.
Ich thematisiere den „Vorfall".
Ich gehe auf den/die Störer zu.
Ich frage nach dem Grund für die Störung.
Ich spreche eine Strafe (…) aus.
Ich ärgere mich in stiller Wut, reagiere aber nicht.
Ich kündige Pauschalstrafen an.
Ich breche den Unterricht ab und lasse schreiben.
Ich kündige eine „entsprechende" Schulaufgabe an.
Ich setze mich mitten in die Klasse und warte.
Ich verlasse den Raum.
Ich reagiere häufig humorvoll.
Ich reagiere häufig ironisch, auch zynisch.
Ich appelliere an die Einsicht der Störer.
Ich frage den Rest der Klasse, was „wir" tun könnten.
Ich ermahne und ermahne noch mal und noch mal.
Ich schicke den/die Störer hinaus (zum Schulleiter).
Ich sage, wie ich mich momentan fühle.

Vielleicht versuchen Sie es einmal mit folgendem Verfahren: Sie fixieren Ihre Reaktionen, stellen dann Ihre Antworten der Klasse vor (!), halten die Reaktion der Schüler aus, nehmen sie ernst und ändern evtl. Ihr Reaktionsrepertoire. Vielleicht ändern ja daraufhin die Schüler, „bei denen ohnehin Hopfen und Malz verloren scheinen", auch ihr Verhalten – einzelne (!), langsam (!) …

Eine Situation – Reaktionsalternativen

Die Situation

Ein Schüler, 6. Klasse, halblaut zu seinem Nachbarn: „Der Pauker da vorn ist doch der größte Trottel, der rumläuft!" (Im Vorbeigehen hören Sie die Bemerkung.)

Die Reaktionsalternativen

a) „Hör mal, so kannst du mit mir nicht reden. Wenn ich das zu dir sagen würde?"

b) Ich „überhöre" die Äußerung und unterrichte weiter!

c) Ich grinse und sage: „Selber Trottel!"

d) Im Vorbeigehen sage ich zu ihm: „Na, du hast wohl jetzt ne ziemliche Wut auf mich?!"

e) „Wenn du keine besseren Ausdrücke hast, dann kannst du gleich daheim bleiben."

f) Ich sage leise zu ihm: „Komm bitte nach der Stunde zu mir, ich möchte mit dir reden."

g) „Lass gefälligst solche Ausdrücke und arbeite jetzt weiter!"

Wägen Sie zusammen mit Ihren Schülern die Alternativen ab, bewerten Sie, relativieren Sie, hören Sie zu, besprechen Sie gemeinsam, wie die Bewältigung des Problems weitergehen könnte, ohne dass es Sieger und Verlierer gibt!

Denkbare Maßnahmen

Obwohl in einem späteren Abschnitt von Hilfen, Wegen, konstruktiven Maßnahmen die Rede sein wird, soll schon an dieser Stelle stichwortartig eine Palette denkbarer Maßnahmen zur Bewältigung von Unterrichtsstörungen angeboten werden *(in Anlehnung an H. P. Nolting und L. Bernath-Kaufmann):*

1. Das eigene, weniger erwünschte Verhalten eindämmen
- Strafen (Verweise, Arreste, Strafaufgaben) reduzieren;
- konsequent(er) ignorieren;
- Randkonflikte nicht hochstilisieren, dramatisieren;
- pünktlich im Unterricht erscheinen (Fluchttendenzen nicht nachgeben);
- persönliche, diffamierende Kritik durch eher sachliche, konstruktive Kritik ersetzen;
- unnötige Frustration vermeiden;
- das „Anbrüllrezept" wegwerfen;

- vorschnelle Wertungen, (Vor-)Verurteilungen bewusst vermeiden (erst beobachten, dann bewerten).

2. *Eher positive Ansätze noch verstärken*
   - abwechslungsreicheren Unterricht gestalten;
   - Motivationshaltung der Schüler ernst nehmen;
   - adäquaten Medieneinsatz planen (auch wenn mit Aufwand verbunden);
   - Lernsituation strukturieren, transparent machen;
   - kooperative Aktivität von Schülern zulassen;
   - Schüler evtl. an der Unterrichtsplanung bzw. am Unterrichtsablauf beteiligen.

3. *Alternatives Handeln zulassen und fördern*
   - kreative Gedanken provozieren und dann auch tolerieren (Brainstorming);
   - die mögliche Konstruktivität von Konflikten sehen und nutzen („Störungen haben Vorrang");
   - Übungsvarianten zur Verhaltensänderung anbieten (Kommunikation; Kooperation; Feed-back);
   - meditative Übungen planen;
   - positive Verhaltensformen sofort verstärken (Lob).

Die Aggressiven

Es ist wichtig, von vornherein klar zu trennen zwischen unabsichtlichen, zufälligen „Scheinaggressionen", „scheinbaren Konflikten", „Randkonflikten" auf der einen Seite, „zentralen Konflikten", wuchtigen, gefährlichen „extremen Konflikten" auf der anderen Seite.

Scheinbare Konflikte: Häufig will der Schüler nur einen harmlosen Spaß machen, er ist übermütig. Der Lehrer nimmt den „Vorfall" aber ernst, zu ernst, überreagiert. Der Schüler ist enttäuscht, oft sogar traurig, fühlt sich missverstanden. Auch der Lehrer reflektiert aus der zeitlichen Distanz seine Reaktion und fragt sich, warum er den „Vorfall" nicht ignoriert hat.

Randkonflikte: An ihnen sind mehrere Personen beteiligt; der Anlass ist meist nichtig. Ohne Intervention regelt sich „die Sache" meist von selbst. Thematisieren hieße hier dramatisieren, hochschaukeln, unangemessen intervenieren. Aggressives Verhalten liegt nicht vor.

Zentrale Konflikte: Auch hier sind mehrere Personen beteiligt, manchmal nur Schüler, häufig aber Lehrer und Schüler. Die Beteiligten erleben erhebliche Beeinträchtigungen, psychische und/

oder physische. Die Situation ist zunächst meist unübersichtlich, die Frage nach Auslösern unbeantwortbar; Eskalation ist zu befürchten, die Folgen sind vielschichtig, massiv und langfristig.

Extreme Konflikte lassen sich von den Beteiligten meist nicht bewältigen. Erpressungen, Bedrohungen spielen häufig eine Rolle. Die oft mit motorischer Aggression, also Schlägen, auch Einsatz von Waffen, begleiteten Aktionen sind gewalthaltig und gefährlich und erwachsen meist aus Sozialisationsdefiziten heraus. Gespräche, Abklärung, Einsatz pädagogischer Mittel sind unwirksam. Das Hinzuziehen außerschulischer Fachleute ist häufig unumgänglich (Psychologen, Therapeuten, Polizei).

Wenn Lehrer aggressives Schülerverhalten differenzieren sollen, so ergibt die Analyse folgende *Kategorien:*
• Aufmerksamkeit heischendes Verhalten;
• exklusives Verhalten;
• destruktives Verhalten;
• impulsives Verhalten;
• antiautoritäres Verhalten.

Gezielte Beobachtungen von Lehrern ergaben drei *Klassentypen,* die aggressives Verhalten von Schülern erleichtern bzw. erschweren:

In einer eher *homogenen, zielgerichteten Klasse* wird eine aggressive Handlungsweise eines einzelnen normalerweise ohne größere Unterbrechung relativ schnell bewältigt. Die Gruppe ignoriert seine Aktion(en) entweder völlig, oder sie schließt ihn aus. Bei hoher Gruppenmoral wird er trotzdem akzeptiert und bekommt sogar Integrationsangebote.

In Klassen, in denen es *verschiedene Subgruppen* gibt, wird Aggression begünstigt. Es ist dabei nicht genau zu klären, ob die Heterogenität der Klasse durch das Vorhandensein der aggressiven Schüler entsteht oder ob die fehlende innere Bindung und Homogenität in der Klasse und die damit verbundenen gruppendynamischen Prozesse Auslöser für aggressives Handeln sind.

Wenn nur *zwei oder drei Schüler* zu einer *internen Macht* werden, liegt die problematischste Konstellation vor. Diese kleine Minderheit übt Druck auf den Rest der Klasse aus, psychischen oder physischen. Entweder wird den Aggressoren zugestimmt, man läuft mit, lässt sich lenken, ist passiv, erduldet, reagiert apathisch und ängstlich, oder es beginnen sich Gegengruppen zu etablieren, die mit gleichen Mitteln agieren.

Aufgabenfelder des Lehrers

Der Lehrer hat immer *drei Aufgabenfelder* zu bewältigen: 1. die Aggression, die Aktion richtig einzuschätzen, 2. ein Persönlichkeitsprofil der Aggressoren zu erarbeiten, 3. ein Reizreaktionsschema bewusst zu reflektieren, einschließlich der Tatsache, dass er selbst Auslöser für aggressives Verhalten sein kann.

Ein Diagnosemodell
• Welche Art von Konflikt bzw. Aggression liegt vor?
• Welche Ereignisse haben im Vorfeld stattgefunden?
• Wer sind die Aktiven, die Provokateure, wer die „Opfer"?
• In welcher Situation sind die Aggressoren besonders aktiv, in welcher sind sie
  ansprechbar und kooperativ (!)?
• Gibt es spezifische auslösende Stimulierungen für aggressives Handeln?
• Welche Mittel setzen die Aggressoren ein?
• Welches Hauptziel soll wirklich erreicht werden?
• Welche Qualität hat der „Lustgewinn" für die Aggressoren und (!) für den
  Rest der Klasse?
• Wie ist die sichtbare und wie die versteckte Reaktion der anderen?
• Wie setzt sich die Klasse zusammen (Soziogramm!)?

Ein Persönlichkeitsprofil
• Wie lange kenne ich den Aggressor?
• Sind mir Vorfälle bekannt, in denen aggressives Verhalten schon eine Rolle
  spielte?
• Wie ist seine Stellung in der Gruppe/
  Klasse?
• Was sind seine Hauptmotive (Grund)?
• Was war der Auslöser (Ursache)?
• Wen will er treffen?
• Welche Mittel hat er eingesetzt?
• Welche Mittel könnte er noch einsetzen?
• Geht von der aggressiven Handlung eine Gefahr aus?
• Wo liegen seine Stärken?
• Wo liegen seine Schwächen?
• Gibt es Minderwertigkeitsgefühle, Niederlagen, Defizite?
• Wie reagiert(e) er auf verschiedene Sanktionen?

Ein Reizreaktionsschema
Aggressive Reaktionen werden z. B. ausgelöst
• durch Ankündigung von Gefahren;
• durch Herabsetzung des Selbstwertgefühls;
• durch Drohungen;

• durch Versagung fundamentaler Bedürfnisse aller Art;
• durch In-Abrede-Stellen von Kompetenzen;
• durch persönliche Beleidigungen und Bloßstellungen;
• durch Provokationen;
• durch Konflikte im sozialen Gefüge;
• durch enttäuschte Hoffnungen;
• durch Nichterreichen eines emotional gesetzten Zieles;
• durch Angst.

Aggressive Schüler – ängstliche Schüler?

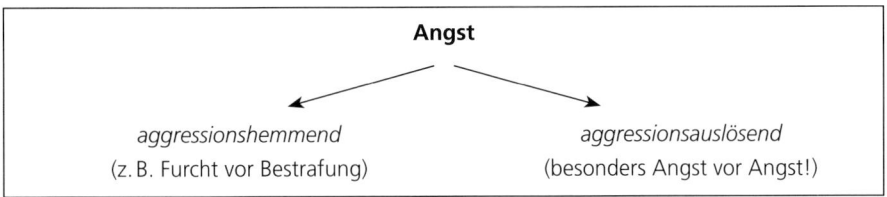

Ein wichtiges Mittel zum Abbau von Aggression (und zur Vermeidung von Gewalteskalation) ist ganz sicher Angstabbau, also die Beseitigung angstauslösender Faktoren und die Herstellung von Sicherheit durch Einübung aggressionsfreier Konfliktlösungsmethoden.

Die Wechselbeziehung zwischen Aggression und Angst ist sehr komplex. Häufig ist die Projektion der eigenen Aggression nach außen ein erster Versuch der Angstbewältigung:

Man *will verletzen,*

um *nicht verletzt zu werden!*

Angst ist wahrscheinlich der häufigste und auch am häufigsten übersehene (!) Anlass für Aggression; gleichzeitig auch vorgeschoben als Rechtfertigungsgrund.

Ein Überschuss an verdrängter Aggression führt dann allerdings seinerseits wieder zu Angst, die dazu drängt, sich explosiv und unkontrolliert zu entladen. Impulsive, aggressive Kurzschlusshandlungen ohne jede verschiebende bzw. verzögernde Funktion sind die Folge.

„Die beabsichtigte Aggressionskontrolle durch Angstmanipulation mittels Strafe und Drohung kann durch und aus Angst zum Aggressionsmotiv und zur Aggressionsquelle werden. Angst bringt Verdrängung hervor; überschüssige Unterdrückung produziert unkontrollierte Angst, die sich in Apathie, in explosiver Aggression, in einer Kombination von Lethargie und Spannung oder in ständigem Ressentiment und neurotischen Symptomen äußert. Die nicht abgeführte Aggressionsspannung wird dann verdrängt und im Ressentiment bewahrt oder führt zu neurotischer, nach innen gerichteter Aggression, die ihrerseits die Angst als Signal innerer Gefahren erhöht. In diesen Fällen ist Angstentwicklung Ersatz für Aggression." (nach: F. Hacker, Aggression. Die Brutalisierung unserer Welt, S. 104)

Bei vielen Schülern ist Angeberei, Imponiergehabe, Einschüchterung von Mitschülern, meist kleinerer, unterlegener, nur eine Verteidigungsstrategie gegen die eigene Angst. Minderwertigkeitsgefühle, besonders in der Zeit der Pubertät, werden kompensiert – überkompensiert.

Wenn unbewusste Aggression mit Gegenaggression beantwortet wird, z. B. durch die Eltern bzw. die Lehrer, fühlt sich das Kind, der Jugendliche ungerechterweise (!) angegriffen und verletzt. Es gibt „aggressive Mimosen" (vgl. *Hacker*, S. 104): Sie sind übersensibel, nicht nur empfindsam, sondern empfindlich, weil sie unbewusst aggressiv ihre eigenen Aggressionen auf andere übertragen. Sie sind überaggressiv, weil sie sich ständig von anderen attackiert fühlen.

Angst kann also unter verschiedenen Voraussetzungen
• Aggressionsquelle oder Mittel zur Aggressionskontrolle,
• Aggressionshemmung oder Aggressionserleichterung sein.

Viele neurotische Phänomene kommen durch Verdrängung zustande, die sich in nach innen gerichteter Aggression, in Apathie und Depression ausdrücken können. Auch solche Kinder/Jugendliche kennen wir: Eher depressive Kinder mindern ihr Selbstwertgefühl herab; dies äußert sich in Unlust, ist meist sehr schmerzhaft. Leichte Depressionen, Verstimmung und Entmutigung werden phasenweise von vielen empfunden. Hierbei handelt es sich um verständliche, normale Reaktionen auf Enttäuschungen, Niederlagen, Verluste. Depression ist meist nach innen gewendete Aggression. In depressiven Situationen wollen Menschen, besonders junge Leute, die Aufmerksamkeit ihrer Umgebung auf sich und ihre Probleme lenken. Sie benutzen Mittel der Plakatierung, um ihre Mitmenschen aufzurütteln. Sie schlagen Alarm, bedienen sich aggressiver Signale. Sie wollen keine Alternativen und Auswege mehr prüfen und wählen. Rechtzeitig die Signale, die Hilfeschreie, die Notrufe zu erkennen, dazu ist (auch) die Schule aufgerufen.

Lehrer und Lehrerinnen

5

Fehler zu machen,
macht nichts;
Fehler zu erkennen und
sie nicht zu korrigieren versuchen,
ist unverantwortlich.

Lesen Sie die folgenden Texte: Wann bzw. in welchem hätten Sie lieber unterrichtet?

Schulordnung um 1900

1. Das Erscheinen im Schulhause ist den Kindern nicht früher als eine Viertelstunde vor dem gesetzmäßigen Unterrichtsbeginn gestattet.

2. Beim Eintreten in das Schulhaus ist die Fußbekleidung am Abstreifeeisen zu säubern.

3. Jedes Kind hat sich nach seinem Eintritt in das Schulzimmer sofort auf seinen Platz zu begeben. Ein Hinausgehen darf nur mit Erlaubnis des Lehrers erfolgen.

4. Das Betreten des Schulzimmers durch den Lehrer hat zur Folge, daß sich sämtliche Kinder von ihren Plätzen erheben. Dies hat ebenso zu erfolgen, wenn der Inspektor oder ein anderer Vorgesetzter erscheint.

5. Mit Konsequenz ist darauf zu achten, daß die Schüler sauber gewaschen und einfach, aber reinlich gekleidet zur Schule kommen. Das pädagogische Vorbild des Lehrers kann die Sauberkeit der Schüler wesentlich fördern. Deshalb soll er nicht in zerrissenen Kleidern oder gar im Schlafrock erscheinen.

6. Das Hinunterwerfen von Eßwaren und das Ausspucken auf den Boden ist nicht zu tolerieren.

7. Beim Schlagen der Schulglocke beginnt der Unterricht mit einem Gebet.

Bericht einer Schulbesichtigung (1782)

Die Schulen waren klein, die Schulstuben nicht für den Unterricht eingerichtet. Unter welchen Bedingungen sich damals Unterricht abspielte, zeigt der folgende Bericht: „Die Schulstube war die einzige im Hause; zwar geräumig genug: aber für das, was sie alles fassen sollte, doch immer zu klein. Als wir hereintraten, schlug uns widriger Dampf entgegen, der uns das Atmen eine Weile sehr beschwerlich machte. Das erste, was wir erblickten, war ein Hühnerhahn und weiterhin zwei Hühner und ein Hund. Am Kamin stand ein Bett, worauf ein Spinnrad, ein Brot und allerlei zerrissene Kleidungsstücke lagen. Zunächst am Bette stand eine Wiege; daneben saß die Hausfrau und besänftigte ihr schreiendes Kind. An der einen Wand war eine Schneiderwerkstätte aufgeschlagen, woran ein arbeitender Geselle saß. An der anderen waren ein großer Kasten, ein Speiseschrank, Kleidungsstücke und andere Sachen angebracht. Den übrigen Raum nahmen die Schulkinder an einem Tisch und auf mehreren Bänken ein. Es waren ihrer 50 von verschiedenem Alter und Geschlecht, aber alle untereinander und dicht zusammengepfropft. Wir mussten stehen, weil zum Sitzen kein Platz war. Am Ende des Schultisches erblickten wir den Lehrer. Er war eben beschäftigt, die Lektion der Kinder, mit der Karbatsche (aus Riemen geflochtene Peitsche) in der Hand, zu überhören, ... er tat es und ließ seine größeren Schüler etwas Auswendiggelerntes hersagen, wovon wir anfangs beinahe nichts verstehen konnten, denn das saugende Kind schrie immerfort und der Hahn, welcher sich bei unserem Eintritt in einen kleinen Alkoven zurückgezogen hatte, krähte von da aus so mächtig dazwischen, dass uns die Ohren gellten. (zitiert nach: H. Blankertz)

Unterrichtsprotokoll des Kreuzberger Hauptschullehrers Jochen K.
Vertretungsstunde Deutsch

9. Klasse. Als ich reinkomme, sitzt eine große Blonde auf der Heizung. Die Jalousien sind runtergelassen. Ein Sitzenbleiber, der mich von früher kennt, ruft: „Ach, du Scheiße!", trotzdem ist es eigentlich friedlich. Drei sitzen manierlich auf einem Sofa hinten: „Ham a jetzt bei dem?" – „Ja, bei mir", die Schüler sollen sich nun an ihre Tische setzen. Das tun sie nicht. Zwei, die am Tisch gesessen haben, gehen zum Sofa. Ich nicke der Blonden freundlich zu und sage, sie solle sich doch bitte an ihren Tisch setzen. Sie antwortet, während jemand zur Tür reinkommt, ihr sei kalt, und als sich der Hereingekommene auf einen Stuhl setzt, schreit sie ihn an, das sei ihr Platz. Der wiederum antwortet: „Du spinnst wohl." Ein anderer fragt: „Was machen wir heute?" Lars ruft wieder: „Ach, du Scheiße!" Einer in meiner Nähe empfiehlt, man solle den Hausmeister holen, um die Jalousien hochziehen zu lassen. Ich gehe zum Schalter und knipse die Neonlichter an. An den zu einem Kreis zusammengestellten Tischen sitzen etwa 15 bis 20 Jugendliche in pastellfarbenen weiten Sachen oder Jeans, dazwischen auch Mädchen mit türkischen Kopftüchern. Kaum auf meinem Platz, geht das Licht wieder aus. Der Junge, der es ausgeknipst hat, schlendert in Turnschuhen und Jogginghosen zum hinteren Platz zurück, alle Schüler sehen zu ihm hin. Für einen Augenblick ist es still, es geschieht nichts. Wieder knipse ich das Licht an und frage, ob jemand wisse, was ein Filmexposé sei. Der Inhalt eines Films, den wir uns gemeinsam ausdächten, solle aufgeschrieben werden, nur die Handlung, knapp. Sofort allgemeines Palaver: Sie seien Filmstars; der und der sei natürlich Rambo; ein Porno müsse gedreht werden. Ich entgegne, es gehe erst mal ums Aufschreiben, und male das Wort „Exposé" an die Tafel, dabei prallt ein Tennisball an die Wand. Zwei Sekunden später fällt ein Schüler vom Stuhl: Alle grölen und der Hingefallene klettert theatralisch umständlich wieder auf seinen Platz. Als ich blöderweise die Blonde noch einmal anspreche, sie solle sich doch endlich hinsetzen, schreit sie mich an, ob ich taub sei, ihr sei kalt.

(Der Spiegel Nr. 15, 11.4.1988)

Und? Wann hätten Sie lieber unterrichtet? …
Na ja! …
Lehrer stehen in einem Spannungsfeld.
Lehrer stehen in einer Belastungssituation.
Lehrer haben Angst.
Lehrer sind Feindbilder.
Lehrer sind auch nur Menschen.

Lehrer stehen in einem Spannungsfeld

Lehrer wollen und müssen unterrichten, sie wollen und müssen erziehen. Manche Schüler wollen sich aber weder unterrichten noch erziehen lassen. Der Versuch, einen zielorientierten Unterricht durchzuführen, der Versuch, erziehliche Aspekte in den Unterrichtsalltag zu integrieren, scheitert zunehmend.

Dialogbereitschaft, Erfahrungserweiterung, Lernzugewinn, Toleranz hören sich für manche Schüler wie Begriffe aus einer anderen Welt an. Was sich bei Schülern heute zeigt, widerspricht den pädagogischen Erwartungen des Lehrers und den vorgeschriebenen Lernzielen. Cliquen- und Bandennormen erschweren einen gemeinsamen Weg zu Werten wie Toleranz, Selbstständigkeit, Zuverlässigkeit, Verantwortungsbewusstsein, Solidarität.

Der Lehrer steht nun vor einer schwierigen Situation: Soll er sich und seine Ziele durchsetzen, mit welchen Mitteln auch immer, mit Sanktionsmaßnahmen, die an sich nicht in seinem Repertoire Platz haben, mit einem Unterricht, der seinen Vorstellungen absolut nicht entspricht? Soll er Störungen, Aggression, „Kämpfe" tolerieren, thematisieren? Soll er sich mit den Widerständen abfinden, damit leben und somit enorme atmosphärische Störungen in Kauf nehmen und Lernfortschritt für die „anderen" infrage stellen?

Nach ausreichenden Erfahrungen bei Krisenintervention in aggressiven Schulklassen muss eine weit verbreitete Fehlreaktion von Lehrern vermieden werden: Die meisten Lehrer reagieren spontan problem- und personenorientiert. Die auffälligen Schüler werden selektiert. Durch Sanktionen (durch welche?) sollen sie dazu „gezwungen" werden, ihr störendes oder aggressives Verhalten zu unterlassen. Diese spezifische Aufmerksamkeitszuwendung verschärft sehr häufig die Situation. Die betroffenen Schüler fühlen sich jetzt vor ihrem „Publikum" in ihrer herausgehobenen Position bestärkt, „genießen" diese Funktion, provozieren sobald wie möglich wieder neue „Aktionen". Ein Prestigezuwachs in der Klasse scheint garantiert!

Besser eignet sich der sogenannte *ressourcenorientierte Ansatz (Allan Gugenbühl)*: Der Lehrer orientiert sich an den positiven Kräften in der Klasse. Ruhigere, sozial orientierte Schüler können Einfluss ausüben auf die „Aggressoren", besonders dann, wenn sie vom Lehrer gestützt und verstärkt werden; ein Solidarpakt mit positiver Zielsetzung wird gebildet. Der Lehrer muss allerdings seine Angst vor Gewaltbereitschaft und destruktiver Aggressivität überwinden. Das bedarf einer offenen, furchtlosen, couragierten Präsentation als „Chef", als „leader" vor der Klasse, das braucht die Entscheidung, als Mann oder Frau die Verantwortung auf sich zu nehmen und nicht ängstlich zu ignorieren und gewähren zu lassen. Ambivalenzen, Ängste, Zaudern der Lehrer spüren Kinder und Jugendliche schnell und nützen sie für eigene „Karrieren" in der Gruppe/ Klasse aus; sie können „brillieren".

Lehrer von heute und erst recht Lehrer von morgen können sich nicht mehr zurückziehen auf ihre „Amtsautorität" – auch diese Zeiten sind vorbei – Gott sei

Dank. Es gehören schon die „Persönlichkeitsautorität" und die „Sachautorität" dazu, um Pädagoge zu sein! Gerade darin, dass die „geliehene" Autorität eben nicht mehr ausreicht, liegt eine Chance: Autoritäre Standardreaktionen stehen nicht (mehr) zur Verfügung, also müssen pädagogische Umgangsformen entwickelt werden, besonders im Umgang mit Störungen und Aggressionen!

Um Unterricht und Erziehung glaubhaft zu machen, stehen dem Lehrer von heute zwei Möglichkeiten offen:

• eine eher *instrumentelle,*
• eine eher *subjektive* Bewältigung der Aufgabe: „Ihr seid auf mich angewiesen!" bzw. „Wir wollen vernünftig miteinander auskommen und arbeiten!"

Im Extremfall sind aber *beide* Verhaltensweisen schädlich. Im ersten Fall wird Schule zum Apparat, zur Anstalt, Erziehung wird verdinglicht, Lehrer werden zu Stundenhaltern.

Protokoll einer Unterrichtsstunde
Die Stunde begann pünktlich,
die Stunde endete pünktlich,
die Schüler waren anwesend,
der Lehrer war anwesend,
der Lehrplan wurde eingehalten,
die Klingel klingelte rechtzeitig.
Manfred Weiß

Im zweiten Extremfall familisieren Lehrer die Schule; eine gewisse Gefahr der Infantilisierung ist gegeben. Man beginnt sich zu duzen, biedert sich an, die Kinder vermissen aber eine Persönlichkeit, mit der man sich „zusammensetzen" kann, um sich „auseinander zu setzen"; Grenzen verwischen, Lehrer werden zu Beziehungsarbeitern und Pseudotherapeuten.

Lehrer haben *sachliche und personale* Aufgaben. Die Forderung ist für manche Lehrer eine Überforderung – sie fliehen, resignieren, leiden.

Lehrer stehen in einer Belastungssituation

Lehrer sind heute nicht mehr dann schon „erfolgreich", wenn ihre Schüler diszipliniert spuren. Sie müssen ihre Schüler erfolgreich zu *eigenständigem Lernen motivieren* und auch noch von ihnen *„gemocht" werden.* Viele sind damit überfordert.

Thomas Ziehe äußerte sich in einem Gespräch mit *Rainer Winkel* auf die Frage, warum gerade Lehrer so häufig nicht nur überfordert, ausgebrannt, leer sind, sondern sich auch depressiv fühlen: „Wir dürfen einen Unterschied nicht vergessen. Lehrer sind nicht nur in einem Verausgabungszustand, sondern ihr

Ausgebranntsein ist darüber hinaus eingebettet in die Erwartung, Sympathie zurückzubekommen ... Lehrer leiden daher am meisten unter der Demotivation ihrer Schüler ... Diese Demotivation ist deshalb so besonders schlimm, weil sie so diffus ist, sich also nicht als Sabotage äußert, sondern als Lethargie ... Wenn Schüler zu einem Lehrer sagen: ‚Können Sie nicht mal krank werden!?' – das tut schon weh." (Ziehe, T., Wenn Schüler auffallen, in: Unterrichtsstörungen, S. 12)

Noch eine spezifische Belastung sei erwähnt. Viele Lehrer „verstehen" ihre durch die neuen Medien geprägten Schüler nicht mehr, obwohl sie sie verstehen wollen. Fast alle Schüler sind heutzutage *Medienkinder;* sie aktivieren eine Perzeptionsweise, die sie selbst als „Reinziehen" bezeichnen; sie *bekommen* also *etwas geboten*, ohne die Situation selbst aktiv strukturieren zu müssen. Die Kinder und Jugendlichen von heute *wechseln den Kanal*, wann und wie sie es wollen – beim Fernsehen, Smartphone oder Computer. In der Schule wollen sie das auch, wenn eine Thematik den Reiz des Neuen zu verlieren beginnt, wenn es an die „Knochenarbeit" geht. Außerdem suchen diese Schüler fast immer die *Gleichzeitigkeit sinnlicher Reize* reden, lesen, Musik hören, essen, spielen ... Diese Organisationsform der Sinne kann in der Schule kaum effektiv abgestellt werden und verlangt von den Lehrern eine enorme Daueranstrengung.

Zusätzlich belastend wirken natürlich die zunehmenden *Konfliktsituationen, Störattacken* und *Gewalttätigkeiten,* die in einer Schule von gestern unbekannt waren. Besonders die Lehrer, die über lange Zeit Einsatz, Engagement, persönliche Dynamik, Kreativität in ihren Umgang mit den Schülern investiert haben, fühlen sich zunehmend hilfloser und ausgebrannt. Der psychische Druck wird aber gerade bei diesen Pädagogen besonders groß, weil sie sich für Störungen und Aggressionen verantwortlich fühlen. In einer Befragung sehen Lehrerinnen und Lehrer in den Belastungen und Problemen, die sich aus dem täglichen Umgang mit auffälligen Schülerinnen und Schülern ergeben, die Hauptursache für die Entstehung des „Burn-out-Syndroms". (Becker, G. und Gonschorek, G., Das Burn-out-Syndrom, in: Pädagogische Beiträge 10/90, S. 11)

Lehrer haben (manchmal) Angst!

Lehrer sollten keine Angst vor Experimenten, vor unkonventionellen Wegen, vor Bekenntnissen, vor aggressiven Reaktionen haben, sonst hat die Aggression schon gesiegt! Leicht gesagt – aber wahr. Viele Lehrer, besonders Dienstanfänger, stehen oft total überrascht, schockiert, ahnungslos unvorhergesehenen Situationen gegenüber; wann haben sie in ihrer Ausbildung schon gelernt, wie man damit umgehen kann? Was hilft ein *Skinner* mit seinem Ratschlag „konsequent ignorieren!"? Was hilft ein *Lorenz* mit seiner drastischen Anweisung „Deckel auf den Topf!" bei Selbstdarstellern, bei „Schauspielern", die eine Bühne brauchen? Vielleicht sollten Lehrer es eher mit *Rousseau* halten: „Gebt Kindern

Ein kleiner Test:

Indikatoren für das Ausmaß von Stress-
gefühlen und „Ausgebranntsein"
Sind die folgenden Aussagen Ihrer
Meinung nach einfach Zeichen für Hilflosigkeit, Überempfindlichkeit und
Borniertheit oder würden Sie ihnen
lieber die Begriffe „Stress" (St), „Burn-
out" (Bu) oder „Innere Kündigung"
(IK) zuordnen?

1 … Ich habe meine Methode, und
dabei bleibt es.
2 … Am liebsten bliebe ich morgen
zu Hause, denn diese Stunde
in der Klasse XY ist mir heute
schon zuwider.
3 … Tagein, tagaus der gleiche
Stumpfsinn.
4 … Mit Gruppenarbeit fange ich gar
nicht erst an.
5 … Ich stehe ständig unter Druck
(Eltern, Schulamt, Schulleiter).
6 … Ich kämpfe mich eben so durch
von 8 bis 13 Uhr (von Ostern bis
Pfingsten).
7 … Die Fortbildungen taugen sowieso nichts.
8 … Am Nachmittag möchte ich
nichts mehr von der Schule wissen. Da reicht es mir.
9 … Was soll ich schon dazu beitragen?
10 … Na ja, wenn das die meisten
so haben wollen. Mir ist das
egal. Warum soll ich mich lange
herumstreiten?
11 … Freiarbeit – was ist das denn
wieder für ein neuer Kram?
12 … Andere reden recht klug, aber
sie leisten auch nicht mehr.
13 … Ich habe so viel Routine, da
brauche ich mich wirklich nicht
mehr vorzubereiten.
14 … Was kann man denn in dieser
Klasse (von diesem Schüler)
schon erwarten?

(Renner, L., Unveröffentlichtes Manuskript)

15 … Und jetzt muss ich noch zwei
Folien zeichnen, ein Arbeitsblatt
zusammenstellen, die Hausauf-
gabenhefte kontrollieren und
und und …
16 … Also, wenn ich es bis heute nicht
begriffen habe, dann lerne ich
jetzt auch nichts mehr dazu.
17 … Mir macht das alles immer mehr
zu schaffen.
18 … Es hat gar keinen Sinn, mit
den Eltern (Schülern) zu reden.
Schade um die Zeit.
19 … An den Rektor brauche ich mich
erst gar nicht zu wenden. Der
kann (will) mir auch nicht helfen.
20 … Am liebsten würde ich oft alles
hinschmeißen.
21 … Letztlich stehe ich immer alleine.
22 … Wer sein Heft schlampig führt, ist
schließlich selbst Schuld. Ich kann
nicht immer alles kontrollieren.
23 … Jeder will etwas anderes von mir.
24 … Was sollen wir in der Schule
schon bewirken, wenn die
Schüler rundherum nur schlechte
Beispiele sehen?
25 … Ich kann mich nicht erinnern,
dass ich in den letzten Jahren
eine nette Klasse gehabt habe.
So etwas gibt es heutzutage gar
nicht mehr.
26 … Ich bin froh, wenn ich möglichst
lange von der Schule nichts mehr
höre und sehe.
27 … Wenn nur diese Stunde endlich
zu Ende wäre! (Ich glaube, einige Minuten früher kann ich
schon Schluss machen.)
28 … Ich muss unbedingt noch diesen
Stoff durchbringen.
29 … Was soll ich denn noch alles tun?
30 … Ständig dieser Lärm! Jeder redet,
wann er mag.
31 … Ich bin immer der Blöde. Mir
halst man alles auf.

immer genug, aber nie zuviel!" So wie mancher Schüler die „Kamera" braucht – er will unbedingt beobachtet, beachtet werden, so braucht der Lehrer gute Nerven und Geduld. „Wenn wir Kindern etwas beibringen wollen, muss man viel Zeit verlieren, um etwas zu gewinnen!" *(Rousseau)*

Lehrer haben Angst; nicht nur Schüler erfahren Schule manchmal als Bedrohung ihrer Identität. Mancher Lehrer begegnet der Bedrohung von Einzelpersonenen/Gruppen/Klassen mit autoritären Mitteln, „er tritt auf", er mimt den „Coolen", er droht präventiv mit Strafen – aus Angst! Meist wird er schnell entlarvt und die Reaktion der Schüler ist aggressiv, viel aggressiver als zunächst ohne die repressiv orientierten Mittel des Lehrers. Die Spirale beginnt sich zu drehen. Durch die angstbestimmte Motivation von Seiten des Lehrers werden quasiaggressive bzw. pseudoaggressive Verhaltensweisen von Schülern schon als Aggression interpretiert.

Es sei nicht verschwiegen, dass es auch die berechtigte Angst, die Angst als wichtigen Schutzfaktor geben kann. Wenngleich nicht an der Tagesordnung, so gibt es insbesondere in höheren Klassen Bedrohung, verbale Attacken und auch körperliche Angriffe auf Lehrer. Häufig ist dann der kontrollierte Rückzug die einzig mögliche Reaktion, insbesondere dann, wenn Solidarität der anderen Schüler eher mit dem „Akteur" zu erwarten ist als mit dem Lehrer. Allerdings sind Drohgebärden auch oft ein Zeichen von Angst und Unsicherheit auf der anderen Seite. Es macht sich allemal bezahlt, nicht so sehr darüber nachzudenken, welche Schwierigkeiten junge Menschen machen, sondern darüber, welche sie haben. Viele von ihnen sind weniger gefährlich als vielmehr gefährdet. Je nach Situation, Person, Vorgeschichte, momentanem Umfeld, persönlicher Verfassung kann auch Entschlossenheit, Widerstand, Courage die richtige Antwort sein.

Lehrer sind auch Feindbilder

Schon immer gab es die Klischees; schon immer gab es das Lehrer-Schüler-Feindbild.

„Lehrer sind dazu da, um die Probleme zu lösen, ... die wir ohne sie nicht hätten." *(uralter Schülerspruch)*

„Alle stehen hinter dem Lehrer, ... um von ihm nicht gesehen zu werden." *(uralter Schülerspruch)*

Ernst nehmen? Sich ärgern? Sich verkannt fühlen? Betroffen sein? – Schreiben Sie doch diese „Sprüche" einfach einmal selbst an die Tafel, lachen Sie gemeinsam mit Ihren Schülern darüber, oder sprechen Sie eventuell darüber.

Manchmal basteln Lehrer aber auch selbst daran, das Mosaik des „Feindes" zu komplettieren; sie setzen sich ein „Mäkelgesicht" auf, spielen die Rolle des „Nörglers", gehen auf die Suche nach Defiziten, benutzen einen „Vorwurfswortschatz", freuen sich, „Rotstiftträger" sein zu dürfen . . .

Zum Thema Feindbild sagt *F. Hacker*: *„Immer nur der andere* wird aggressiv gesehen. Diese Einstellung bewahrt die eigene Unschuld, obwohl genau diese Bestätigung der Selbstgerechtigkeit jeden Konflikt eskaliert, da sich ja auch der *jeweils andere* dank desselben Mechanismus von der Aggression frei wähnt: Das wechselseitige Zuschieben von Aggression bei eigener ‚Unschuld‘ produziert geradezu jene komplexe Situation, die Konflikte zum unentwirrbaren Knäuel werden lässt, mit der nahezu unwiderstehlichen Versuchung, den Gordischen Knoten mit Gewalt zu zerhauen." (Hacker, F., Aggression. Die Brutalisierung unserer Welt, S. 26)

Echte Aggression trägt häufig Masken und versteckt sich in Schlupfwinkeln. Dieses Feindbedürfnis ist übertragbar auf viele gesellschaftliche Bereiche; in der Schule wird es nur besonders deutlich. Dieses Feindbedürfnis mit entsprechender eigener Opferhaltung als gängige Aggressionsschablone beginnt schon früh und wird leider häufig in der Schule besonders gut genährt.

Kinder/Schüler sehnen sich lange danach, erwachsen sein zu dürfen, unter anderem auch deshalb, um Aggression auch mal „legitim" praktizieren zu dürfen. Aber währenddessen identifizieren sie sich mit den Erwachsenen (Eltern/ Lehrern) und ahmen sie nach. Die Kleinen merken sich die Lektionen, aber auch und besonders die Negativmuster, ob die Erzieher das wollen oder nicht.

Eine Konsequenz muss heißen, dass Kinder auch mit Aggression *experimentieren* dürfen, ja müssen! Auch sie müssen einmal Reizbarkeit und Widerstand äußern dürfen, sonst übernehmen sie die Aggressionstechniken oder verdrängen sie, aber nur vorläufig.

Lehrer … sind auch nur Menschen

Darüber wäre viel zu schreiben. Wenn Sie, lieber Leserin, lieber Leser, Lehrer sind, dann wissen Sie es doch am besten. Ich möchte an dieser Stelle nur kurz auf einen einzigen Aspekt eingehen: Störungen, aggressives Verhalten werden von Lehrern sehr unterschiedlich wahrgenommen! Diese selektive, unterschiedlich sensible, unterschiedlich gewichtete Wahrnehmung hängt von einigen Faktoren ab.

Die *Vorerfahrungen* des Lehrers spielen eine Rolle, die eigenen Erlebnisse und Eindrücke. Kein Lehrer ist frei vom „Hofeffekt"; Klassen und Schüler mit „schlechtem Ruf" werden anders gesehen, beobachtet als jene mit „gutem Ruf". Eine Störung, die beim einen Schüler sofort im Keim erstickt wird, wird beim anderen „augenzwinkernd" toleriert.

Die *Einstellung* des Lehrers gegenüber der Erscheinungsform „Aggressivität" ist ein weiterer Faktor. Mancher Erzieher empfindet Störungen bis zu einem gewissen Maße als „normal"; sie gehören dazu, werden auch weiter gar nicht wahrgenommen. Die Frustrationstoleranz liegt hoch, was nichts mit Dickfelligkeit oder Gleichgültigkeit zu tun hat. Ein anderer Lehrer braucht die „Totenstille"; jede kleinste Aktion ist eine Störung, jede Störung ist Aggression. Er fühlt sich auch durch „altersspezifische Aktivitäten" sofort persönlich attackiert und reagiert entsprechend.

Nicht zu unterschätzen ist im Zusammenhang mit unterschiedlicher Wahrnehmung die momentane, natürlich zufällige *Stimmungslage* des Lehrers. Er kann gelassen, ruhig, ausgeruht sein, ein aufbauendes Gespräch hinter sich haben, gut vorbereitet, sicher und locker sein. Derselbe Lehrer ist ein andermal gehetzt, nervös, unter Zeitdruck, hat private Sorgen, ist deprimiert. Wie unterschiedlich wird er auf Störungen reagieren! Wie viel toleranter und gelassener wird er, vielleicht mit Humor und Kreativität, in der erstgenannten Stimmungslage reagieren. Wie ungeduldig, gereizt und überzogen oder aber auch sehr schnell resignierend in der zweiten.

Die Unterschiedlichkeit des *Umfeldes* spielt eine Rolle. Faktoren wie Größe der Klasse, Tageszeit, Anzahl der „Umstehenden", Unterrichtsraum, Anwesenheit von Kollegen, Schuljahreszeit usw. beeinflussen die Wahrnehmung.
Lehrer sind eben … auch nur Menschen.

Auch Lehrer machen Fehler

Unterrichtsstörungen, Aggression, Gewalt in der Schule – sind Lehrer machtlos? Machtlos sind Lehrer sicher nicht, aber sie können eine Mitschuld tragen, sie können selbst zu Aggressionsauslösern werden.

Die alte Paukerschule war gestern; aggressionserzeugende Faktoren können zweifellos überholte Erziehungsmethoden sein, wie z. B. die Anwendung meist sehr anzweifelbarer Zensurenskalen, überholte Sanktionierungsmaßnahmen, Eintragungen in das Klassenbuch usw. Die Paukermethoden von gestern werden den Schülern von heute und morgen nicht gerecht. Kinder sind nicht mehr wohlbehütet, brav, eingebettet in ein immer funktionierendes Sozialgebilde Familie, sortiert nach sozialen Schichten, in eine überschaubare, geordnete Zukunft strebend. Kinder sind weder in 45-Minuten-Rhythmen einschachtelbar noch in kognitive, affektive, motorische Bereiche zerlegbar.

Lehrer haben falsche Grundeinstellungen

Wir brauchen keine problemblinden „Hasenfüße"!
In einer großen Magazinsendung des Deutschen Fernsehens wurde pauschal behauptet: Lehrer sind feige! Das trifft – aber es trifft nicht zu. Schlimm, wenn die Fernsehsendung Recht hätte. Die heutige Situation an den Schulen braucht mehr denn je den mutigen, den bekennenden Lehrer. Konfliktscheue Bequemlichkeit hat in den Klassenzimmern keinen Platz. Problemblindheit provoziert Eskalation. Lehrkräfte mit der Dynamik einer „blinden Kuh", mit der Zivilcourage einer kleinen Maus, mit Ängstlichkeit, Verzagtheit und Lauheit machen nicht nur sich selbst das Leben schwer, sondern auch den Schülern, ob sie das wahrhaben wollen oder nicht.

Wir brauchen keine bequemen „Faulenzer"!
Konflikte verdrängen, tabuisieren, den faulen Frieden suchen heißt, die bequeme Methode anzuwenden. Wie „faul" ist dieser Friede? Oder ist vielleicht der Lehrer „faul"? Das falsche Streben nach Überharmonie, nach einer Harmonie, die nie zu erreichen ist, schon gar nicht in der Schule, mag ein Beweggrund sein. Ein anderer: Angst, Angst vor Niederlagen, Angst vor den Stärkeren, Angst vor Energieverschleiß, Angst vor Frustration. Was aber bleibt, ist ein weiterschwelender Konflikt, ein unbearbeitetes Aggressionsfeld, Schüler, die keine Grenzen oder Orientierungsmarken sehen. Irgendwann, irgendwo, irgendwie bricht der Konflikt wieder auf, die aggressive Aktion wieder durch.

Wir brauchen keine autoritären „Häuptlinge"!
Die Schüler von heute „kuschen" nicht und „ducken" nicht und „kriechen" nicht – dazu wollen wir sie auch nicht erziehen! Wer als Lehrer das Ziel hat, dass Kinder zu ihm „aufschauen" sollten, der sollte bedenken, dass er dann auf sie „hinabschauen" muss ... Autoritäre, wirklich autoritäre Methode greift auch zur Gewalt, zur körperlichen, verbalen, moralischen Gewalt. Sie „schlägt zu" und lässt Zuschlagen zu, sie überredet, macht mundtot, sie lähmt freie Meinungsäußerung und setzt unter Druck – und Druck erzeugt Gegendruck. Drohungen stehen im Raum; Intrigieren gehört zum Spiel. Als Ergebnis bleibt Aggression und Gewaltbereitschaft. Bei diesem „Spiel" kann es nur Verlierer geben.

Wir brauchen keine kleinlauten „Kameraden"!
Sie sind relativ häufig bei Junglehrern anzutreffen, die die Lehrerrolle in ihren anleitenden und kontrollierenden Komponenten ablehnen. Deshalb leugnen sie ihre „natürliche" Dominanz aufgrund von Wissensvorsprung und Verfügen über Machtmittel. Konfliktsituationen steht der kameradistische Lehrer verständnisvoll und hilflos zugleich gegenüber, Spannungen zwischen sich und den Schülern versucht er zu übersehen, und wenn das nicht möglich ist, möchte er sie durch Witze, kameradschaftliche Absprache und freundschaftanbietende

Signale entschärfen. Dieser Lehrertyp, der fortlaufend seine Rolle abweist, kann durch seine Reaktionen in Konfliktsituationen keine wirkungsvollen sozialen Lernerfahrungen bei den Schülern hervorrufen.

Schüler wollen diese „Pappkameraden" auch gar nicht; sie sind schnell durchschaut und werden entsprechend behandelt. Die Störaktivitäten nehmen ihren freien Lauf; die Kreativität der Schüler kennt keine Grenzen, zumindest nicht auf diesem Sektor.

Wir brauchen keine unnahbaren „Eisbären"!
„Manche Lehrer geben sich kühl wie ein Eisschrank, wenn sie zum Unterrichtsbeginn in die Klasse schreiten. Sie nehmen neben ihrem Pult Aufstellung, straffen ihre Körpermuskeln, setzen eine strenge Miene auf, schweigen angestrengt und bedeutungsschwanger, um der Klasse auf diese Weise zu signalisieren: ‚Setzt euch hin, hört auf zu reden, schaut nach vorne, seid aufmerksam, der Unterricht beginnt.' Manchmal ist dieser Stundenanfang ein ritualisiertes *Duell*. Der Lehrer greift an, indem er sein Drohstarren abschießt, und die Schüler kontern mit den ihnen zur Verfügung stehenden Mitteln: flüstern, auf den Stühlen rutschen, in der Schultasche kramen, lachen, kichern, Zwischenrufe. Es kommt vor, dass der Lehrer in diesem Duell unterliegt. Besonders dann, wenn er das Drohstarren so lange fortsetzt, bis die Schüler sich daran gewöhnen und ihr eigenes Droh- und Aggressionsverhalten immer ungehemmter ausdrücken. Der Lehrer verliert bei solchen Szenen, wenn sie nur oft genug vorkommen, seinen Glauben in die Menschheit, denn er kommt ja nicht auf die Idee, dass die Schüler in einer relativ harmlosen Stimmung waren, bevor er die Klasse betrat, und er merkt auch nicht, dass er die aggressive Stimmung durch sein Eisschrank-Verhalten ausgelöst hat." (Grell, J. und M., Unterrichtsrezepte, S. 118)

Nur zwei kleine Fragen seien gestellt:
• Warum nutzen Lehrerinnen und Lehrer nicht öfter die Chance, positive Grundstimmung zu machen? Lehrer stecken an – auch mit ihrer *guten* Laune.
• Warum lassen gerade Lehrer sich so leicht anstecken von *eventuell (!)* vorhandenen, eher destruktiven Grundhaltungen anderer?

Lehrer wenden falsche Methoden an

Lehrer wollen siegen
Wenn Lehrer bzw. ihr Unterricht gestört werden, verhalten sie sich häufig nicht souverän, gelassen; ihre Reaktion ist oft genug ein Verlust an Verhältnismäßigkeit; sie verlieren dann allzu oft ihr Gesicht – und was verloren ist, ist schwer wiederzufinden. Da wird schon einmal aus einer kleinen Fliege ein bedrohlicher Elefant; da wird schon einmal die Kanone geholt, um auf einen kleinen Spatzen zu schießen. Der Sieg scheint gewiss – der Verlierer steht fest! Wer ist

eigentlich der Verlierer? Vielleicht derjenige, der sich in jeden, auch noch so kleinen Konflikt hineinziehen lässt, der dann aber irgendwann den Zorn der Klasse zu spüren bekommt. Schüler lassen ja einiges mit sich anstellen, aber ihren Gerechtigkeitssinn sollte ein Lehrer besser nicht verletzen und Schüler empfinden Überreaktion immer als „ungerecht".

Lehrer ignorieren … das Falsche
Ignorieren kann eine adäquate Reaktion auf unwesentliche, individuelle Störungen sein. Blickkontakt aufzunehmen, körperliche Nähe spüren zu lassen, kann schon genügen. Aber es ist nicht nur ineffektiv, sondern pädagogisch sinnlos, Unterrichtsstörungen oder gar aggressive Verhaltensweisen grundsätzlich zu übersehen, zu verdrängen, nicht wahrhaben zu wollen oder sich an sie zu gewöhnen. „Wer bei Regen die Augen schließt, wird trotzdem nass!"

Lehrer mahnen, aber handeln nicht
„Wie oft soll ich euch noch sagen …!?" Eigentlich ist diese Aussage ein Ausdruck von Verzweiflung. Was würde wohl ein Lehrer tun, wenn ihn ein Schüler beim Wort nähme und antwortete: „Gar nicht mehr!"; oder er antwortete z.B.: „Noch zwölfmal!" Vielleicht wäre dies ja ein Beitrag, um die Floskel zu entdecken, die Phrase auszurotten. Eigentlich muss man Schülern nur einmal sagen, was richtig bzw. falsch gelaufen ist. Jedes weitere Reden lehrt sie nur, dass man die Störung ruhig wiederholen kann, obwohl sie nicht erwünscht ist. Schüler betrachten dieses Gerede, die Predigten, die hilflosen Appelle der Lehrer als langweilig; sie werden dagegen resistent, „lehrertaub". Jeder Lehrer kennt die Schüler, die „kein Wort von dem, was sie sagen, hören".

Lehrer, die aufgrund dieser Erfahrung ihre sinnlose Methode dennoch fortsetzen, ja den Wortschwall manchmal noch verstärken, merken nicht, dass Worte zur Lenkung der Schüler immer unangemessen sind. Insbesondere in Konfliktsituationen ist man nicht bereit zuzuhören. Worte können da zu Waffen werden – und wie kann die Verteidigung aussehen? Entweder man geht dem Angriff aus dem Weg, man stellt sich taub oder man greift selbst an und schreit, verteidigt sich, beleidigt. Was immer man in solchen Situationen redet, es wird immer nur Munition für die Erwiderung.

Handeln ist besser als mahnen, wobei Handeln sehr unterschiedlich ausfallen kann, z.B. auf jemanden zugehen, etwas wegnehmen, Sitzordnung verändern, Fragen stellen, Aufgaben übertragen, humorvoll reagieren, Aktivität verlagern, aber auch *schweigen*. Schweigen kann die Spannung einer Situation enorm vermindern, in bestimmten Fällen allerdings auch steigern. Manche Lehrer haben übrigens die Fähigkeit, mit geschlossenem Mund zu schreien!

Lehrer strafen … unangemessen
Sind Schüler gleichwertige Partner? Sind Schüler so viel wert wie Lehrer? Welche Fragen! Unter Gleichwertigen kann es aber kein Herrschen und Beherrschen

geben. Über jemanden herrschen, Macht ausüben, muss ersetzt werden durch Beeinflussungsmethoden – und diese braucht man fraglos in der Schule –, die Gleichberechtigung anerkennen.

Noch so viel Bestrafung wird dem Schüler unseren Willen nicht aufzwingen. Wer straft, will Erfolg und erntet Misserfolg. Wenn ein Lehrer beim gleichen Schüler wiederholt dieselbe Strafe verhängt, müsste ihm doch klar werden, dass sie sinnlos ist. Ein ganz kleines Beispiel zum Schmunzeln: Ein Grundschüler spricht seine Lehrerin immer wieder mit „Du" an. Die Lehrerin sagt, er sei jetzt schon groß und dürfe nicht mehr „Du" sagen, und damit er es sich merke, solle er bis zum nächsten Tag zwanzigmal den Satz aufschreiben: „Ich darf zur Lehrerin nicht du sagen!" Der Junge kommt am nächsten Tag, liefert seine „Strafe" ab. Er hat den Satz fünfzigmal geschrieben. Auf die Frage der Lehrerin, warum er denn den Satz fünfzigmal geschrieben habe, antwortet der Schüler: „Na ja, … weil du es bist!" …

Einer Bestrafung liegt immer die autoritäre Vorstellung zugrunde: „gehorchen, sonst …" Häufig fühlen sich Lehrer nach ausgesprochener Strafe, im Bewusstsein, aus dem ohnehin sehr simplen Repertoire der traditionellen Sanktionen das Falsche angewendet zu haben, schuldig. Nehmen sie die Strafe zurück, kann dies als Zeichen von Schwäche und Inkonsequenz gewertet werden. Bleiben sie dabei, haben sie unangemessen, ja ungerecht reagiert.

Strafen dienen (primär?) dazu, das eigene Gefühl der Niederlage kurzfristig zu beseitigen. Wenn Lehrer Schüler bestrafen, spielen diese ihr Spiel mit. Die falsche Einschätzung, dass alleine Macht zählt, wird bestätigt.

Lehrer fixieren einzelne

Wenn die Störungen in Klassen eskalieren, die ganze Klasse beteiligt ist, Unruhestifter auch mit detektivischen Fähigkeiten nicht mehr ausmachbar sind, allgemeine Appelle und inständiges Bitten nichts mehr helfen, greifen Lehrer manchmal zu zwei Methoden, die beide unangemessen, ja gefährlich sein können.

Sie „greifen" sich einzelne heraus, um sie exemplarisch zu bestrafen oder ihnen Schuld zuzusprechen, unabhängig davon, ob sie *wissen*, ob bzw. inwieweit der Betreffende an der allgemeinen Störsituation beteiligt war. Empörung, Zurückweisung, Ungerechtigkeitsgefühl, begründet oder nicht, sind die natürlichen Reaktionen. Gewonnen hat der Lehrer dabei nichts, im Gegenteil: Die wirklichen Verursacher bleiben möglicherweise anonym, die Klasse „brodelt" weiter, die Ursache bleibt ungeklärt, einzelne werden evtl. zu Unrecht bestraft.

Die andere Reaktion ist die, dass der Lehrer versucht, in dem allgemeinen, unstrukturierten Durcheinander wenigstens eine Einzelbindung herzustellen. Er fixiert nur noch einen Schüler, redet nur noch mit ihm, sucht evtl. auch seine Nähe. Die Klasse entgleitet immer weiter; aber um „überleben" zu können, braucht der Lehrer wenigstens einen Zuhörer.

Unterricht braucht Ruhe! Dies muss der Lehrer fordern (dürfen). Solange keine sinnvolle Verständigung möglich ist, kann Unterricht nicht beginnen bzw.

stattfinden. Wenn aber der Lehrer eine berechtigte Erwartung ausspricht, muss er sie auch umsetzen und dokumentieren, dass er Wert darauf legt, in jedem Fall und für *alle* gültig. Autoritäres Gehabe? Mitnichten!

Lehrer brüllen

Die Theorie „*Lernen durch Verstärken*" bietet eine Erklärung dafür, warum der Zeitpunkt, zu dem Lehrer endgültig auf das Anbrüllen verzichten können, so weit entfernt ist. Schüler werden tagtäglich und immer wieder angebrüllt – ihr Verhalten verändert sich deshalb dennoch nicht in die gewünschte Richtung. Trotzdem brüllt der Lehrer wieder, steigert vielleicht sogar Lautstärke und Intensität. Die Verstärkungstheorie beweist hier, dass durch das Anbrüllen nicht die Schüler, sondern die Lehrer selbst erzogen werden. Jedesmal ist der Schüler, dem das Gebrüll gilt, für Momente ruhig; also hält der Lehrer dieses „Rezept" für ein wirksames Mittel und er gewöhnt sich an, es immer wieder einzusetzen. Vielleicht sollte der Spieß einmal umgedreht werden: Der Lehrer achtet auf die Phasen, in denen Schüler von sich aus konzentriert und aufmerksam sind, und verstärkt diese dann, z. B. durch Lob.

Ein wenig *Selbst*kontrolle ist angesagt, *Selbst*reflexion, auch *Selbst*beobachtung und *Selbst*beherrschung. Aus sich herauszutreten versuchen, seine eigene Gestik, Mimik, Handlungsweise aus einer gewissen Distanz zu sehen, ist unumgänglich. Seien Sie ein wenig mutig, stellen Sie sich selbst infrage, bitten Sie Kollegen, Sie zu beobachten. „Open door" – nicht „My classroom is my castle"! Oder stellen Sie sich einmal – allein – vor einen großen Spiegel und vergleichen Sie Ihre Wirkung, wenn Sie lächeln, freundlich schauen, nonverbal Verständnis zum Ausdruck bringen, mit Ihrer Wirkung, wenn Sie laut und vielleicht sogar hysterisch losbrüllen. Es darf nicht vergessen werden, dass Lehrer mit ihrer Stimmung Schüler unmittelbar anstecken können. *Tausch/Tausch* sprechen von der *Wirkungsweise „reziproker Affekte"*. Schreit der Lehrer laut in die Klasse, wächst neben möglicher Angst auch die Zornesstimmung. Bald nach der „Anbrüll-Stille" findet die Klasse z. B. zur ursprünglichen Lautstärke zurück, die der Auslöser für den „Anfall" des Lehrers war. Und nun? …

Natürlich möchte man als Lehrer, der zornig ist, auch zornige Signale senden; nur das gewünschte Ziel wird nicht erreicht. Besser ist es zweifellos, solche Stimmungen zu senden, die

Ein brüllender Lehrer ist ein schlechtes Vorbild – und fördert den schlechten Umgangston in der Klasse.

man sich als Verhalten wünscht! Wir wollen doch immer, dass Schüler beobachten, dann imitieren – ein wesentlicher Grundsatz aller Pädagogik und Didaktik. Nur in bestimmten Fällen wollen wir das lieber nicht – aber der Schüler weiß das nicht … Schüler lernen an der konkreten Situation, dass lautes Schreien einen unmittelbaren Effekt auslöst. Also werden Kinder andere durch Anbrüllen zu beeinflussen und überzeugen versuchen. Und sie tun es oft und mit viel Energie.

Die *Reaktanztheorie* besagt, dass viele Schüler sich durch das Anbrüllen in ihrer Handlungsweise eingeschränkt fühlen und sich deshalb gegen weitere Beeinflussungsversuche eher sperren oder nach kurzer Zeit „erst recht" gegen die Absicht des Brüllers handeln. Anstatt zu brüllen könnte der Lehrer *erklären*, warum dieses oder jenes Verhalten die soziale Gruppe stört, ein paar *Vorschläge* machen oder machen lassen, wie die auslösende Situation entkrampft werden kann, und durchaus auch einmal bitten, sich für diese oder jene Möglichkeit zu entscheiden. Der *Etikettierungsansatz* (labeling approach) kann ebenfalls gut zurate gezogen werden. Ein wenig ironisch darf gefragt werden, ob der Lehrer einen wesentlichen Beitrag zur individuellen oder kollektiven Identitätsbildung leistet, wenn er z. B. ganze Gruppen bzw. Klassen wie folgt anschreit: „Sauhaufen!" – „Kindische Bande!" – „Blödmänner!" – „Unmotiviertes Pack!" – „Idiotentruppe!" – „Affenstall!" …

Jochen und Monika Grell stellen einige Theorien zusammen und benutzen sie in der beschriebenen Weise. So dienen Theorien nicht nur der Einschüchterung, sondern bieten eine Chance für effizientes Verhalten.

Der Bumerangkatalog – das bewährte Repertoire?

Schon mal eine Ohrfeige verabreichen, trotz generellen Verbots. „Das hat noch niemandem geschadet."

Sofort die Eltern benachrichtigen, auch bei Schein- und Randkonflikten. „Man braucht ja schließlich Partner, Vertrauen zum Schüler hin, Vertrauen her."

Den Rektor einschalten, auch schon bei geringfügigen Anlässen. „Der soll sich darum kümmern."

Eine Strafarbeit für die ganze Klasse erteilen, auch wenn Pauschalstrafen untersagt sind. „Wo käme ich hin, wenn ich da auch noch differenzieren müsste."

Langfristig von angenehmen Vorhaben und Aktionen ausschließen. „Der/die soll spüren, wie alleine er/sie ist. Nicht mit mir!"

Eine Klassenarbeit schreiben lassen und besonders scharf zensieren. „Denen werde ich zeigen, wer hier am längeren Hebel sitzt."

Schüler isolieren, also vor die Tür stellen oder allein setzen. „Die/der stört mich nicht und die anderen auch nicht; in die Gemeinschaft integrieren – dass ich nicht lache!"

Mit dem Geräuscheschock arbeiten, z.B. Türe zuknallen, Buch auf den Tisch schlagen. „Dann ist wenigstens Ruhe."

Am Nachmittag nachsitzen lassen. „Was heißt hier ‚stumpfes Abbrummen' – Arrest ist Arrest."

Mit Worten ironisch, zynisch reagieren. „Den/die mache ich fertig. Da muss er/sie schon früher aufstehen."

Vielleicht entdecken Sie sich ja selber? Sicher greift jeder Lehrer hin und wieder auf dieses „bewährte" Repertoire zurück. Muss er das? Sicher nicht, aber er tut es aus Bequemlichkeit, angelehnt an Erfahrungen in der eigenen Schulzeit, aus Gewöhnung heraus, ohne Reflexion. Aber Vorsicht: Zum einen nutzt sich alles ab, was „Masche" wird, was routinemäßig zum Einsatz kommt, zum anderen bleiben Maßnahmen dieser Art nicht ohne Konsequenzen, ohne negative Konsequenzen für die Einstellung der Schüler dem Lehrer gegenüber und für seine Folgeaktivitäten. Die Bumerangwirkung ist programmiert. Vielleicht kann man diesen Negativkatalog ja einmal in einer (pädagogischen) Lehrerkonferenz zur Diskussion stellen, geplant nach Tagesordnung, aber auch „spontan" und unvermittelt.

„Die verflixten 13" – Kommunikationsblockierer

Miteinander sprechen, im Gespräch bleiben, aktiv zuhören, einander kennen lernen, verstehen und verstanden werden … kann nicht gelingen, wenn sich Lehrer wie folgt verhalten:

1. Der Lehrer *warnt und droht*, versetzt in Angst, malt den Teufel an die Wand.
2. Der Lehrer *moralisiert und predigt* „mit erhobenem Zeigefinger".
3. Der Lehrer *abstrahiert, rationalisiert*, bleibt nur auf der Inhaltsebene; er spielt seine rhetorische Überlegenheit aus.
4. Der Lehrer *kommandiert und dirigiert*, ordnet an, bietet fertige Lösungen, lässt niemanden zu Wort kommen.
5. Der Lehrer *hat grundsätzlich Recht*, würgt Gegenargumente ab, relativiert seinen Standpunkt nie; er widerspricht sofort energisch und beleidigt.
6. Der Lehrer *spielt herunter*, verniedlicht ein tatsächlich vorhandenes Problem, geht somit einer Diskussion aus dem Weg.
7. Der Lehrer *belehrt*, eine Lieblingsbeschäftigung (fast) aller „Lehrer", kommt sofort mit „logischen" Argumenten, erklärt, weiß alles besser.
8. Der Lehrer *analysiert und interpretiert*, er kennt die sichere Diagnose.
9. Der Lehrer *blockiert*, lässt nicht ausreden, schaltet ab oder hat immer schon, während der Partner spricht, die Antwort parat.
10. Der Lehrer *beschimpft, etikettiert*. Er verwendet Pauschalierungen, „klebt" Etiketten. Er hat es schon immer gewusst …
11. Der Lehrer *verurteilt und beschuldigt*, kritisiert, ohne Gegenargumente anzuhören.
12. Der Lehrer *projiziert und fabuliert*, nimmt es mit den Fakten nicht so genau, biegt sie zurecht, dichtet einer Person oder einer Situation etwas an.
13. Der Lehrer *gibt an, stellt sich selbst dar*, er rückt sich, seine Person, seine Fähigkeiten in den Vordergrund, beweihräuchert sich. Er zeigt völliges Unverständnis für Handlungen, die er nicht gutheißen kann.

Lassen Sie sich nicht provozieren – von mir!

(Eine Art Zusammenfassung)
Wenn Schüler aggressiv bleiben sollen, wenn Schüler aggressiv werden sollen, dann handeln Sie bitte konkret so: (Anmerkung: Ironie ist ein Sprachmittel, das in der Kommunikation mit Schülern nichts verloren hat; in der Kommunikation mit Erwachsenen kann es ja vielleicht etwas bewirken ...)

Behandeln Sie immer alle Schüler gleich!
„Die Verschiedenheit der Köpfe ist das große Hindernis aller Schulbildung. Darauf nicht zu achten, ist der Grundfehler aller Schulgesetze." Wer? *Herbart (1776– 1841)*

Setzen Sie Ihre Schüler vor versammelter Mannschaft herab!
Bestehen Sie ruhig darauf, dass ein Schüler sein misslungenes Beispiel (Aufsatz) vorlesen *muss*!

Formulieren Sie möglichst viele „Wenn-dann-Sätze"!
Drohungen sind ein gutes Mittel, das Klima zu verbessern, besonders dann, wenn Sie sich selbst in Zugzwang setzen und nach dem Dann etwas sagen müssen, was Sie gar nicht sagen wollen.

Verallgemeinern Sie!
Es tut unbeteiligten Schülern gut, in einen Topf geworfen zu werden mit Konfliktauslösern.

Blocken Sie Fragen ab!
Mit Sätzen wie „Das hab ich schon tausendmal erklärt." – „Du gehst mir auf die Nerven." – „Du schon wieder!" – muntern Sie Schüler auf, auch weiterhin aktiv, interessiert und motiviert mitzuarbeiten.

Versäumen Sie die Chance nicht, bei der Herausgabe von Klassenarbeiten Ihre Macht zu demonstrieren!
Besonders wirkungsvoll ist es, wenn Sie bei der Rückgabe von Probearbeiten, nach Noten vorsortiert, bei den sehr guten Leistungen beginnend, nach den ausreichenden Leistungen eine Zäsur machen: „So – und jetzt kommen wir zu den Stars ...!"

Planen Sie den Ablauf möglichst jeder Unterrichtsstunde genau gleich!
Der Schüler weiß immer schon im voraus, was wie angeboten wird. Von Medieneinsatz, wechselnden Sozialformen, Schüleraktivierung u. Ä. wäre er allzu überrascht, vielleicht sogar schockiert.

Treten Sie grundsätzlich als derjenige auf, der alles besser weiß!
Dafür sind Sie ja schließlich der Lehrer. „Fördern statt fordern", „Helfen statt nörgeln" sind ohnehin nur Parolen von blauäugigen, praxisfremden Soziologen, Pädagogen usw.

Korrigieren Sie alle Arbeiten kritisch mit möglichst viel Rot!
Grüne Korrektur für besonders gelungene Passagen? Was soll das? Rot ist die Farbe des Lehrers. Vergessen Sie am besten, dass Schüler auch etwas Positives leisten, sich bemühen. Nörgler sind beliebt!

Hängen Sie die Ergebnisse von soziometrischen Befragungen öffentlich aus!
Die Schüler freuen sich, wenn sie genau wissen, von wem sie in der Klasse abgelehnt werden; so entstehen neue Freundschaften!

Schaffen Sie sich keine so genannten Freiräume in Ihrem Unterricht!
Unterricht gehört verplant! Frageaktionen, Beschwerdezeiten, Filme, Hörkreise, aktuelle Diskussionen, Meditation – alles verlorene Zeit!

Machen Sie aus Fliegen Elefanten
und schießen Sie mit Kanonen auf Spatzen!
Es lohnt sich allemal, auch bei unbeabsichtigten Unterrichtsstörungen, voll durchzugreifen und das Repertoire repressiver Sanktionen zu nutzen.

Beobachten Sie die Schüler genau, werten und beurteilen Sie sie dann sofort!
Einem erfahrenen Fuchs macht man nichts vor! Sie kennen Ihre Pappenheimer – basta! Da braucht man doch nur einmal hinzuschauen – und schon weiß man, was es geschlagen hat!

Fordern Sie stets totale Konzentration und Totenstille!
Nur wenn keiner spricht – außer dem Lehrer natürlich – kann effektive Arbeit geleistet werden, von 8 bis 13 Uhr und darüber hinaus.

Heben Sie die Schwächen einzelner deutlich heraus!
Jeder hat seine Schwächen – man muss nur lange und gründlich danach suchen.
Lassen Sie Partner- und Gruppenarbeit auf keinen Fall zu!
Diese chaotischen Modeformen verleiten nur zu Störungen und bringen unterrichtlich nichts. Außerdem kann man die Leistung von mehreren ja nicht bewerten – na also!

Lassen Sie sich auf keinen Fall darauf ein, die Schüler näher kennen zu lernen!
Möglicherweise würden Sie dann noch andere, vielleicht sogar private Eigenschaften von Schülern kennen lernen, die Sie in Ihrem Gesamturteil stark beein-

flussen würden. Sich zu verschließen ist allemal besser als sich zu öffnen; man wäre ja total ausgeliefert.

Sprechen Sie nie mit Kollegen über Ihren Unterricht, die Schüler oder besondere Situationen!
Was geht das den Kollegen an? Man wird ja ohnehin als Schwächling hingestellt, wenn man zugibt, dass … Außerdem sind die Kollegen so komisch: „desinteressierte Paukertypen", „reformwütige Wagehälse", „blauäugige Superpädagogen", „karrieregeile Möchtegerne", „profilneurotische Radfahrer".

Geben Sie ja nicht zu, dass Ihnen auch schon mal die Energie ausgeht!
Ausgebrannt sein oder „burn-out", wie es heutzutage so schön heißt … was soll das? Alles eine Sache der Einteilung. Mich schafft die Bande von Nervensägen und Fernseh-/Computergestörten nicht – mich nicht!

Finden Sie sich damit ab, dass Sie der Prügelknabe der Nation sind!
Wenn Sie das einmal geschluckt haben, lässt Sie das alles kalt. Sie wissen doch, dass Lehrer an allem schuld sind, zu viele Ferien haben, nur vormittags arbeiten, zuviel verdienen usw. Das stärkt das Selbstbewusstsein: Ich mag *mich* nicht – ich mag auch die anderen nicht.

Sehen Sie Ihre Schüler grundsätzlich als Gegner!
Seien Sie auf der Hut! Die Attacken lauern! Sprüche wie: „Den Gegner, den man nicht bezwingen kann, mach ich mir zum Partner", sind Geschwätz. Lehrer und Schüler waren immer Feinde und werden es immer bleiben – das liegt in der Natur der Sache, das ist Fakt!

Lehrer handeln und helfen

**Unterrichtsstörungen, Aggression und Gewalt in der Schule –
sind Lehrer machtlos?**

Machtlos sind Lehrer sicher nicht, wenn sie an einer entsprechenden Grundeinstellung zum Schüler, an sich selbst und an Konfliktsituationen arbeiten, wenn sie ein Repertoire von positiven und konstruktiven Handlungsmöglichkeiten zur Verfügung haben.

Wollen Sie ein Märchen hören?
Es war einmal ein perfekter Lehrer namens „Mythos". Er kannte weder Vorlieben noch Vorurteile. Alle Schüler waren für ihn gleich. Er zeigte seine Gefühle niemals vor den Schülern und hatte sich immer fest im Griff. Er wirkte stets ausgeglichen und regte sich nie auf. Lieblingsschüler hatte er keine, genauso wenig wie in seiner Klasse Kinder saßen, die ihm auf die Nerven gingen. Er sorgte immer für eine angenehme Lernumwelt. Alle Kinder hatten immer genügend Freiraum. Herr „Mythos" war ausrechenbar; er änderte seinen Standpunkt niemals. Niemals machte er Fehler, niemals vergaß er etwas. Er fühlte sich niemals gut oder schlecht. Auf alles wusste er eine Antwort und das nicht nur, weil er immer perfekt vorbereitet war. Herr „Mythos" war allerdings bei seinen Kollegen sehr unbeliebt!

Nach einem solchen (überzogen dargestellten) Idealbild zu streben, welch eine Bürde! Die Niederlagenserie, die Misserfolgserlebnisse und Frustrationen sind geradezu vorprogrammiert. Zuerst muss ich mich als Lehrer und als Mensch selbst mögen, dann kann ich erst andere mögen. Die wesentliche Variable im Bewältigungsprozess ist der Lehrer selbst; hier aber nicht allgemeine Charakterzüge, sondern mehr situative Merkmale wie Selbstsicherheit, Überzeugungskraft, Autorität, Schülerbezogenheit u. Ä. Dies bedeutet, dass einzelne Maßnahmen, Methoden, psychologische Tricks nicht wirken, sondern nur auf der Basis des sie realisierenden Lehrers bzw. des zugrundeliegenden Lehrer-Schüler-Verhältnisses funktionieren.

Grundeinstellungen

Wir brauchen Lehrer mit Humor
„Humor ist der Knopf, der verhindert, dass einem der Kragen platzt."
    In allen Umfragen bei Schülern war das Ergebnis das gleiche: Die „begehrteste" Lehrereigenschaft ist der „Humor". Nicht der Standardwitz, das Blödeln

und Herumalbern ist hier gemeint, sondern die positive, heitere, wohlwollende Grundstimmung, der Typ, der auch mal Spaß versteht. „Humor ist, wenn man trotzdem lacht!" Mit dieser Haltung kann ein Lehrer manchen Störungen die Schärfe nehmen. Schüler reizt es eben manchmal zu blödeln, zu stören, ohne dass sie dafür eine konkrete Veranlassung oder eine Absicht nennen können. Der Lehrer lacht darüber, lacht mit und *„entspannt"* dadurch eine aufkommende *„Anspannung"*. Im Übrigen tut diese Reaktion nicht nur den Schülern, sondern vor allem auch dem Lehrer gut. Durch tägliche Vorfälle ist der Humor oft vom Verlust bedroht, aber es lohnt sich, ihn wieder zu suchen, zu finden und zuzulassen. Echter Humor versöhnt – und was ist notwendiger für effektives, soziales Miteinander als Versöhnung. Humor ist die Kunst der richtigen Distanz; nur der kleine Geist sieht in jeder Unart gekränkt einen Angriff auf sich selbst, eine Verhöhnung der doch so guten eigenen Erziehungsabsicht durch vorsätzliche Übertretung. Humor ist der Beweis von Überlegenheit!

Wir brauchen Lehrer mit Klarheit
Will der Lehrer auf eine unruhige Klasse einwirken, ist nicht die Menge seiner Interventionen ausschlaggebend, sondern die Intensität. Klare, eindeutige Anweisungen, die u. U. auch unvermeidliche Konsequenzen für die Schüler nach sich ziehen, sollen mit bestimmter Stimme gesetzt werden. Gleichförmiges, unermüdliches Wiederholen von Aufforderungen und Bitten stumpfen ab; Schüler nehmen sie allmählich ebensowenig ernst wie angedrohte Konsequenzen, die jedoch nie tatsächlich durchgeführt werden. Freilich darf der Lehrer nur solche Konsequenzen androhen, die erstens sinnvoll und angemessen sind und die sich zweitens auch tatsächlich verwirklichen lassen! Um sich dabei nicht zu Übersteigerungen hinreißen zu lassen, ist auch innere Disziplin des Lehrers vonnöten.

Wir brauchen Lehrer mit Festigkeit
Ohne eine gewisse Willensfestigkeit ist vieles nicht realisierbar. Damit ist kein Autoritarismus gemeint. Inhaltliche, sprachliche und auch körperliche Bestimmtheit erleichtert es Schülern, sich zu konzentrieren, Anstrengungen auf sich zu nehmen, auf Störungen zu verzichten. Fest sein, konsequent sein, eindeutig sein heißt noch lange nicht autoritär sein. Kinder brauchen Festigkeit, weil sie auch Grenzen bietet, ohne die sich Kinder nicht wohlfühlen. Gibt es keine Grenzen, versuchen Schüler dauernd zu testen, wie weit sie gehen können. Vorsicht: Lässt ein Lehrer einmal die Verletzung einer gesetzten, notwendigen Ordnung zu und explodiert ein anderes Mal in derselben Situation, so lehrt er die Schüler, ihn nur zu beachten, wenn er losbrüllt … Die Aufrechterhaltung der Ordnung braucht eine bestimmte Festigkeit oder sogar sanften Druck.

Wir brauchen Lehrer mit Glaubwürdigkeit

Lehrer haben zunächst immer einen Vertrauensvorschuss. Insbesondere jüngere Schüler glauben ihnen (fast) alles. Sogar Fehlverhaltensweisen werden ihnen abgenommen. Dieser hohen Verantwortung müssen sich Lehrer bewusst sein. Besonders im Umgang mit schwierigen Schülern, die zu aggressiven Handlungen neigen, kommt es darauf an, in hohem Maße glaubwürdig zu sein. „Augenzwinkernde Ironie, Anbiederei und Kraftmeierei sind das Gegenteil von Glaubwürdigkeit" *(Ziehe, T.)*. Glaubwürdige Lehrer sind bei weitem seltener mit Störaktionen und Hinterhältigkeiten konfrontiert als Kollegen, die dieses Merkmal verspielt haben. Wenn Schüler wissen, woran sie bei ihrem Lehrer sind, und sie wollen das wissen, dann akzeptieren sie das.

Wir brauchen Lehrer mit Flexibilität

Nicht ein starres Grundkonzept, der einmal gefasste Vorsatz, so zu sein und so zu handeln und nicht anders, sind gefragt. Der Lehrer muss imstande sein, flexibel, in Abhängigkeit von den vielen Faktoren zu reagieren, auch einmal unerwartet und kreativ. Dies bezieht sich auf den Umgang mit unerwarteten Situationen, Provokationen, Randkonflikten genauso wie auf seine alltägliche Unterrichtsführung. Nichts ist nervtötender und damit störanfälliger als monotoner, immer nach Schema ablaufender Unterricht. Ein Unterricht, der jeder Faszination entbehrt, der nichts Überraschendes bieten kann, der nicht mehr neugierig macht, ist ein idealer Nährboden für nebenunterrichtliche Aktivitäten. Niemand verlangt, dass Lehrer stundenlange Faszination bieten und jede Unterrichtsstunde variieren. Nicht der Lehrer als moderner Entertainer ist gemeint, sondern der Lehrer, der mit einer gewissen Leidenschaft und Lebendigkeit methodisch flexibel und didaktisch sinnvoll aufbereitet unterrichtet.

Lehrer sollten auch an sich denken

Es gibt sicher Lehrer, die genug an sich denken und an sich zuerst; es gibt aber auch viele andere. In der rechten Spalte steht ein kleiner Test. Machen Sie mit!
Lehrer sollten häufiger lachen!

Sie meinen, es gibt nichts zu lachen? Sie meinen, Schüler hätten nichts zu lachen (bei Ihnen)? Sie meinen, Lachen sei etwas für den Fasching/Karneval? Sie meinen, zum Lachen müsse man in den Keller gehen? …

Ich meine, Lachen hält gesund. Ich meine, Lachen hält jung! Ich meine, wer lacht, hat mehr vom Leben! Ich meine, Lachen ist eine der effektivsten Feedback-Formen, die es gibt! Ich meine, man bekommt kaum etwas so direkt und spontan zurück wie herzhaftes Lachen!

Es geht nicht um Maskenhumor, um sich anbiederndes Freundlichsein, sondern um Offenheit und Ehrlichkeit, um echte Entspannung, um spontanen Humor, bei einem selbst und bei anderen. Wenn Schüler gut gelaunt sind, wenn sie herzhaft lachen, dann ballen sie keine Faust und attackieren nicht, auch nicht mit Worten, dann lachen sie niemanden aus, dann können sie auch mal über sich selber lachen. Wer lacht, ist froh und nicht frustriert!

Was möchten Sie, mal ganz ehrlich?

Ich möchte:
- mit viel weniger Aggressionen unterrichten;
- Ruhe haben und gelassener sein;
- sagen, wie mir zu Mute ist;
- mich aussprechen;
- gute Beziehungen zu anderen haben;
- lernen, wie ich besser zurechtkomme;
- Probleme der Schüler und Schülerinnen erkennen;
- mit gutem Gewissen Zeit für mich haben;
- positive Einstellung den Schülern gegenüber spüren;
- mit den Energien besser haushalten können;
- meinen Privatbereich stärker leben;
- Freiräume im Unterricht schaffen;
- innere Gelöstheit erreichen;
- mehr Schwung und Fröhlichkeit spüren;
- Probleme nicht vor mir herschieben;
- mich besser akzeptieren;
- meine Gefühle noch stärker wahrnehmen;
- spontaner sein können;
- mehr Selbstwertgefühl bekommen;
- mehr Vertrauen zu mir selbst haben;
- mehr Gemeinschaft in der Schule erleben;
- ehrlicher mit mir umgehen können;
- Schüler annehmen können;
- öfter mal Nein sagen;
- meine Wünsche ins Gleichgewicht bringen.

Lehrer sollten Fehler/Fehlverhalten nicht überbewerten
Die Betonung von Fehlern ist lehrertypisch, ja geradezu berufsspezifisch. Negativanalyse dominiert über Positivanalyse. Manche Lehrer sind geradezu Weltmeister im Aufspüren von Fehlern – aber immer nur bei anderen. Je mehr jedoch ein Schüler sich seiner Fehler bewusst ist, dies gilt für den erziehlichen Bereich genauso wie für den unterrichtlichen Bereich, desto größer ist die Angst, Fehler zu machen bzw. sich falsch zu verhalten. Bei manchen Lehrern besteht anscheinend die Vorstellung, Schüler müssten aus ihren Fehlern und ihrem Fehlverhalten geradezu „heraustrainiert" und in Tugenden eintrainiert werden.

Insbesondere kleinere Kinder in der Grundschule, die dauernd zurechtgewiesen werden, neigen nicht nur dazu, immer mehr falsch zu machen, sondern lernen, sich vor Fehlern und „falschem" Verhalten zu fürchten. Das kann dazu führen, dass ein solches Kind jedes Selbstvertrauen verliert und zu gar nichts mehr zu motivieren ist.

Wir alle machen Fehler, gehen anderen auf die Nerven, stören, äußern uns ungeduldig und intolerant oder auch schon einmal laut und aggressiv. Aber nur ein kleiner Teil der Fehler ist auch wirklich schädlich. Oft bemerken wir ja gar nicht, ob bzw. welche Fehler wir machen, sondern stellen sie erst an den Folgen fest! Manchmal müssen wir, aber natürlich auch die Schüler, Fehler machen dürfen, um überhaupt zu erfahren, dass es ein Fehler ist! Lehrer brauchen den Mut, gelassen zu akzeptieren, dass sie selber unvollkommen sind, und dies dann auch ihren Schülern zu erlauben, wobei immer eine der ersten Fragen zu sein hat, ob ein bestimmtes Fehlverhalten absichtlich oder unabsichtlich geschieht.

„Da Lehrer sich oft so furchtbar verantwortlich dafür fühlen, jede unerwünschte Handlung zu verhindern oder zu tadeln – aus dem Gefühl heraus, dass *etwas getan werden muss*, neigen sie dazu, beim ersten Zeichen eines ‚falschen' Benehmens das Kind anzufahren. Weit davon entfernt, damit etwas zu verbessern, vermehren sie tatsächlich die Schwierigkeit, weil das Kind einen Vorteil darin sieht, so weiterzumachen, entweder weil es besondere Aufmerksamkeit dadurch erregt oder siegreich dem Druck widerstehen kann. Aus diesem Grunde ‚lehrt' Kritik die Kinder nicht, sondern regt sie nur an, ihr falsches Verhalten oder ihre Fehler beizubehalten." (Dreikurs, R./Solz, V., S. 117)

Besondere Bedeutung kommt immer der Tatsache zu, dass man deutlich zu unterscheiden hat zwischen „Tat" und „Täter". Lehrer müssen sich wirklich klarmachen, dass nicht der Schüler, sondern sein eben gezeigtes Verhalten „schlecht" war; nicht der Schüler ist aggressiv, sondern die eben erlebte Aktion war es! Die Reaktion darauf ist in jedem Fall dann eine andere, eine angemessenere.

Lehrer sollten auf Machtkämpfe verzichten

Wer ist stärker, der Lehrer oder der Schüler? Die Frage ist falsch und verräterisch – eine Antwort nicht möglich. Dennoch nehmen in den Klassenzimmern die Kämpfe um Überlegenheit zu. Jugendliche von heute erleben im außerschulischen Bereich Demokratie und widersetzen sich häufig allem, was nach Bevormundung, Unterdrückung, Autorität auch nur „riecht". Mancher Lehrer erklärt daraufhin den „Krieg"; Druck erzeugt Widerstand. Der Teufelskreis hat begonnen. Im Übrigen sind die Strategien der Schüler beim Kampf um die Macht, so er denn stattfinden soll, ausgeklügelter und besser als die der Lehrer … So bekommt ein Magazin recht, das vom „Tollhaus Schule" spricht; die Schule wird zum „Schlachtfeld" im wahrsten Sinne des Wortes. Auch der Einsatz von Waffen und körperlichen Attacken ist dann an der Tagesordnung.

Mancher Lehrer gibt sich einer Selbsttäuschung hin, wenn er meint, „mit Macht" das Beste für seine Schüler zu wollen. Vielleicht steht ja auch nur sein Ruf als Lehrer auf dem Spiel? Vielleicht braucht er ja nur Gehorsam? Vielleicht will er ja nur die Oberhand behalten?

Ob ein Lehrer sich auf einen Machtkampf eingelassen hat, kann er selbst leicht überprüfen. Zum einen sollte er reflektieren, ob er schon Drohgebärden oder spezifische verbale Formulierungen eingesetzt hat wie „Ich werde es euch schon zeigen!" oder „Ihr werdet ja sehen, wer hier als Sieger den Platz verlässt!" oder „Ihr wollt es also wissen!". Zum anderen lassen sich diese Machtkampfspuren an den möglichen Folgen ablesen. Stört die Klasse weiter, gibt es nach wie vor ein aggressives Grundmuster in der Klasse, gibt es Widerstand trotz Intervention des Lehrers? Ärgert ihn das, kränkt ihn das, macht ihn das selbst aggressiv? Ein dritter „Test" kann der Ton der eigenen Stimme sein. Verräterisch ist allemal, wenn sie häufig fordernd, hart, zornig, befehlend klingt. Sollten Lehrer nicht viel mehr Macht durch Einfluss, Druck durch Anregung, Beherrschung durch Beratung ersetzen?

Lehrer sollten ignorieren und strafen – alles zu seiner Zeit
Mancher Lehrer hat schon erlebt, dass Störversuche, die er nicht beachtet, von selbst wieder aufgegeben werden. Ebenso wissen Lehrer aber auch aus Erfahrung, dass solche Gelassenheit, die Fähigkeit, sich nicht treffen zu lassen, nicht immer gelingt; die psychische Kraft fehlt dazu.

Es kann keine Empfehlung sein, alle Störversuche grundsätzlich zu *ignorieren* – in manchen Fällen könnte das so provozierend wirken, dass Störungen ins Groteske ausarten. Hinter der Fähigkeit, mitunter auch solche Ansätze übersehen zu können, steht eine emotionale Disposition des Lehrers, die grundsätzlich als hilfreich beim Umgang mit Unterrichtsstörungen angesehen werden kann: emotionale Stabilität.

Ignorieren kann nur dort gelingen, wo der Lehrer es aushält und diese „Nichtreaktion" der Störung adäquat ist. Liegen aber nachhaltige Störmanöver vor, muss reagiert werden, angefangen bei einer leisen Ermahnung über eine deutliche Ich-Botschaft *(H. Gordon)* bis zur klaren Aufforderung. Der nächste Schritt wäre das drastische Verbot, der letzte dann die Strafe.

Über Sinn und Unsinn von Strafen wurde an anderer Stelle schon geschrieben, es sollte aber hier noch einmal ganz knapp auf sie eingegangen werden. Wenn Strafen adäquat und angemessen, begrenzt und kontrolliert, begründet und altersgemäß eingesetzt werden, akzeptiert sie jeder Beteiligte, auch der Schüler. Wichtig ist, dass eine Strafe unmittelbar nach dem Fehlverhalten erfolgt; nur so gelingt es dem Schüler, den direkten Zusammenhang herzustellen. Die „beste" Strafe ist im übrigen die Wiedergutmachung!

Lehrer sollten Symptome verordnen
Es hört sich zunächst an wie ein Märchen, aber es ist keines:

„In Tübingen lebte vor einigen Jahren ein alter gehbehinderter Rentner, der immer wieder dadurch von drei Jungen geärgert wurde, dass sie an der Tür schellten (im Schwäbischen ‚Glockenputzer‘ machen) und wegrannten, sobald er mühsam zur Tür gehumpelt kam.

Da ersann er sich eines Tages eine List und rief den Jungen vom Fenster aus zu: ‚Buben, wenn ihr morgen um 19.00 Uhr kommt und Glockenputzer macht, bekommt jeder von euch 50 Pfennige.‘

Die Jungen waren erstaunt und verwirrt, kamen aber tatsächlich zur vereinbarten Zeit am nächsten Tag, machten Glockenputzer und holten sich ihre 50 Pfennige ab. Beim Weggehen rief ihnen der alte Mann nach: ‚Buben, wenn ihr morgen wieder um 19.00 Uhr abends kommt und bei mir Glockenputzer macht, bekommt jeder von euch 20 Pfennige.‘ Noch erstaunter und verwirrter als am Abend zuvor gingen die Jungen weg und kamen wieder – wie vereinbart – am nächsten Abend und machten Glockenputzer. Wieder erschien der alte Mann am Fenster, händigte ihnen ihre 20 Pfennige aus und sagte: ‚Buben, es tut mir sehr Leid, ich habe gerade wenig Geld, deshalb bitte ich euch, morgen um die gleiche Zeit wiederzukommen und Glockenputzer für 5 Pfennige zu machen.‘ Entrüstet rief daraufhin der Anführer der Gruppe aus: ‚Für 5 Pfennige arbeiten wir aber nicht!‘ Na ja, auf jeden Fall tauchten die drei Jungen nie mehr bei dem alten Mann auf."

(Henning, C./Keller, G., Lehrer lösen Schulprobleme, Donauwörth 1992, S. 89)

Schüler, im Machtkampf mit einem Lehrer, wollen ihn zu einer Reaktion zwingen, indem sie ein bestimmtes Symptom zeigen, z. B. dazwischenreden, immer wieder zum Papierkorb laufen, mit Papier werfen, ins Heft malen, sich unentwegt melden … Verordnet aber der Lehrer dieses Symptom, verliert der Schüler diese Macht; sein Symptom wird quasi wertlos. Wenn der Schüler gebeten, aufgefordert, ja sogar „gezwungen" wird, sein (Fehl-)Verhalten beizubehalten, es zu wiederholen, wird es für ihn uninteressant; er erreicht ja nicht mehr, was er ursprünglich bezwecken wollte; er stellt dieses Verhalten ein. Natürlich gibt es Grenzen: Der Lehrer wird nichts verlangen, was Sachen beschädigt oder Menschen gefährdet. Im Übrigen ist dies ein länger andauernder Prozess, der Geduld, Durchhaltevermögen braucht und gekoppelt ist mit allmählicher Veränderung der Aktion, z. B. in Bezug auf Ort, Zeit, Dauer, Form des Auftretens des Symptoms. Eine Chance – allemal!

Lehrer sollten Gefühle und Gedanken transparent machen

> *Lehrer*gedanken:
> „Mein Gott – nervt der mich. Es gibt keinen langsameren Schüler als ihn. Bis er nur sein Heft aus der Schultasche fischt … Jetzt blättert er langsam Seite für Seite durch … Das halt ich nicht aus. Fang endlich an zu schreiben, gleich sag ich was … Dabei ist er durchaus gewissenhaft und arbeitet exakt … Wie kann man bloß so langsam sein? Die anderen haben alle schon … Komm endlich. Jetzt ermahne ich ihn … laut und deutlich oder leise und sanft? Manchmal hab ich ja Geduld, aber manchmal …"

Nur acht Fragen:
- Werden Sie dabei nervös?
- Können Sie sich vorstellen, dass der Lehrer nervös wird?
- Können Sie sich vorstellen, dass der Schüler nervös wird?
- Es gibt Schüler, die Antrieb, Ermunterung brauchen. Hier soll nicht den Trödlern das Wort geredet werden. Aber gibt es nicht auch den Schüler, der sein Tempo braucht, soweit er nicht ganz aus der Norm fällt, um etwas leisten zu können?
- Können Ruhe, Gelassenheit, Gründlichkeit nicht auch ansteckend wirken?
- Können Sie sich vorstellen, diesen „Fall" in Ihren Unterrichtsalltag zu integrieren?
- Können Sie sich vorstellen, dass man für fast alle Störsituationen/aggressiven Situationen solche Gedanken notieren kann?
- Können Sie sich vorstellen, dass Sie für eine „heiße" Situation/einen speziellen Schüler ihre Gedanken/Gefühle notieren – und den Schüler bitten, dies auch zu tun?

> *Schüler*gedanken:
> „Mein Gott – nervt der mich. Es gibt keinen hektischeren Lehrer als den. Dauernd drängt und hetzt er. Gleich hab ich mein Heft – so … die richtige Seite … Jetzt hab ich es. Ich brauche eben meine Zeit, basta. Dafür arbeite ich genauer und sauberer als die anderen … Ich hasse Hektik und Tempo und alles Schnelle – schon immer … Ein wenig langsamer geht es auch und gar nicht schlecht … Warum hetzt er immer so … Jetzt kommt er schon wieder … Gleich wird er … Jetzt weiß ich nicht mehr, was ich schreiben soll … Lass mich in Ruhe … lass mich …"

„Zehn Gebote" zur Entkrampfung aggressionsgeladener Situationen

Diese „Zehn Gebote" verstehen sich nicht als ein Programm, das man schrittweise „abspulen" kann. Auch die Reihenfolge stellt keine Wertung dar. Vielmehr soll in knappen Worten ein Angebot von denkbaren Reaktionsmöglichkeiten vorgestellt werden. Der Autor ist sich sehr wohl bewusst, dass multifaktoral gedacht und gehandelt werden muss.

1. Die Gruppe/Klasse nach dem Ereignis, der Störung, der Aktion *befragen*, ohne die Schuldfrage klären zu wollen, sie nach Konfliktursachen „forschen" lassen, zunächst ohne personale Komponente, nach Auswegen und Lösungsmöglichkeiten suchen lassen.
2. Den Konflikt der Klasse zur *Diskussion* stellen, Meinungen anhören, gelten lassen.
3. *Direkte Appelle* an die Schüler richten, klar umschriebene Verhaltensbereiche anbieten. Der Lehrer muss aber hier erkennen, wann, unter welchen Umständen, welcher Schüler zur Aufnahme direkter Botschaften offen ist.
4. *Einschränkung und Schutz* können manchmal die einzige wirksame Maßnahme sein. Damit ist gemeint, dass der Lehrer z. B. die räumliche Bewegungsfähigkeit eines Schülers klar beschränkt, die Verfügbarkeit von Gegenständen aller Art unterbindet oder im Sinne eines „antiseptischen Hinauswurfs" *(Redl, F. und Wineman, D., Steuerung des aggressiven Verhaltens beim Kind, München)* einen Aggressor aus der Gruppe entfernt. Im letztgenannten Fall soll dem wutentbrannten Lehrer kein Alibi für sein unbeherrschtes Verhalten geliefert werden. Aber es gibt Situationen, insbesondere gewalthaltige, wo ein Schüler nichts mehr „zurücknehmen" kann. Dann ist der „Hinauswurf" angemessen, erstens zum Schutz der Unbeteiligten, zweitens, um dem Aggressor die Chance zu geben, sein Gesicht nicht (ganz) zu verlieren.
5. Auf (möglichst gemeinsam) vereinbarte *Normen und Regeln* verweisen.
6. *Hilfestellung* zur Überwindung von Hindernissen anbieten. Manchmal „schreit" der Schüler geradezu danach, ohne natürlich dies deutlich zu artikulieren, dass man ihm „die Hand reicht". Intensive Ausbrüche aggressiven Verhaltens oder auch von Ängsten haben ihre Ursache häufig in aktuellen Frustrationserlebnissen. Dieses frustrierende Hindernis kann nur gemeinsam überwunden werden. Der Lehrer muss zum Partner werden.
7. *Affektive Zuwendung* geben. Häufig brauchen Kinder nichts anderes als *sofortige* zusätzliche emotionale Zuwendung, um die Kontrolle ihres Verhaltens aufrechterhalten zu können. Diese ist allerdings in ihrer Form sehr stark personen- und altersabhängig (z. B. Arm um die Schulter legen, streicheln, Hand drücken, vor die Brust boxen, zulächeln, Tränen wegwischen …).

8. *Durch Signale eingreifen.* Optische, akustische, gestische oder mimische Zeichen genügen häufig, besonders im Vorfeld aggressiver Verhaltenstechniken, um dem Betroffenen sein eigenes, momentanes Handeln bewusst zu machen. Vielleicht war das Ich des Kindes nur augenblicklich unaufmerksam, eine herausfordernde Versuchung zur Störung zu groß.

9. *Verständnis zeigen und um Verständnis bitten.* Der Lehrer gibt klar zu erkennen, dass er für die Störung Verständnis hat, dass er vielleicht auch so gehandelt hätte bzw. handeln würde, dass er versteht, dass der Schüler gar nicht anders handeln konnte. Er bittet aber gleichzeitig um Verständnis für seine Bedürfnisse und Zwänge und appelliert an die Fairness der Schüler.

10. *Gefühle akzeptieren und verbalisieren.* Darüber wird später noch mehr zu sagen sein! Es geht darum, dem Schüler die Chance einzuräumen, sich abzureagieren, einer einengenden Situation entfliehen zu können. Er darf und soll Gefühle zeigen dürfen; ebenso beansprucht allerdings auch der Lehrer das Recht, seine Betroffenheit, seine Enttäuschung, seine Verärgerung deutlich zu zeigen.

Ein kurzes Gespräch, individuelle Zuwendung – häufig führen sie am besten zum Erfolg in einer aggressionsgeladenen Situation.

Neun „Fälle" – alternative Lösungen

Entscheiden Sie – besser: entscheiden Sie zusammen mit Ihren Schülern!

Fall 1: „Ich mag nicht mehr"
Im 3. Schuljahr lassen Sie ein Diktat schreiben, das vorher geübt wurde.
Ein Schüler kommt nicht mit, legt den Füller hin und erklärt:
„Ich schreibe nicht mehr weiter."

Fall 2: „Wir streiken"
Sie haben eine schwierige 9. Klasse, in der ein Schüler tonangebend ist
und seine Mitschüler immer wieder gegen die Lehrkräfte aufwiegelt.
Dieser „Anführer" demonstriert seine Eigenmächtigkeit u. a. durch
beliebiges Verlassen des Klassenzimmers. Er übt auf nicht ganz durch-
schaubare Weise Druck auf seine Mitschüler aus. Hierüber haben sich
häufig schon Ihre Kollegen bei Ihnen beschwert. Vor einer Klassenarbeit
verweigert er im Namen aller Schüler die Mitarbeit.

Fall 3: „Die Schule ist mir zu dumm"
In der 1. Klasse hat einer der Schüler nach der dritten Stunde offensichtlich keine Lust mehr. Er packt entschlossen seinen Ranzen und marschiert
zur Tür.

Fall 4: „Das interessiert uns nicht"
Sie unterrichten in einer 8. Klasse. Sie möchten mit den Schülern über
mögliche Themen sprechen, indem Sie einen Themenkatalog zur Aus-
wahl anbieten und um Ergänzungsvorschläge bitten. Die beiden gewählten Klassensprecher geben Ihnen zu verstehen,
dass alle Themen sie nicht interessieren. Die Mitschüler pflichten ihnen
bei. Niemand ist bereit oder in der Lage, Alternativen anzubieten.

Fall 5: „Hausaufgaben verboten!"
Sie betreten morgens das Zimmer Ihrer 7. Klasse und bemerken an der
Tafel ein „Verkehrsschild" mit der Aufschrift „Hausaufgaben verboten".

Fall 6: „Mal sehen, wie er sich verhält"
Nach der großen Pause betreten Sie das Klassenzimmer. Die Schüler der
Gemeinschaftsschulklasse tun so, als wären Sie gar nicht vorhanden. Sie
unterhalten sich und vermeiden jeden Blickkontakt.

Fall 7: „Prost"
In einer 8. Klasse öffnet ein Schüler während des Unterrichts eine Dose Bier und nimmt einen kräftigen Schluck.

Fall 8: „Der hat aber angefangen!"
Sie unterrichten in einer 3. Klasse Kunst. Wie Sie wissen, sind zwei Schüler miteinander seit längerem „verfeindet" und wurden deshalb schon auseinander gesetzt. Heute haben sie sich offenbar wieder heftig gezankt und der eine scheint besonders verärgert zu sein. Gegen Ende der Stunde steht er auf, läuft durch die Reihen und stößt plötzlich das Wasserglas seines „Feindes" um, sodass alles über die Tuschzeichnung läuft und sie verschmiert. Daraufhin beginnt der betroffene Schüler laut zu weinen.

Fall 9: „Ein ‚Aufpasser' wird abgelehnt"
Sie werden in einer dringenden Angelegenheit zur Schulleitung gerufen und erteilen den Schülern für die Zeit Ihrer Abwesenheit einen Arbeitsauftrag. Bevor Sie hinausgehen, beauftragen Sie noch den Klassensprecher, die Namen all jener Schüler an die Tafel zu schreiben, die stören, lärmen oder nicht arbeiten. Als Sie zurückkommen, sehen Sie an der Tafel ein unleserliches Geschmiere. Ihr Klassensprecher sitzt auf seinem Platz und weint. Die Schüler haben betretene, aber auch trotzige Gesichter.

Für welche der Alternativen entscheiden Sie sich?

zu Fall 1:

1. Sie fordern den Schüler auf, den Text vorzunehmen und ihn abzuschreiben.
2. Sie akzeptieren sein Verhalten und bieten ihm an, dann wieder mitzuschreiben, wenn er Lust dazu hat.
3. Sie fordern ihn auf, zwei Zeilen freizulassen und die versäumten Sätze am Schluss nachzuholen.
4. Sie fragen ihn nach dem Grund der Arbeitsverweigerung.
5. Sie akzeptieren sein Verhalten, deuten aber die Konsequenzen für die Benotung an.
6. Sie ignorieren die Bemerkung.

zu Fall 2:

1. Sie fragen die Klasse nach dem Grund der Arbeitsverweigerung – ob sie z. B. nicht genügend vorbereitet sei.
2. Sie akzeptieren diese Verweigerung, fragen dafür aber mündlich ab.
3. Sie fragen nur den betreffenden Schüler mündlich ab, machen eine Eintragung in Ihr Notenheft und verschieben die Arbeit.
4. Sie teilen kommentarlos die Hefte aus, halten aber das Heft des Anführers zurück.
5. Sie lassen eine geheime Abstimmung vornehmen, ob die Arbeit sofort oder später geschrieben werden soll.
6. Sie ignorieren oder bagatellisieren die Bemerkung.

zu Fall 3:

1. Sie versuchen, den Schüler zum Bleiben zu überreden, indem Sie auf das baldige Ende des Unterrichts verweisen.
2. Sie versprechen ihm eine Belohnung, damit er bleibt.
3. Sie halten ihm erst einmal die Tür zu.
4. Sie reagieren extrem streng und schicken ihn auf seinen Platz zurück.
5. Sie versprechen, sogleich eine spannende Geschichte zu erzählen.
6. Sie fragen ihn, warum ihm der Unterricht keinen Spaß macht.

zu Fall 4:

1. Sie nehmen einfach den Unterricht auf, indem Sie selbst ein Thema wählen und so tun, als würden alle mitarbeiten.
2. Sie sagen den Schülern, dass Sie nun allein bestimmen müssen, was gearbeitet wird.
3. Sie wählen das Thema „Mitbestimmung und konstruktive Kritik" aus.
4. Sie beginnen mit einem Thema und verweisen dabei auf den Lehrplan.
5. Sie beginnen mit einem selbstgewählten Thema, bitten jedoch die Klassensprecher nach der Stunde zu einem Gespräch.
6. Sie beraten sich mit Ihrem Rektor.

zu Fall 5:

1. Sie versprechen den Schülern, an diesem Tag auf Hausaufgaben zu verzichten.
2. Sie verweisen die Schüler auf den Lehrplan, auf das umfangreiche Stoffgebiet und erklären, dass Hausaufgaben erforderlich sind.
3. Sie ergänzen das Verkehrsschild durch die Anmerkung „Nur an Sonn- und Feiertagen".
4. Sie sagen, dass dieses Schild für die Schule volle Gültigkeit hat, nicht aber für zu Hause.
5. Sie reagieren mit Strenge und geben das doppelte Pensum auf.
6. Sie ignorieren das Schild und beginnen mit dem Unterricht.

zu Fall 6:
1. Sie bitten vernehmlich um Ruhe.
2. Sie setzen sich an Ihren Tisch, nehmen ein Buch hervor und beginnen zu lesen.
3. Sie klatschen ein paarmal in die Hände.
4. Sie treten ans Fenster und blicken hinaus.
5. Sie treten an einen Schüler heran und sagen ihm: „Bitte um Ruhe, damit wir anfangen können."
6. Sie beginnen einfach mit dem Unterricht und hoffen, dass die Schüler von allein ruhig werden.

zu Fall 7:
1. Sie nehmen dem Schüler die Dose weg.
2. Sie bitten ihn, die Dose beiseite zu stellen und sich am Unterricht zu beteiligen.
3. Sie sagen erst einmal „prost" und bauen damit auf einen Lacherfolg!
4. Sie wechseln das Thema und sprechen mit den Schülern über die Gefahren des Alkoholmissbrauchs.
5. Sie benachrichtigen sofort den Rektor.
6. Sie stellen den Schüler zur Rede, indem Sie fragen, warum er während des Unterrichts ausgerechnet Bier trinkt.

zu Fall 8:
1. Sie geben dem Schüler, der das Glas umwarf, eine Ohrfeige.
2. Sie bitten die beiden, nach der Stunde dazubleiben, damit Sie mit ihnen über die Situation reden können.
3. Sie trösten den betroffenen Schüler.
4. Sie übergehen den Vorfall.
5. Sie versuchen, die Versetzung von einem der beiden Schüler in die Parallelklasse zu erreichen.
6. Sie bestrafen alle beide.

zu Fall 9:
1. Sie übergehen den Vorfall und verzichten künftig auf einen Aufpasser.
2. Sie fragen den Klassensprecher nach den Ursachen seiner Tränen.
3. Sie übergehen den Vorfall, bestellen aber das nächste Mal den stärksten Schüler zum Aufpasser.
4. Sie ignorieren den Vorfall, nehmen sich jedoch vor, in einer ähnlichen Situation den Kollegen im Nachbarzimmer mit der Aufsicht zu betrauen, indem beide Türen geöffnet werden.
5. Sie übergehen den Vorfall, sagen den Schülern bei nächster Gelegenheit, warum und wie lange Sie voraussichtlich fortbleiben und dass Sie glauben, sich auf sie verlassen zu können.
6. Sie entschuldigen sich bei den Schülern, dass Sie den Klassensprecher in eine so dumme Situation gebracht haben, und wischen die Tafel sauber.

Gewalt in der Schule – warum nur?

6

Über die Ursachen und Gründe für zunehmende Gewaltbereitschaft und Gewalt wurde schon einiges veröffentlicht. Es geht hier auch nicht darum, den vielen Aufsätzen einen weiteren Beitrag hinzuzufügen. Es sollen nur einige spezifische Auslöser ein wenig genauer beleuchtet werden.

Einfluss der Medien

Ein nicht zu unterschätzender Faktor sei an einer Aussage von *R. Winkel* verdeutlicht:

„… jeden Tag hatte ich im Schnitt drei Stunden Zeit, Kind zu sein, d. h. Verstecken zu spielen und Roller zu fahren; mit den Pfadfindern unterwegs zu sein und in den Trümmerhaufen Heimlichkeiten zu treiben, auf Pingeljagd zu gehen oder im Wald Höhlen zu bauen; Langeweile zu haben und die Geschwister zu ärgern. Ehe ich, irgendwann zwischen 13 und 16, pubertierte, war ich 16.000 Stunden lang ein Junge, der dies noch nicht (machen) *durfte* und jenes noch nicht (tun) *musste,* der aber Kindheit ausleben konnte. Ein heutiger junger Mensch, so haben die Medienforscher ermittelt, hat in den ersten 15 Jahren seines Lebens rund 16.000 Stunden ferngesehen; sich pro TV-Stunde mindestens drei Gewaltdarstellungen angeschaut sowie ständig wechselnde Bilder (bis zu 1.200 in einer Stunde) mit den Augen verfolgt …" (Winkel, R., Antionomische Pädagogik und kommunikative Didaktik, S. 73)

Medien beeinflussen Köpfe und Seelen

Die neuesten Infos über den Popstar, das spannende Spielerduell online mit dem kranken Freund, die besten Infos für das Referat in Biologie und die netten E-Mails mit dem großen Bruder, der gerade die USA bereist – auch für Kinder sind die Möglichkeiten, die Computer und Internet bieten, nahezu unerschöpflich. Doch die Medaille hat zwei Seiten. Die moderne Informationstechnologie und das Welt umspannende World Wide Web bergen gerade für Heranwachsende eine Vielzahl von ernsten Gefahren: In Chatrooms chatten nicht nur Teenies, sondern auch Kriminelle; aus dem Internet kann man nicht nur Spiele und Musik, sondern unbemerkt auch Viren und kostspielige Dialer herunter laden, und wer den Reizen der virtuellen Welten vollständig erliegt, ist unter Umständen nicht mehr in der Lage, die Anforderungen des realen Lebens zu bewältigen. Wenn wir wollen, dass unsere Kinder von den ungeahnten Möglichkeiten der neuen Technik profitieren, müssen wir sie auch vor den Risiken schützen, die sie mit sich bringt. Eltern müssen die Gefahren kennen und in der Lage sein, ihnen bei Problemen Paroli zu bieten.

Nur mit Restriktionen ist es nicht getan. Wer zu Hause nicht surfen darf, tut dies früher oder später bei einem Freund oder im Internetcafe.

Ein paar Fakten:
• 14–19-Jährige sind täglich bis zu 440 Minuten (!) den Medien „ausgeliefert".
• Erwachsene … bis zu 530 Minuten.

Allerdings umfassen diese Zahlen *alle Medien,* also Fernsehen, Video, DVD, Internet, Handy, Bücher, Zeitungen, Zeitschriften, Computer (E-Mails; Chatrooms).

Welche Kraft, welche Einflussnahme, welche Wirkung!
94 % aller Jugendlichen benützen ein Handy (oder mehrere) bzw. Smartphones.
65 % der Jugendlichen haben schon gewalttätige/indizierte Spiele gespielt.

Das sind nicht nur blanke, leere Zahlen! Es geht überhaupt nicht darum „die Medien" im Allgemeinen zu verdammen … aber ein *übermäßiger* Konsum medialer Angebote mit bedenklichen, gewalthaltigen Inhalten hat Folgen: Es kann zu suchtähnlichem Verhalten führen, zu Gewaltanwendung oder/und Abstumpfung einerseits, zu physischen und psychischen Beeinträchtigungen andererseits.

Auch die *Lernbeeinträchtigungen* durch übermäßigen Medienkonsum sind nicht zu unterschätzen. Der eigene Fernseher bzw. PC im Kinderzimmer verführt zu unkontrolliertem Konsum; es bleibt viel weniger Zeit für sinnvolle Freizeitaktivitäten bzw. gezielte Lernprozesse. Durch die Schwemme von Computerspielen, die zugegebenermaßen teilweise sehr attraktiv und motivierend gestaltet sind, kann sowohl die kognitive Kompetenz als auch die soziale Kompetenz sinken. Eltern sollten – abhängig vom Alter der Kinder bzw. Jugendlichen – den Fernsehkonsum registrieren, manches *gemeinsam* konsumieren und aktive, sensible, nicht drohende und restriktive Diskussionen führen. Medien sind in jedem Fall *heimliche* Erzieher in Bezug auf viele Aspekte, z. B. Familienmuster, Konsumverhalten, Lehrerbilder, Cliquenzwänge, Werte (positive wie negative), Tabueinbrüche, soziale Strukturen, Lösungsstrategien bei Problemen, Klischees u.v.m.

Stichwortartig einige *denkbare Maßnahme*:
Gesetzliche: z. B. Jugendschutz, Jugendmedienschutz, Bundesprüfstelle, Testkäufe
Technische: z. B. Filtersysteme, Siteblocking, Keywordblocking
Pädagogische: z. B. Medienpädagogik, Elternhaus und Schule arbeiten präventiv, Schülerwettbewerbe, Lehrerfortbildung, Projektarbeit, Schamgrenzen aufzeigen, spannende Alternativspiele ohne Gewalt, Tabuzonen definieren, Medienpass für Grundschüler.

Computerspiele unterscheiden sich vom passiven Konsum dadurch, dass aktiv Einfluss genommen werden kann; häufig gibt es dabei Belohnungskriterien. Das hat sowohl neurobiologische Folgen, z. B. drastische Reduzierung von Empathie als auch psychologische Folgen, z. B. erhöht sich das Risiko zur Aggressivität. Passiv konsumierte Gewalt schreckt häufig ab, aktiv mitgestaltete Gewalt fasziniert, zieht in den Bann: „Gewalt ist geil!"

Weniger das „SEHEN" sondern eher das „TUN" beeinflusst die Psyche und ruft zum Handeln auf! Vorsicht! Hier soll nicht monokausal argumentiert werden, aber das Risiko wird nachweisbar erhöht.
Viele Faktoren werden zum Bündel, z. B.:

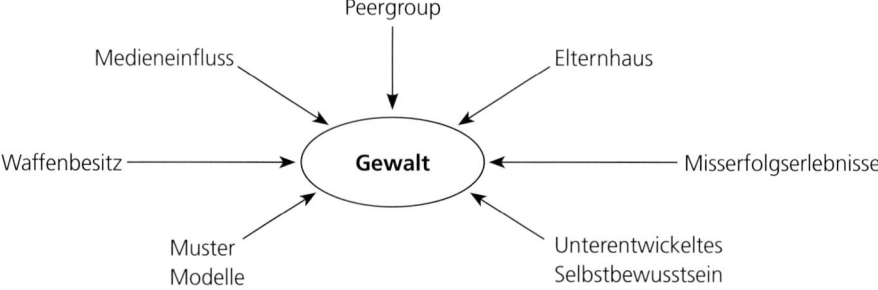

Frage: Werden nicht im Internet viele Regeln einer zivilisierten, kultivierten Gesellschaft durchbrochen?

Internet darf kein rechtsfreier Raum sein! Politiker aufwachen! Gewalt ist Realität in unserer Gesellschaft, also darf/muss Gewalt auch in den Medien präsent sein … aber niemals darf Gewalt verherrlicht werden, niemals darf Gewalt zum Erfolg führen und belohnt werden.

Fernsehen und Computer gehören zum Alltag, besonders für Kinder und Jugendliche; allerdings sollten Familien damit richtig umgehen. Eltern sollten zumindest wissen, wer zum Netzwerk ihres Kindes gehört; sie müssen nicht wissen worüber es kommuniziert. Permanente, totale Kontrolle ist nicht möglich, nicht notwendig und führt zu Protest- oder Fluchtverhalten. Kinder müssen von den modernen Medien nicht überfordert sein; sie sollten früh einen kreativen und gleichzeitig kritischen Umgang mit Medien erfahren und Alternativen kennenlernen. *Kompetentes* Aneignen von Medien bedeutet, dass Medien auch gestaltend und sinnvoll eingesetzt werden können: zum Spielen einerseits, aber eben auch im Sinne von fantasievollem Gestalten andererseits: z. B. fotografieren, Filme drehen und die Ergebnisse auf PC bearbeiten, im Internet für den Unterricht recherchieren, Kontakt zu Freunden halten. Es geht um eine *bewusste, maßvolle* und *altersgerechte* Nutzung. Kinder können heutzutage fast überall Medien nutzen; die Medien sind mobil (geworden). Deshalb ist es auch nicht vermeidbar, dass Kinder an destruktive, nicht altersgemäße Medien geraten. Dennoch ist es richtig und wichtig, dass Familien die Altersfreigaben beachten, den Medienkonsum begleiten und den Kindern nicht überall den Internetzugang ermöglichen. Der Fernseher oder der Computer darf nicht als „Langeweile-Killer" benutzt werden und schon gar nicht als „elektronische Oma" missbraucht werden!

Und noch etwas … Eltern haben immer Vorbild-Funktion, auch, ja besonders was den alltäglichen Umgang mit Medien angeht.

Also: *Vorleben und sinnvoll regulieren!*

Das Bundesministerium für Familien, Senioren, Frauen und Jugend empfiehlt nachfolgende Internetnutzungszeiten; die Broschüre „Der richtige Dreh im www" gibt es als Download unter: www.gmk.medienpaed.de

Bis 3 Jahre

Das Interesse der Kinder am Internet und am Computer ist in diesem Alter lediglich punktuell. Virtuelle Welten werden nur ansatzweise wahrgenommen. Empfehlung: Gelegentlich fünf bis zehn Minuten gemeinsam den Computer checken.

4 bis 6 Jahre

Die Kinder beginnen die Spiel- und Lernwelten zu verstehen. Der Spielplatz Computer sollte nicht mehr als 30 Minuten täglich genutzt werden.

7 bis 11 Jahre

Die medialen Welten haben zunehmende Faszination für Kinder dieser Altersgruppe. Empfehlung: An besonderen Tagen darf ruhig mal länger gespielt werden. Eltern sollten allerdings das Gesamtbudget der wöchentlichen Medienzeit im Verhältnis zu anderen Aktivitäten im Blick haben.

Ab 12 Jahren

Das ganze Wochenende vor der Kiste – die Spielgewohnheiten mancher Jugendlicher erscheinen Eltern unheimlich. Aber keine Angst: Wer ein Buch verschlingt oder im Bastelkeller abtaucht, ist auch für längere Zeit nicht ansprechbar. Solange die Freunde, die Hausaufgaben und das Familienleben nicht zu kurz kommen oder nur zeitweise vernachlässigt werden, ist das in Ordnung.

Gefahren in Chatrooms

Die nachfolgenden Informationen bzw. Ratschläge orientieren sich an Veröffentlichungen der Ratgeberreihe zur Förderung des Kinder- und Jugendschutzes „Protect children".

Kinder, die sich vom heimischen Computer aus in Chaträume einloggen, sind gefährdet. Das verdeutlicht einmal mehr der Fall eines britischen Rentners, dem es gelang, mehr als 70 Mädchen via Internet sexuell zu missbrauchen, indem sich selber als Teenager ausgab. Er verwickelte seine Opfer in pornographische Gespräche. Schließlich drängte er die Mädchen zu persönlichen Treffen und versuchte, zwei von ihnen zu verschleppen. Es ist seit langem bekannt, das Pädophile und Kriminelle Chats gezielt nutzen, um Kinder anzusprechen. Das Unternehmen Microsoft zog in Bezug auf die eigenen MSN-Chaträume die Konsequenz: die frei zugänglichen Chaträume in Europa, Asien und weiten Teilen Lateinamerikas sind geschlossen. Damit soll die Verbreitung von Kinderpornographie erschwert werden. Doch auch anderswo wird gechattet – die Entscheidung zur Schließung der Räume liegt bei den Unternehmen. Deshalb sind Kinder den Angriffen solch Krimineller weiterhin schutzlos ausgeliefert – zumal viele von ihnen die Gefahr als solche nicht wahrnehmen. Nach dem Ergebnis einer Untersuchung des Marktforschungsinstituts TMS Emnid hat fas die Hälfte der Acht- bis Zehnjährigen in einem Chatroom schon einmal Namen und Vornamen genannt. Jeder Vierte der Vierzehnjährigen hat sogar schon Namen, Alter und Telefonnummer herausgegeben. Besonders gefährdet sind Jungen: Sie geben persönliche Daten dreimal häufiger heraus als die deutlich vorsichtigeren Mädchen. Kinder, die im Netz chatten, müssen deshalb beaufsichtigt werden und klare Verhaltensmaßregeln befolgen.

Sicher im Netz: Tipps für Kinder und Jugendliche
- Nenne niemals Telefonnummer, E-Mail-Adresse, Anschrift oder den Namen der Schule Online-Freunden, um mit ihnen in Kontakt zu bleiben. Schicke niemals ein Foto, ohne das mit einer erwachsenen Vertrauensperson zuvor besprochen zu haben.
- Antworte niemals auf Beiträge in Foren, die zweideutig oder unanständig klingen, hetzerisch oder bedrohlich wirken oder bei denen Du ein unangenehmes Gefühl bekommst.
- Lehne Lockmittel von Fremden, etwa Geschenke oder Geld, immer ab – vor allem, wenn so ein Angebot mit einem Treffen in privaten Räumen verbunden ist.
- Erzähle unangenehme Erlebnisse sofort deinen Eltern oder anderen erwachsenen Vertrauenspersonen.
- Verabrede dich niemals mit einer Bekanntschaft aus dem Internet, ohne das zu erzählen. Treffen sollten immer an einem öffentlichen Ort und nur in Begleitung eines Elternteils oder einer anderen Vertrauens- und Aufsichtsperson stattfinden.
- Bedenke dass jemand, den du im Internet kennen lernst, nicht unbedingt der sein muss, für den er sich ausgibt. Erwachsene können sich Kindern gegenüber auch als Kinder darstellen. Auch Fotos sind kein Beweis und können von jemandem ganz anderen stammen.
- Erzähle „Online-Freunden" nur das, was du auch allen anderen Freunden mitteilen würdest.

Fehlende körperliche Auslastung

Vielleicht ein von manchen Lehrern nicht ernst genommenes, sogar belächeltes, von manchen aus eigener Erfahrung bestätigtes Argument: Viele Kinder und Jugendliche haben kaum die Möglichkeit, ja inzwischen auch nicht mehr das Bedürfnis, sich zu bewegen, sich auszutoben. Die gesellschaftlichen Vorgaben lassen auch immer weniger körperliche Betätigung zu: Spiel- und Bolzplätze verschwinden, in Städten wird zubetoniert, die Schulwege werden mit Verkehrsmitteln zurückgelegt, am Wochenende wird ferngesehen und mit dem Computer gespielt oder Kurzurlaub mit dem Auto gemacht. Sportvereine klagen allerorts über fehlenden Nachwuchs.

„Die mangelnde Befriedigung des körperlichen Aspekts, der Stau an körperlichem Bewegungsdrang kann bei Zusammentreffen mehrerer Faktoren seine Ventilfunktion in unkontrollierten Gewalttätigkeiten suchen." (Zöpfl, H., Gewaltbereitschaft in der Schule)

Sozialstrukturelle Bedingungen

In unserer Gesellschaft gibt es zweifellos sozialstrukturelle Bedingungen, die die Anwendung von Gewalt, natürlich dann auch in der Schule, fördern:
Ein nicht unerheblicher Teil der Bevölkerung meint, es sei schon in Ordnung, wenn Jungen ein paar Faustkämpfe austrügen, um „richtige Männer" zu werden. Viele der Jugendlichen, die in der Schule körperliche Gewalt noch oder wieder als legitimes Mittel der Interessendurchsetzung, der Wahrung oder des Erwerbs von sozialem Prestige ansehen, sehen dies als Zeichen der „Männlichkeit". So ist Kämpfen, der Faustschlag als Argument, der Besitz einer Waffe innerhalb und zwischen Gruppen ein unverzichtbares Mittel zur Erlangung und Aufrechterhaltung von Ansehen im Sinne des aggressiven Männlichkeitsstandards. Junge Menschen von heute unterliegen weniger sozialen Kontrollmechanismen und geraten deshalb in die Gefahr, politisch aufladbar und funktionalisierbar zu sein.

Viele Kinder müssen in gewaltorientierten Familien aufwachsen, „gefühlsmäßig" häufig von den Eltern abgelehnt oder gleichgültig behandelt. Im Übrigen werden genau diese Kinder von genau diesen Eltern dazu angespornt, sich in der Schule aggressiv zu „verteidigen". Diese ungünstigen Familienverhältnisse nehmen zu: gestörte Familienbeziehungen, Trennung, Scheidung, Armut, Deprivatisation, wechselnder Erziehungsstil. Diese Fakten sind zweifellos ein nicht zu unterschätzender außerschulischer Faktor.

Viele werden heutzutage daran gemessen, was sie haben, was sie als Eigentum vorweisen können. Eigentum ist Statussymbol. Warum sollen Kinder/

Jugendliche nicht auch so messen bzw. gemessen werden? Kämpfst du nicht mit, bist du ein „Looser". Sehr oft entwickeln sich aus dieser Zwangssituation heraus Gefühle wie Ohnmacht, Neid, Wut, Hass – Gefühle, die sich dann gewalttätig entladen (können).

Bereits Grundschüler bedrohen sich gegenseitig und erpressen Geld und Waren unter Androhung und Anwendung brutaler Gewalt. Befragt nach ihren Motiven, trifft man auf Unverständnis und Gefühllosigkeit. Es sei doch ganz normal und man möchte sich schließlich auch etwas leisten. Nur zu gut haben die Kleinen die scheinbar vorrangige Vermittlung des Wertes von Eigentum begriffen.

Jugendliche schließen sich z. B. in Gruppen zusammen und versuchen unter Anwendung von Drohung und körperlicher Gewalt, anderen Jugendlichen deren Chevignon- oder Raidersjacken zu entwenden („Abziehen"); diese Jacken (Wert ca. 500,– €) gelten als Statussymbole, die es zu erlangen gilt. Ist das Geld dafür nicht vorhanden, wählt man das Mittel des scheinbar „Stärkeren".

Die Integration in *Jugendgruppen/Jugendcliquen*, die durchaus vorsätzlich kriminelle Handlungen begehen, ist sicher ein weiterer wichtiger Grund dafür, dass Gewalt als Mittel zur Durchsetzung selbst gesetzter Ziele eingesetzt wird. Die Normen dieser festgelegten Assoziationen werden übernommen, in die Schule hineingetragen und führen dort zu sofortigen, nicht unerheblichen Konfliktsituationen.

Jugendliche können affektive Bedürfnisse zunehmend weniger befriedigen in einer mehr und mehr verwalteten, verrechteten und verbürokratisierten Gesellschaft. Die Lebens- und Alltagswelt ist eher fad, öde und erlebnisarm. Das *Bedürfnis nach Abenteuern*, Action und Risiko wird kaum zufrieden gestellt.

„Das zunehmende Risikoverhalten vieler junger Menschen, vor allem junger Männer mit fanatischen Einstellungen und diffusen Zukunftsperspektiven, muss als Teil einer neuen (Über-)Lebensstrategie interpretiert werden." (Griese, H., Gewalt und Schule. Studien im Blickfeld der Kommerzialisierung und gesellschaftlichen Gewaltverhältnisse)

Das auffällige Verhalten von Jugendlichen ist so gesehen ein *Hilferuf.* Sie suchen nach einer Strategie, um zurechtzukommen, sie brauchen Raum zur *Selbstbestätigung,* Selbstfindung. Sie wollen humane(re) Lebensbedingungen, emotionales Aufgehobensein, Zuneigung statt Ablehnung, Abwechslung statt Monotonie. In längeren, sehr offenen, manchmal auch sehr zähen Gesprächen werden all diese Wünsche verdeckt oder ganz direkt angesprochen, alles Werte übrigens, die die Jugendlichen in den viel gescholtenen Sub- und Jugendkulturen suchen und teilweise auch finden.

Auch das Sprühen von Graffiti ist für viele Kinder und Jugendliche ein Ausdruck der Selbstbestätigung.

Schulimmanente Bedingungen

Aggression und gewalttätiges Handeln spielen sich überwiegend nicht im Klassenzimmer ab. Neben- und außerschulische Bereiche sind gefragt: lange Flure, Toiletten, Nischen in Nebengebäuden, Umkleideräume der Sporthallen, Pausenhöfe, Vorplätze, Fahrradhallen usw. Je größer und unstrukturierter die Gebäude sind, desto höher ist die Wahrscheinlichkeit, dass neben der sozialen Isolation die *Anonymität* auslösender Faktor für Gewalt sein kann. Normunsichere und schwer kontrollierbare Zonen erleichtern die (feige) Attacke. In sehr großen Schuleinheiten ist privater Kontakt von Schülern über die Klasse hinaus schwierig. Viele Schüler bleiben anonym; Anonymität ist ein Katalysator für Gewalt. Auf Unbekannte und Unbekanntes wird leicht eine negative Vorstellung projiziert.

Das *schulinterne „Klima"* befördert oder erschwert ganz erheblich die Aggressivität. Schulleitungen und Lehrerkollegien sollten sich dieser Tatsache viel mehr bewusst werden. Sie steuern und beeinflussen soziale Regeln und Normen, wenn sie sie (gemeinsam mit den Schülern) aufstellen und konsequent überwachen. Dies beginnt bei der Hausordnung und bei einem pädagogischen Grundkonsens, diskutiert in Konferenzen, und reicht bis zur transparenten und vergleichbaren Handhabung von Leistungsanforderung und Leistungsbewertung. Mit Entscheidungsprozessen, die in einer Schule demokratisch und nachvollziehbar sein müssten, es aber nicht sind, provoziert man geradezu Aggression.

Demokratische Strukturen müssen berechenbar sein. Schüler neigen z. B. umso mehr zu Aggressivität und Gewalt, je deutlicher sie empfinden, ungerecht behandelt worden zu sein, je unvergleichbarer die Maßstäbe und Standards für die Leistungsbeurteilung und für die soziale Bewertung ihres Verhaltens sind, je zufälliger und subjektiver der „Sanktionierungskatalog" zum Einsatz gebracht wird.

An anderer Stelle wurde schon darauf hingewiesen, dass *schulisches Leistungsversagen* Auslöser für aggressives Schülerverhalten sein kann. Deutlich unterdurchschnittliche Leistungen, Wiederholung einer Jahrgangsstufe, Verfehlen einer Qualifikation, womöglich begleitet durch die Häme von Mitschülern sind oft deutliche Begleiterscheinungen von Gewalt. Schulversagen hat oft innere Ablehnung von Schule zur Folge; das Selbstwertgefühl ist deutlich beeinträchtigt, der „Schuldige" schnell gefunden: die Schule, der Lehrer … Die Betroffenen distanzieren sich zunehmend von der Institution Schule, von den schulischen Wertvorstellungen und Anforderungen. Lehreranregungen und Lehreranweisungen werden zurückgewiesen – sowohl in der Einstellung als auch in den Handlungen. Gewalt als demonstratives Mittel wird eingesetzt.

Ein weiterer Aspekt sei noch kurz angesprochen. Dem Schüler ist klar, oder es wird ihm klar gemacht, dass er ein bestimmtes Ziel zu erreichen hat: das Klassenziel bzw. den Übertritt in eine andere Schulstufe. Dazu muss er gut sein … besser als andere! Soziales Verhalten ist zunehmend weniger gefragt – auch bei den Eltern! Einsatz für Mitschüler ist eher störend, sie sind ja potenzielle *Konkurrenten*. Dieser „Kampf" um die beste Ausgangsposition wird angeheizt; es geht um „Sieg" bzw. „Niederlage", um „ausschalten" und „sich durchsetzen", um „gewinnen" oder „verlieren"; das Feld ist bereitet, alle Mittel sind recht. Die Ellbogen werden eingesetzt, der Verdrängungswettbewerb lehrt die Kinder, dass der „Starke" sich durchsetzt, „der Schwache" auf der Strecke bleibt. – Und nicht nur die Sieger kämpfen, auch die Verlierer kämpfen aus Angst und Ohnmacht heraus.

Die politische Komponente

Es kann *nicht* Anliegen dieses Buches sein, Hintergründe und Erscheinungsformen von Rechtsextremismus sowie Möglichkeiten der Reaktion darauf zu durchleuchten. Dennoch kann ein Buch mit dem Titel „Mit Aggressionen umgehen" diesen Aspekt nicht völlig unerwähnt lassen. Es gibt sie, in den verschiedenen Schularten allerdings auch unterschiedlich repräsentiert bzw. auffällig, die Rechtsdenkenden, die mit den Rechten Sympathisierenden, die Mitläufer, die Radikalen. Es gibt sie, die Symbole und Zeichen auf Schultaschen, in Bänke geritzt, auf Türen geschmiert, an Wände gesprüht.

Es gibt sie, die passiven und aktiven Widerstände in speziellen Geschichts- oder, Deutschstunden, Sozialkunde-, Ethik- und Religionsstunden. Es gibt sie, die Parolen und Slogans auf Heften und Büchern, an Jacken und Schultaschen. Es gibt sie, die Tauschbörse mit einschlägigen Handzetteln und Zeitschriften, CDs, Musikkassetten und Songtexten. Es gibt sie, die Androhung von Gewalt, den Einsatz der Faust, der Kette, des Messers, des Baseballschlägers. Es gibt sie, die Diffamierung des ausländischen Mitschülers mit üblen verbalen Attacken und Bedrohungen. Natürlich sind Erscheinungsformen dieser Art von Region zu Region, von Ort zu Ort, von Schule zu Schule extrem unterschiedlich.

„Arbeit den Deutschen" – „Deutschland den Deutschen" – „Ausländer raus" – Parolen, einfach gestrickt, plakativ, nicht nuanciert, nicht differenzierend. Genau deshalb sind sie aber attraktiv, insbesondere für jene Geister, denen es kaum möglich ist, genau auszuloten, zu hinterfragen, weil sie dazu mangels „Masse" nicht im Stande sind! Allerdings gibt es inzwischen zunehmend auch die „Skinheads mit Schlips und Scheitel"! Die Toleranz gegen Andersartigkeit nimmt ab. Die Toleranz gegen andere Ansichten, andere Lebensnormen, andere Hautfarbe, andere Kulturen nimmt ab. Die Toleranz gegen Randgruppen wie Homosexuelle, Aidskranke, Strafentlassene, ja sogar Behinderte nimmt ab. „Knüppel gegen Krüppel" – welch grauenhafte Parole! Die Abnahme von Toleranz hat aber immer auch etwas mit Angst zu tun, Angst vor dem, der anders ist als ich; Angst auch vor dem, der mir etwas wegnehmen könnte: den Arbeitsplatz, die Wohnung, den Wohlstand. Nicht nur die Toleranz nimmt ab, sondern parallel dazu die Fähigkeit, Probleme, Krisen, Konflikte sinnvoll auszuleben, auszutragen bzw. konfliktfrei zu lösen. Gewalt wird zum Ersatz einer zwischenmenschlichen Verständigung.

Schon 1981 (!) sagte *D. Keim* ganz deutlich: „Das auffällige, gewaltförmige Verhalten Jugendlicher ist ein Scheinwerfer für zugrunde liegende Ungleichheiten, Zwangsverhältnisse und übersteigerte Disziplinierungen, deren ‚positive Funktion' und ‚Mitteilungscharakter' entschlüsselt, beachtet und womöglich politisch umgesetzt werden muss, ehe man sich vorschnell und noch größere Probleme sich schaffend daran macht, diese Verhaltensweisen (nur) ordnungspolitisch zu behandeln." (Keim, D., Stadtstruktur und alltägliche Gewalt, S. 72) Vielleicht waren ja die Politik und die Pädagogik zu lange blind oder zumindest kurzsichtig ...

Zu konkreten Auswüchsen und Erscheinungsformen, auch zu „Lösungsansätzen" später mehr.

Zusammenschau

Mögliche Ursachen für gewaltbereitschaft und Einsatz von Gewalt:

- soziale Probleme aller Art („broken families", beengte Wohnverhältnisse, Arbeitslosigkeit);
- Überflussgesellschaft, Ellbogenprinzip, Konsumzwang;
- Reizüberflutung durch die Medien;
- Sex (ohne Tabus) im Fernsehen;
- Gewaltdarstellung (-verherrlichung) im Fernsehen (Comics, Horror, Actionfilme);
- Cliquennormen;
- verlorengegangene Orientierung (Werteverlust);
- Gesellschaft (fast) ohne Tabus;
- Gefühlsarmut;
- Fantasielosigkeit;
- kaum positive Muster, Modelle, Vorbilder;
- Computersoftware;
- rechte Musik in der Heavy-Metal-Szene;
- Rauschgift, Alkohol;
- Überforderung in der Schule;
- betonierte, anonyme Schulen und Stadtlandschaften;
- überforderte und verunsicherte Erzieher (Eltern und Lehrer);
- zu wenige couragierte und zivilcouragierte Pädagogen.

Gewalt hat viele Gesichter

7

Zum Begriff „Gewalt"

Meist wird der Begriff der Gewalt eher undifferenziert verwendet und lässt individuell vielfältige Assoziationen zu, auch in Abhängigkeit von eigener Erfahrung.

Gewalt ist fast immer ein äußeres Verhalten von Personen, auch von Systemen gegenüber Personen, Systemen und Objekten, sie führt immer zu physischer, psychischer oder sozialer Schädigung, schafft immer Opfer und bricht deren Willen. Gewalt passiert immer bewusst, muss aber nicht immer volles Bewusstsein über die Tragweite des Tuns integrieren. Gewalt macht für den Täter Sinn und genau deshalb kann es aus pädagogischer Sicht ein „Verstehen" für die Gewalttäter geben, nicht aber eine Rechtfertigung. Häufig empfinden Täter, besonders jüngere Schüler, kein Schuldbewusstsein; dies entbindet allerdings nicht von einer adäquaten Wiedergutmachung.

Einsatz von Gewalt ist häufig ein Zeichen von Isolation, von mangelnder Verwurzelung, z.B. in einer intakten Familie, in konstruktiven Gruppen, in der Klasse.

Einsatz von Gewalt ist häufig das Ergebnis des Nichtgelingens von Sozialisations- und Erziehungsprozessen in unserer pluralistischen Gesellschaft.

Einsatz von Gewalt ist nicht selten Modellimitation der dominierenden Fernseh-/Videomuster, wobei diese Muster den Gesetzen der Optik und der Unterhaltung folgen und nicht den Gesetzen der Orientierung.

Einsatz von Gewalt signalisiert häufig Desorientierung, „schreit" auch häufig nach Anschluss und Anerkennung. Er offenbart Defizite, Verzögerungen oder Verletzungen, auch, ja besonders in der emotionalen Entwicklung. Gewalt ist also sicher kein eindimensionales Phänomen. Multifaktorale Erscheinungsformen lassen sich auch niemals monokausal erklären, geschweige denn „lösen".

---

9 Thesen

JUGENDLICHE IN DEUTSCHLAND als OPFER und TÄTER von GEWALT
(Basis KFN = Kriminologisches Forschungsinstitut Niedersachsen)
1. Für mehr als drei Viertel aller Jugendlichen gehörte Gewalt in den zwölf Monaten vor der Befragung nicht zu ihrem persönlichen Erfahrungsbereich.
2. Zur Entwicklung der Jugendgewalt zeigen die Befunde der Dunkelfeldforschung seit 1998 insgesamt betrachtet eine gleichbleibende bis rückläufige Tendenz.

3. Die überwiegend positiven Trends zur Entwicklung der selbstberichteten Jugendgewalt in und außerhalb von Schulen finden ihre Entsprechung im Anstieg präventiv wirkender Faktoren und im Sinken gewaltfördernder Lebensbedingungen der Jugendlichen.

4. Die Befunde der Dunkelfeldforschung zum Anzeigeverhalten der Gewaltopfer relativieren die Aussagekraft der polizeilichen Kriminalstatistik in mehrfacher Hinsicht.

5. Sowohl aus Opfer- wie aus Tätersicht zeigen die Daten zur selbstberichteten Jugendgewalt, dass Jugendliche mit Migrationshintergrund häufiger Gewalttaten begehen als deutsche Jugendliche.

6. Der stärkste Einfluss auf Jugendgewalt geht von der Zahl der delinquenten Freunde aus, mit denen die Jugendlichen in ihrem sozialen Netzwerk verbunden sind.

7. Sowohl der Querschnittsvergleich der bundesweiten Schülerbefragung 2008 als auch die Längsschnittanalyse der vom KFN seit 1998 in Großstädten durchgeführten Schülerbefragungen belegen, dass sich die Verbesserung von Bildungschancen präventiv auswirkt.

8. Der Konsum von Alkohol und illegalen Drogen, der einen eigenständigen Risikofaktor für gewalttätiges Verhalten darstellt, ist unter Jugendlichen weit verbreitet.

9. Ausländerfeindlichkeit, Antisemitismus und Rechtsextremismus prägen das Weltbild einer Minderheit von Jugendlichen; in einigen Gebieten fällt deren Anteil allerdings alarmierend hoch aus.

Ein paar Tipps, wenn es *brenzlig* wird
• Weglaufen ist oft das einzig Vernünftige!
• Halte Abstand, berühre den Angreifer möglichst nicht!
• Mache auf den Vorfall laut aufmerksam!
• Beleidige und provoziere die Täter nicht!
• Schreie laut um Hilfe!
• Fordere andere energisch auf dir zu helfen!
• Reagiere schnell; warte nicht zu lange!
• Nachgeben (z. B. Geldbörse hergeben) ist häufig besser!
• Suche, wenn möglich, Verbündete
• Vertraue dich (danach) unbedingt anderen (Freunden, Familie, Lehrer) an (auch Kinder-Jugendtelefon: 0800-1110333)

ANGST IST KEIN ZEICHEN VON FEIGHEIT!

Ist das Gewalt?

- Ein Mädchen benutzt ungefragt das Handy einer Freundin.
- Ein Jugendlicher klaut DVDs, um in die LAN-Clique aufgenommen zu werden.
- Simon verschickt Gewaltvideos an seine Freunde, weil er glaubt, so cool zu sein.
- Video bei Youtube: Du siehst, wie ein alter kranker Hund vom Besitzer erschossen wird.
- Der 6-Jährige Felix hat eine monatliche Handyrechnung von 200 Euro.
- MSN-Chat: Schüler schreiben an einen Mitschüler: „Hey du, morgen wirst du in der Schule kalt gemacht!"
- Die heimlich gemachte Filmaufnahme eines Jungen wird ohne seine Einwilligung im Internet veröffentlicht.
- Eine Mitschülerin wird mit verfälschten Fotos/Videos im Internet bloßgestellt.
- Ein Mädchen, das in seinem Zimmer einen Tanz aufführt, wird dabei heimlich gefilmt.
- ICQ-Meldung: „Nicole ist eine Nutte".
- Jonas wird mit diffamierenden sexistischen Sprüchen im Internet bloßgestellt.
- Mädchen nehmen heimlich Jungen in der Umkleidekabine auf.
- Martin, der aus Spaß Grimassen schneidet, wird dabei heimlich gefilmt.
- Lukas bleibt immer wieder der Schule fern, weil er nachts am PC durch- gespielt hat.
- Spiel auf der Wii-Konsole: Du musst möglichst viele Personen mit dem Baseballschläger so treffen, dass diese zu Boden gehen.
- Video bei myvideo: Ein Schüler zieht einem Mitschüler die Hose herunter.
- Nachrichtensendung im TV: Ein kleines Mädchen verliert auf einem Minenfeld in Afrika sein rechtes Bein.
- Im Fernsehen wird in einem Spielfilm gezeigt, wie ein Mann einer Frau Gewalt antut.
- Dein Freund/deine Freundin ist bei SchülerVZ Mitglied bei der Gruppe „Ich sauf bis ich umfall"

Der Fall

Aus dem Polizeibericht:
Im Anschluss an den Schulunterricht beschließen die Schüler F. und N. bei den Fahrradständern der Schule einen Mitschüler am Heimfahren zu hindern. Um den Mitschüler zu ärgern, hält einer der Täter das Fahrrad am Gepäckträger in die Höhe, während der andere die Lenkstange festhält. Der Geschädigte M. versucht, sein Fahrrad loszureißen und rempelt dabei mit dem Vorderreifen gegen das Bein des Beschuldigten F. Dieser sieht sich dadurch veranlasst, jetzt körperlich gegen den offensichtlich Unterlegenen vorzugehen. Durch einen Schlag ins Gesicht fällt der Jüngere in den Fahrradständer und verletzt sich im Gesicht. Später wird ein Kieferbruch diagnostiziert. Im Fallen reißt das Fahrrad des Geschädigten M. ein weiteres abgestelltes Fahrrad mit sich. Im Fortgehen treten die beiden Beschuldigten F. und N. bei einer Reihe von abgestellten Schülerrädern noch die Rücklichter ab.

Konsequenzen für einen Täter: Franz, 15 Jahre
1. *Mögliche polizeiliche Maßnahmen:* Einleitung eines Ermittlungsverfahrens: Zeugenbefragungen und Beweissicherung, Fahndung – vorläufige Festnahme – Verbringung zur Polizeiinspektion, Identitätsfeststellung, Verständigung der Erziehungsberechtigten, Vernehmung/Befragung, ED-Behandlung, Einholung eines Strafantrages, Vorführung vor dem Ermittlungsrichter, Bericht an Jugendamt.
2. *Mögliche strafrechtliche Folgen:* Jugendstaatsanwalt entscheidet über Erhebung der Anklage, Termine bei der Jugendgerichtshilfe, Verhandlung vor dem Jugendgericht, Bestrafung durch den Jugendrichter, Erziehungsmaßregeln, Zuchtmittel, Jugendstrafe oder Einstellung (= Diversion), Eintrag in das Bundeszentralregister.
3. *Zivilrechtliche Folgen:* Verurteilung zu Schadensersatz, Anwaltskosten, Schulden
4. *Schulische Maßnahmen:* z. B. zeitlich befristeter Schulausschluss

Die Konsequenzen für das Opfer: Martin, 12 Jahre
1. *Körperliche Folgen:* Kieferbruch und Abschürfungen: Schmerzen, Operationen, Kiefer wird für mehrere Wochen/Monate zugedrahtet, Klinikaufenthalte …
2. *Soziale Folgen:* Schulversäumnis durch Klinikaufenthalte, Beschulung außerhalb der Schule, evtl. Bedarf an Nachhilfe. Belastung der Familie – zeitlich, nervlich, finanziell (evtl. muss ein bereits geplanter Urlaub abgesagt werden, die Anwalts- und Gerichtstermine benötigen Zeit, zeitaufwändige Betreuung des Sohnes, Papierkram mit Ämtern und Versicherungen …).
3. *Seelische Folgen:* Angstzustände, Minderwertigkeitsgefühle, Alpträume …
4. *Weiter Folgen:* Kaputtes Fahrrad

(PIT: Prävention im Team, Bayerisches Innenministerium 2011)

Die Opfer

Bei aller Diskussion um die Entstehung der Gewalt, um ihre Formen und Folgen, um Möglichkeiten, die Gewaltbereitschaft zu reduzieren, kommt die Sorge um die *„Opfer"* gelegentlich zu kurz, nicht so sehr in der politischen Diskussion, sondern besonders im Alltag, speziell im schulischen Alltag. Viele Opfer schweigen und Lehrer sollten sich nichts vormachen: Viele Gewaltakte bleiben ihnen verborgen.

Auch wenn Lehrer bzw. Eltern häufig weder die Tat registrieren noch die Täter kennen, eines hat Gewalt immer: Opfer, die körperlich oder/und seelisch Schaden erleiden. Wenn wir erkennen wollen, was Gewalt wirklich ist, haben wir auf die Suche nach den Opfern zu gehen. Im schulischen Raum z.B. sind es häufig die Schwachen, die Introvertierten, die Außenseiter, die „Gekennzeichneten", die Ausländer, die Randgruppen. Ihnen muss unser Augenmerk primär gehören, ihnen muss primär geholfen werden, sie brauchen unseren Schutz und unsere Courage. Mit diesem „anderen Blick" kann man auch die versteckte Gewalt erkennen.

Spannungsfelder

Mit der Gewalt leben – gegen die Gewalt arbeiten
Lehrer werden einerseits ständig mit gewalthaltigen Handlungen leben müssen, andererseits aber auch ständig gegen sie arbeiten. Sowohl der eine als auch der andere Aspekt sind Realität. Wer nur permanent gegen die Gewalt und ihre Auswirkungen arbeitet und dabei nicht akzeptiert, dass ihm Grenzen auferlegt sind und er auch mit den verschiedenen Formen der Gewalt leben muss, verschleißt unendlich viel Energie, gerät schnell an Barrieren, muss irgendwann resignieren. Wer nur „mit der Gewalt lebt" ohne den Vorsatz der Intervention bzw. gezielten Prävention, gibt auf, wird auch dem pädagogischen Auftrag der Schule nicht gerecht, hat schon resigniert.

Unterschiede in der Wahrnehmung des Gewaltphänomens
Einerseits wird die in der Schule drohende Gewaltbereitschaft, die eskalierende Gewalttätigkeit im Kontext mit dem außerschulischen kriminellen Gewaltpotenzial gesehen. Andererseits berichten Schulen, z.B. im Frankfurter Raum, zunehmend von spezifischen Veränderungen wie steigenden Zahlen verhaltensauffälliger Kinder, Zunahme der Brutalität der physischen Auseinandersetzungen verbunden mit sinkender Hemmschwelle, steigendem Verletzungsmaß verbaler Aggression.

Das Gewaltphänomen wird natürlich dort augenfällig, wo sich aggressive Formen nach außen richten, z. B. im Vandalismus, in harten verbalen Attacken, körperlicher Bedrohung bzw. Verletzung. Gewalt kann aber auch, ja besonders zu Verletzungen der Seele führen; hier seien nur andeutungsweise genannt: Angst, Unsicherheit, Minderwertigkeitsgefühle, Folgen von sexueller Belästigung bzw. Gewalt.

Die Öffentlichkeit unterstellt zunächst einmal dem Täter bewusstes, eigenverantwortliches Handeln und diskutiert mögliche Sanktionen. Pädagogen müssen nach Handlungsmotiven und Entstehungszusammenhängen fragen. Sie müssen fragen, ob die gewalthaltige Aktion für den Täter nicht tatsächlich *Sinn* macht.

Unterschiedliche Perspektiven der Institution Schule
Es darf an dieser Stelle gefragt werden:
• Hat Schule von heute eine zentrale Sinnmitte, eine von anderen Institutionen abgehobene spezifische Funktion?
• Sind die vielen Aufgaben, auch Randaufgaben, die die Schule heute zu bewältigen hat, wirklich Aufgabe der Schule oder wird hier vorhandene Energie falsch kanalisiert bzw. auch vergeudet?
• Sind steigende Schülerzahlen, problematischer werdende Schüler, Schülervielfalt im Sinne von multinationaler Zusammensetzung den Lehrern noch zumutbar, die weder in ihrer Ausbildung noch in gezielter, aktueller Fortbildung dafür „gewappnet" sind?
• Wie viel Öffnung von Schule für andere, die Schüler betreffende Organisationen ist *nötig* und unumgänglich im Sinne effektiver Kooperation – wie viel Abgrenzung ihnen gegenüber ist *möglich,* um ihren Einfluss nicht zu stark werden zu lassen und die Eigenständigkeit zu bewahren?

Letzte Gedanken eines Opfers: Abel 82

Meingott, warum drischt er denn immer noch auf mich ein?!
Er sieht doch, dass ich nurmehr dalieg' und mich nimmer wehr'.
Ich bin fertig, total fertig, das sieht er doch!
Das G'sicht! Ich muss mir das G'sicht schützen! Ich muss mir die Hand vors G'sicht halten.
So viel Blut überall. Aus der Nase, aus'm Mund, aus den Ohren, aus den Augen, überall rinnt mir scho' das Blut auße.
Er soll aufhören! Bitte, bitte er soll aufhören!
Wie is' denn das … Wie war das?
Da war die kleine Blonde mit den schwarzen Stiefeln und ich hab' was g'sagt und sie hat g'lacht und dann bin ich hinter ihr raus aus dem Lokal und da war das Auto, er is' ausg'stiegen und dann hat er zug'schlagen, und ich hab' z'ruckg'schlagen …
Wo is' sie denn jetzt, die kleine Blonde? Warum sagt sie ihm denn nicht, dass er aufhören soll? Die ganzen Leut, die da herumstehen und zuschaun, warum sagen die denn nichts? Warum machen die denn nichts?
Meingott, jetzt fangt er an, mit den Füßen zu treten.
Die Hand muss vors G'sicht! Schnell!
Es geht nicht. Ich kann die Hand nicht bewegen. Ich kann überhaupt nichts mehr bewegen.
Ich möcht' ihm so gern sagen, dass eh alles in Ordnung ist mit seiner Kleinen.
„Alter, komm, geh' ma auf ein Bier", möcht' ich ihm sagen, aber ich kann nicht.
Ich kann nicht mehr reden. Ich kann nicht mehr schrei'n. Ich kann gar nichts mehr.
Ich kann nurmehr schrecklich klar denken.
Aber eins is' komisch. Es tut nicht mehr weh.
Er tritt mir dauernd mit seinen Schuhen ins G'sicht, und es kracht immer, wie wenn man einen Hendelhaxen bricht, aber ich spür' nichts. Wenn ich eh nichts mehr spür', was will er denn noch mehr? Er will mich totschlagen!
Um Himmelswillen, warum macht denn niemand was?! Der will mich totschlagen!
Gleich hat er's geschafft. Gleich haben wir's beide geschafft. Ich spür' mich schon ganz leicht werden.
So is' das also, wenn man erschlagen wird. Der Körper is' schon hin, nur die Gedanken funktionieren noch. Und die werden dann auf einmal abreißen. Ganz plötzlich, wie wenn man das Licht abdreht. Und dann ist es aus. Dann bist weg. Endgültig.
Das ist verrückt, ich weiß genau, ich lieg' da auf der Straße und hab' trotzdem das Gefühl, als ob ich einen Meter über …

(Ludwig Hirsch, Bis zum Himmel hoch. Ein akustisches Bilderbuch, Polydor)

Mögliche Gedanken und Gefühle eines „Opfers" (Kind, Jugendlicher), das geschlagen wird

„Mein Gott, hör doch auf – das tut so weh; ich muss meine Hände vor das Gesicht halten.

Der drischt immer noch fester auf mich ein – zuerst wollte ich mich wehren, aber das ist sinnlos.

Ich hab' mich ergeben, ich wehr mich nicht mehr, ich kann mich überhaupt nicht mehr wehren …

Hör doch bitte auf … bitte … Nur weil ich gesagt habe, dass ich da nicht mitmache! Ich wollte doch nur …

Um Gottes Willen, jetzt tritt er mit seinen Schuhen in meinen Magen … ich lieg' doch schon auf dem Boden … du hast mich doch schon besiegt!

Sein Gesicht: wutverzerrt … ganz rot ist er. Ich glaub, der weiß nicht mehr, was er tut! …

Und die anderen …die schauen einfach zu … Tut doch etwas … bitte … tut doch etwas! Der lacht sogar, der lacht sogar …

Bitte haltet ihn auf; ich spür nix mehr … jetzt tut mir gar nix mehr weh … was ist das? …

Ich seh', wie er immer noch auf mich einschlägt; er trifft, er trifft mich … immer wieder!

Ich kann mich kaum noch bewegen; ich werde ganz schwach; ich höre nichts mehr; mir wird ganz schwarz vor den Augen … ganz leicht wird mir …

Mein Gott, wenn der weiter schlägt und tritt … ich habe solche Angst … solche Angst …"

Erscheinungsformen

Bestandsaufnahmen und Befragungen zur Thematik „Gewalt" sind problematisch, sollten immer sensibel, relativierend, auch mit einer gesunden Distanz interpretiert werden:

Sehr viel bleibt den Lehrern verborgen. Erpressungen, Bedrohungen, körperliche Attacken spielen sich häufig nicht in den Klassenzimmern ab. Die Pausen, der Schulhof, die Toiletten, die Schulwege sind die bevorzugten Zeiten bzw. Orte. Viel wird von Schulfreunden, auch von ehemaligen Schülern, Bekannten, Cliquen in die Schule hineingetragen. Warum melden Schulen einerseits keine bzw. kaum zunehmende Gewalteskalation? Vielleicht deshalb, weil Lehrer befürchten, in die Ecke derer gestellt zu werden, die die Sache nicht in den Griff bekommen? Vielleicht, weil die Sensibilisierungsschwelle schon stark gesunken ist? Vielleicht, weil sich die Schule schon auf eine veränderte Schülerschaft, auf die Herausforderung eingestellt hat und ein funktionierendes Instrumentarium einsetzt? Vielleicht deshalb, weil sie gewalthaltige Aktionen, Aktionen im Vorfeld aggressiven Verhaltens nicht wahrnimmt bzw. nicht ernst nimmt? Vielleicht …? – Warum melden Schulen andererseits stark zunehmende Gewaltbereitschaft und gewalthaltige Aktionen? Vielleicht, weil sich in relativ kurzer Zeit die Schülerschaft, das soziale Umfeld tatsächlich stark verändert haben? Vielleicht, weil aufgrund der aktuellen, auch in den Medien geführten Diskussionen „normale" Abweichungen von der Norm, alltägliche Störungen aller Art überinterpretiert, dramatisiert werden? Vielleicht, weil der negative Einfluss, z. B. durch die Medien, tatsächlich sehr rapide zu Gewaltaktionen führt? Vielleicht …?

Übereinstimmungen und Fakten

- Der Ort der gewaltsamen Auseinandersetzungen verlagert sich aus den Klassenzimmern hinaus.
- Es entwickelt sich so etwas wie eine Mikrogewaltspirale: Verbale Beleidigungen und Provokationen arten sehr schnell und übergangslos in brachiale Attacken aus, fast ohne Hemmschwelle, unter Einsatz von Medienmustern. Die Kinder „drehen durch".
- Die traditionellen „Mutproben" nehmen immer extremere Formen an; körperliche Verletzungen werden in Kauf genommen.
- Rivalitäten von Gruppen, Cliquen, Gangs nehmen zu, quantitativ und „qualitativ".
- Die Verrohung der sprachlichen Auseinandersetzung unter den Schülern, aber auch zwischen Schülern und Lehrern ist ein Zeichen abnehmender bzw. fehlender Distanz.
- Besonders auffällig ist, dass Gewalt als Mittel zur Durchsetzung eigener Interessen bzw. als Mittel zur Einschüchterung bei Schülern beobachtet wird, die

einer permanenten Überforderung in bezug auf Lernprozesse ausgesetzt sind, oder/und bei Schülern, die „Schulkarrieren" hinter sich haben. Hier sind Jugendliche gemeint, die Misserfolgserlebnisse durch „Abstiege" in der Schulform erfahren mussten bzw. schon viele repressive Maßnahmen (Verweise, Arreste etc.) „erleiden" mussten und meist dagegen abgestumpft sind.

• Problemverstärkend wirken meist noch Faktoren wie starke Fluktuation der Schüler, unwohnliches Schulgebäude, schwieriges Einzugsgebiet.

• Besonders in Ballungsgebieten, wo die multikulturelle Zusammensetzung in vielen Klassen die Regel ist, gibt es ein zusätzliches Gewaltpotenzial, das sich stark polarisiert. Vorurteile, Klischees entladen sich in Bandenkämpfen.

Aktuelle Phänomene

Gewaltattacken aus 2011/2012

REGENSBURG Ein erschreckendes Dokument von Gewalt unter Mädchen wurde gestern in einem Prozess wegen gefährlicher Köperverletzung gegen sieben junge Leute vor dem Jugendschöffengericht vorgeführt. Ein Handy-Video, gefilmt von einer Zeugin, zeigt ein blasses junges Mädchen, das ruhig auf einer Treppe im Stadtgebiet sitzt und offensichtlich anderen jungen Damen etwas zu erklären versucht. Da erhält die Schülerin plötzlich von einer anderen einen Schlag gegen den Kopf. Sie reagiert nicht. Eine Ohrfeige trifft ihr Gesicht, ein Stoß ihren Körper. Von mehreren Seiten prasseln Stöße, Hiebe, ein Tritt auf die Schülerin ein, die stark aus der Nase blutet. Keiner hilft. Seelenruhig schwankt die Kamera in die Runde. Um die Schlägerinnen haben sich auch Jungs versammelt, schauen zu, wie bei einem Film. Der eine oder andere winkt in die Kamera …

Der Grund für den Gewaltausbruch schein banal: Das Opfer Vera (Namen geändert) soll in der Schule einen Jungennamen auf einen Block geschrieben haben.„Tommy" stand dort zu lesen. Das sprach sich herum und zwei Mädchen, die gerade mit einem Tom liiert waren, vermuteten, Vera wollte ihnen den Freund ausspannen. Vera erlitt durch den Zickenterror eine Nasenbeinschwellung, Gesichtsprellungen und Einblutungen in die Augen.

(Mittelbayer. Zeitung 14. Dez. 2011)

Ein Jugendlicher wollte seine Exfreundin auf dem Schulhof zur Rede stellen. Das Mädchen weigerte sich. Als ihn ein Lehrer vom Schulgelände verweisen wollte, schlug ihn der Jugendliche nieder. Der 54-jährige Lehrer musste in ein Krankenhaus eingeliefert werden.

Fünf zehnjährige Grundschüler schlugen einen Mitschüler zusammen und filmten den Angriff mit dem Handy. Nach Angaben der Polizei konnte nur ein älterer Mitschüler noch Schlimmeres verhindern.

Ein 17-jähriger Schüler einer Gesamtschule drohte seiner Lehrerin mit dem Tod, weil sie ihm sein Handy abgenommen hatte. Nach mehreren Aussagen soll er gesagt haben:„Sie sind heute Abend tot. Ich bringe Sie um!"

Zwei 14 und 15 Jahre alte Schüler stürmten in eine Realschule und bedrohten die Lehrerin mit einer Stahlrute, entwendeten ihre Tasche und flüchteten danach. Auftraggeber des Überfalls war ein 16-jähriger Schüler, der so sein Zeugnis aus der Welt schaffen wollte.

Protokollausschnitte:

Große Pause. Prügelei vor dem Schultor. Rund 150 Schüler feuern Ilgar und Faik an, fast geifernd. Ilgar kassiert mehrere Faustschläge in Gesicht – eine Lehrerin steht hilflos daneben.

Markus aus der 7. Klasse tituliert seine Deutschlehrerin, eine schwangere Referendarin, als„fette Schlampe".

Rico aus der 6. Klasse steht mit blutender, schiefer Nase im Klassenzimmer. Heino hat ihm im Sportunterricht mit der Faust ins Gesicht geschlagen, weil er ihn„geschubst" hatte. Das Nasenbein ist gebrochen, der Junge muss ins Krankenhaus.

Mehmet stört ununterbrochen, von Mitarbeit keine. Ein Gespräch mit den Eltern lehnt er schreiend ab: seine Eltern könnten nicht kommen. Er beschimpft den Lehrer als„Hurensohn"„Bastard" und„Spasti". Dann erklärt er weinend, dass sein Vater arbeiten und Geld verdienen müsse, weil seine Schwester an den Augen operiert werde.
(nach stern 23/2009)

Ende der Fahnenstange

Beispiel aus dem Sekundarbereich

Schulleiter berichten:

„An unserer Schule ist ein 15-Jähriger, der schon eine längere Zeit Sozial-pädagogen, Schulpsychologen, das Jugendamt, das Schulamt und vor allem die Lehrkräfte auf Trab hält. Durch sein Verhalten werden auch die Mitschülerinnen und Mitschüler erheblich gefährdet. Dieser Schüler hält sich nicht im Geringsten an Regeln. Sämtliche Maßnahmen, Ratschläge, Therapieversuche bleiben ohne Erfolg. Mit der Mutter ist weder ein Gespräch möglich, noch irgendeine Einsicht erkennbar. Nun bemerken auch andere Schülerinnen und Schüler unsere Ohnmacht und verhalten sich auch schon auffällig, indem sie diesem Schüler nacheifern. Wir wissen uns mit den schulischen Möglichkeiten nicht mehr zu helfen. Die Nerven der Lehrkräfte unserer Schule liegen blank. Es ist ein Albtraum ohne Ende."

Beispiel aus einer Grundschule

„Der Schüler einer 2. Klasse an unserer Schule ist nicht unterrichtbar. Dieser Schüler verletzt Kinder, hat einer Lehrkraft mit der Faust heftig ins Gesicht geschlagen und mich als Schulleiter mit dem Messer bedroht. Er missachtet jegliches Eigentum, stört massiv den Unterricht, schreit permanent, läuft während des Unterrichts aus dem Klassenzimmer, hört auf keine Anweisung und gefährdet Mitschüler. Keiner der um Rat gefragten Fachkräfte, einschließlich Schulamt, Schulpsychologen und Jugendamt konnten uns für diese extreme Ausnahmesituation eine Alternative aufzeigen oder uns einen Rat geben. Die Lehrkräfte meiner Schule und ich als Schulleiter wissen nicht mehr weiter!"

Was sind die Ursachen für diese alarmierende Entwicklung?

Wissenschaftler sind sich einig, dass viele Faktoren eine Rolle spielen:

• Veränderte Familienstrukturen: wenn beide Elternteile oder Alleinerziehende berufstätig sind, bleibt für die Kinder mit ihren Sorgen und Ängsten oft zu wenig Zeit.

• Mangelndes Interesse. Viele Eltern informieren sich erst über das schulische Umfeld, wenn die Noten schlechter werden.

• Die Auswirkungen der „Ellenbogen-Gesellschaft". Viele Kinder haben nicht gelernt, Konflikte verbal auszutragen, Kompromisse zu schließen. Ein wichtiger Erziehungsauftrag, für den nicht (nur) die Lehrer, sondern zunächst die Eltern zuständig sind, bzw. sein sollten.

• Der Einfluss von Computerspielen und der Medien i. A. Im Durchschnitt hat ein Schüler bis zu seinem 13. Lebensjahr bereits 10000 TV-Morde gesehen.

• Perspektivlosigkeit, steigende Jugendarbeitslosigkeit und evtl. Lehrstellen-mangel machen Angst vor der Zukunft.

Gewaltbereit – gewalttätig – der neue Typ?

Der Vandale, der Brutale, der Erpresser (*ein* Schüler)

Mitteilung über eine Ordnungsmaßnahme
Gegen den Schüler Alexander …, Kl. 3 b wird ein Verweis ausgesprochen, weil er am Donnerstag, 11.05., in den schulischen Klosettanlagen im II. Stock mutwillig vier Türen ausgehängt und damit Unfallgefahren erzeugt hat.

Ein Jahr später:

Mitteilung
Schüler Alexander …, 4. Jahrgangsstufe.
Bei der Austragung einer Meinungsverschiedenheit von Schülern der Klassen 4 a und 4 b trat am Freitag, 19.01. bei Pausenende Ihr Sohn dem Schüler Klaus R., der den Streit schlichten wollte, brutal den Fuß in die Magengegend. Der Schüler R. musste sich in ärztliche Behandlung begeben.

Ein Jahr später (beim Schüler, 5. Jahrgangsstufe gefunden):

Morgen zwei Euro – sonst passirt was!

Der „Unschuldige" *(9 Jahre)*
„Wenns Streit gibt, sag ich: Will Blut sehen. Das sagen wir aus ernst. Dann haue ich auch gleich zu. Das kommt, wenn ich einen Tag nicht im guten Zustand bin. Einmal hab ich jemand in der Schule in den Mund geboxt, da ist der Zahn rausgefallen. Und einmal hab ich mit der Kette geschwenkt, wo das Eisen nach außen gebogen war. Bin ich erwischt worden. Ich kann aber nix dafür. Es kann ja mal sein, dass man die Wut kriegt."

Erstaunlicherweise sind aggressive Schüler im *Einzel*kontakt mit Lehrern häufig einsichtig, beteuern ihre Unschuld, zeigen sogar ansatzweise Reue. Sie verurteilen verbal den Einsatz von Gewalt; miteinander reden sei besser als schlagen. Auf der bewussten Ebene orientieren sich diese Schüler an den Normen der Erwachsenen, manchmal ehrlich, manchmal gelogen. In der Gruppe sind die Grundsätze vergessen. Eine Kraft, die stärker ist als ihr Wille, beginnt wieder wirksam zu werden. Häufig „wehren" sie sich ja nur; wogegen? Nicht gegen massive Angriffe, sondern gegen Lappalien: „das dumme Schauen", „das Anrempeln", „das dumme Daherreden", „das Überlegensein der anderen" … In der Subwelt dieser Schüler dominieren eine andere Dynamik und andere Regeln.

Neben der schon mehrfach erwähnten Reizüberflutung, entsprechenden Elternhäusern und anderen ungünstigen Faktoren sollte hier der *Unterrichtsstil* der Lehrer erwähnt werden. Lehrer, die ihren Unterricht nicht straff und autoritär führen, sondern versuchen, das Kind von innen her zu leiten, ihm Freiräume zu bieten, es zu einem autonomen, kreativen und kritisch denkenden Menschen zu erziehen, erleiden immer wieder Schiffbruch: Die Freiräume werden heute viel mehr missbraucht als jemals zuvor! Anstelle von sozialer Toleranz, Selbstständigkeit und mehr individueller Arbeitsgestaltung werden Kämpfe inszeniert, wird Gewalt gesucht und angewendet.

Der Vandale
Beschwerde bei der Schulleitung (Notizen eines Parkwächters):
Vogelhaus zerschlagen
Blumen herausgerissen
Gartentore ausgehängt
Fahrradständer umgeworfen
Spielplatz verwüstet
mit Hitlerfahne rumgelaufen
Hakenkreuze versprüht
Parktafeln demoliert

Dem Vandalen ist nichts „heilig"; in Schulhäusern sind es die Wände, die Treppenaufgänge, die Tische und Stühle, Fenster und Tafeln, Papierkörbe, Waschbecken, die Kleiderablage, die Turngeräte, elektrische Geräte, die Fahrräder, die Kleidung der Mitschüler.
In einer Studie von *Klockhaus/Habermann-Morbey* wird vandalistisches Verhalten in fünf Verhaltenskategorien geordnet:
• unerlaubtes Beschriften, Bemalen, Besprühen;
• absichtliches Verschmutzen;
• absichtliches leichtes Beschädigen;
• absichtliches Kaputtmachen;
• Wegnehmen, Abmontieren.

Bis zu 80 % aller Schüler sind mehr oder weniger an vandalistischen Aktivitäten beteiligt. Allerdings lässt sich darunter eine breite Palette von schwer einschätzbaren unkontrollierten Handlungen subsumieren. Sie können reichen vom banalen kindertypischen Protest- und Testverhalten bis zur vorsätzlich kriminellen Sachbeschädigung bzw. zum Diebstahl. Schüler waren nie „Musterknaben" und Schule war nie „gute Stube". Aber vorsätzliche Zerstörung kann nicht als „Kavaliersdelikt" hingenommen werden.

Schon immer sind in Schulen, wo sich täglich Millionen junger Menschen aufhalten, Dinge kaputtgemacht worden. Im Übrigen wird auch in anderen öffentlichen Einrichtungen, in Straßenbahnen, U-Bahnen, Sport- und Parkanlagen, in Bahnhöfen und Toiletten zerstört. Allerdings nehmen die eher „traditionellen" Formen wie Glasbruch, Beschmieren von Mobiliar in jüngster Zeit extreme Formen an. Zunächst einmal kann man nicht verstehen, warum Lampen zerschlagen, Türen eingetreten, Schlösser ausgestemmt, Waschbecken verstopft, Wände ausgehöhlt werden. Vielleicht tun dies junge Menschen ja, weil sie sich weigern, die Rolle anzunehmen, die ihnen die Gesellschaft in diesen funktional und auf Effizienz angelegten Gebäuden zugedacht hat. Vielleicht wollen sie nicht das Rädchen in einem „geschmierten" Lernprozess sein, das sie sein sollen. Vielleicht sind ihre vandalistischen Handlungen ja Signale dafür, dass sie unzufrieden sind, emotionale Mängel aufweisen. Vielleicht also ist Vandalismus nur ein Zeichen für fehlende Menschlichkeit. Vielleicht liegt bei einigen aber auch nur blinde, rücksichtslose Zerstörungswut und Spaß am Demolieren vor. Vielleicht …!?

Eine mögliche Ursache der, sagen wir dezent „nachlässigen Behandlung von fremden Sachwerten" könnte darin liegen, dass Schüler, teilweise unbewusst, die Erwachsenen *imitieren*. Die Wegwerfgesellschaft hat es ihnen ja beigebracht. Der Schritt von einem unachtsamen Behandeln von ersetzbaren (!) Gegenständen zur mutwilligen Zerstörung aus Langeweile, Imponiergehabe und offener Aggression ist gering.

Im Übrigen spielt die heute übliche, weit gehend automatisch ablaufende Regulierung der Schäden durch Versicherungen eine verstärkende Rolle. Dadurch hat sich die Verpflichtung gelockert, den verursachten Schaden selbst wiedergutmachen zu müssen.

Auch die häufig recht unterschiedliche Einstellung der Lehrer zu solchen (Fehl-)Entwicklungen spielt eine Rolle. Unterschiedliche Auffassungen von Erziehung innerhalb einer Schule verunsichern die „günstig motivierten" Schüler und ermuntern einige, die „Spielregeln" eben nicht einzuhalten. Außerdem sind manche Lehrer nicht bereit, sich konsequent für die Einhaltung der Schulordnung und für die Schonung von Gebäude und Ausstattung einzusetzen. Das erkennen Schüler rasch und handeln dementsprechend.

Brief an einen Skinhead

In Italien hat ein Fernsehsender längere Zeit täglich einen „Brief an einen Nazi-Skin" gesendet – im Werbeblock!

Lieber Skinhead,

ich schreibe dir in ganz einfachen Worten, damit du es verstehst. Die Glotze und die Zeitungen sagen, dass du ein Neo-Nazi bist, eine Bestie, ein Ungeheuer. Das glaube ich aber nicht, ich glaube, du bist einfach nur blöd. Blöde Leute sind schwache Leute und schwache Leute haben Angst. Und Leute mit Angst werden aggressiv und gemein und knallen mit Stiefeln und Knüppeln auf die Köpfe von armen Schluckern.

Ich will dir mal was sagen: Wenn du einen armen Hund verprügelst, zeigst du nicht, wie stark du bist, du zeigst bloß deine Schwäche und deine Dummheit, weil – sein kaputter Kopf löst dein Problem ja nicht. Dein Problem ist, dass du in einer Scheiß-Vorstadt herumhängst, ohne Arbeit oder aber mit Scheißarbeit. Wenn du stark sein willst, musst du was gegen deine eigene Schwäche tun, du musst nachdenken. In deinem rasierten Schädel ist nämlich Gehirn. Frag dich gefälligst mal, warum dein Leben aus nichts als Scheiße besteht.

Ja, ich weiß, Lesen ist die Härte. Nachdenken ist die Oberhärte, das strengt nämlich mehr an als „Scheiß-Asylant" schreien oder „Dreckiger Jude". Denn wenn du „Dreckiger Jude" brüllst oder „Scheiß-Neger", musst du erst wissen, was das ist, Neger sein oder Jude sein. Wenn du das kapiert hast, dann kannst du mal probieren, dich zu fragen, was das wohl für ein Gefühl ist, wenn man dir nachts das Zimmer unter dem Arsch ansteckt – was das für ein Gefühl ist, wenn sie dich und deine Kumpels oder deine Familie in den Verbrennungsofen stecken. Wenn du anfängst, Fragen zu stellen, fängst du schon an zu verstehen.

Lass deinen Kopf rasieren, aber mach dir gefälligst klar, dass da Hirn drin steckt in der Birne, dein Hirn.

(aus: Panorama, 11.01.1993, Norddeutscher Rundfunk)

Naziware

Eine nicht zu unterschätzende Rolle im Zusammenhang mit eskalierender Gewalt spielen die Verhaltensmuster in Gewalt- und Horrorfilmen bzw. in Computerspielen; der Autor möchte sich hier auf die Computerspiele beschränken.

Man sollte sich dessen bewusst sein, dass auch *Computerspiele Lern*spiele sind. Besonders verwerflich, weil extrem rassistisch und verletzend, ist illegal verbreitete so genannte *Naziware*. Die menschenverachtenden Parolen sind von Erwachsenen leicht zu entlarven, von Erwachsenen …

Noch einmal: Video-/Computerspiele sind Lernspiele.

Nicht wenige Video- und Computerspiele, Gewalt- und Horrorfilme haben ein sehr einfach nachzuvollziehendes *Schema*:

- Es geht fast immer um einen Konflikt. Dieser Konflikt ist leicht durchschaubar; ohne Nuancen, Differenzierungen.
- Die Konflikte lassen sich (scheinbar) nur mit Gewalt lösen: Alternativen werden nicht angeboten, sind auch nicht wünschenswert.
- Die Welt besteht aus Guten (ich) und Bösen (die anderen); dazwischen gibt es nichts.
- Die anderen dürfen vernichtet, getötet, verletzt werden; der Spieler handelt immer in „Notwehr" und wehrt Bedrohung und Gefahr ab.
- Es überlebt immer der Harte, Grausame, Kaltblütige, Aggressive, Erbarmungslose; Mitleid, Trauer, Verständnis gibt es nicht.

Die rechte (Musik-)Szene

Die folgenden Ausführungen verstehen sich als Informationserweiterung. Es geht in keinem Fall darum, im Rahmen des Unterrichts „schlafende Hunde zu wecken". Allerdings reagieren Lehrer bzw. Eltern, wenn sie mit ultrarechten Einstellungen konfrontiert werden, meist recht hilflos. Ein ganz entscheidender Baustein in der Auseinandersetzung mit den Betroffenen ist aber, dass man gründlich informiert ist und nicht nur mit vagen, emotionalen, undifferenzierten Pseudoappellen reagiert.

Skinheads

Die Szene
- Laut Erkenntnissen der Verfassungsschutzämter gibt es schätzungsweise 6 400 gewaltbereite Rechtsextreme in Deutschland, etwa 4 500 davon sind Skinheads im Alter von 20 Jahren und jünger. Ihre Zahl wächst.
- Die Skinheads kommen überwiegend aus ungeordneten Familienverhältnissen. Nach Misserfolgen in Schule und Ausbildung sind sie meistens

perspektivlos und ohne Anerkennung durch die Gesellschaft. Ein übersteigerter Männlichkeitswahn findet seinen Ausdruck vor allem in gemeinsamen exzessiven Zechgelagen.
- Bei den Skinheads handelt es sich überwiegend um sehr junge Menschen zwischen 14 und 20 Jahren.
- Das Bild der Skinhead-Szene ist diffus. Vorherrschend sind die so genannten „Fascho-Skins".
- Ihr oberflächliches Wissen vom Nationalsozialismus beinhaltet Bruchstücke von Rassismus, Ausländerhass und Antisemitismus. Ihre Haltung ist von einem übersteigerten Nationalbewusstsein geprägt. Alles Fremde wird abgelehnt.

Einstellung zur Gewalt
- Gewalt ist für Skinheads in erster Linie Selbstzweck. Als Vorbild dient der „SA-Mann", der „mit Brutalität und Härte den politischen Gegner ausschaltet" *(Landesamt für Verfassungsschutz, Niedersachsens, Fakten und Hintergründe: Skinheads, S. 5).* Ihre Feindbilder stimmen mit den Feindbildern der Neonazis überein. Die Gewalt ist ihr einziges „Artikulierungsmittel".
- Rechts-Rock und Skin-Magazine sind ihre Aufputschmittel zu Ausländerhass und Gewaltanwendung.

Rechts-Rock und „Fanzines"
Die Szene
- Sadistische Texte in Anknüpfung an faschistoides Gedankengut. In der britischen Rockszene treten Bands mit rechtsradikalen Texten auf, wie die Gruppe „No Remorse" (Keine Gnade), die in einem Song mit dem Titel „Bloodsucker" (Blutsauger) unverhüllt ihre Sympathie mit dem NS-Terror bezeugt: „One day the world will know that Adolf Hitler was right" (Eines Tages wird die Welt erkennen, dass Hitler recht hatte) *(Landesamt für Verfassungsschutz, Niedersachsen, Fakten und Hintergründe, Skinheads, S. 11).* Dieser Satz ging um die gesamte „Skinhead-Welt".
- In Deutschland gibt es mehr als fünfzig bekannte Skinhead-Bands – und hunderte unbekannte.

Themen in der Rechts-Rock-Musik und in den „Fanzines"
- Skin-Rock und -Magazine transportieren politische Feindbilder. Sie sind durchzogen von wesentlichen Elementen des Nationalsozialismus wie Antisemitismus, Rassismus und Nationalismus. Hauptthema ist die Verteidigung der „nordisch-arischen Rasse" gegen Ausländer, Asylanten, Juden, Farbige und alles so genannte „Undeutsche".
- Einige Namen von Bands:
  „Störkraft", „Endstufe", „Endsieg", „Kahlkopf", „Sturmtruppen", „Volkszorn", „Tonstörung", „Noie Werte", „Brutal Attack", „Kraftschlag", „Landser", „Radikahl", „Endlöser", „D.S.T. = Deutsch. Stolz. Treue".

- „Titel von „Fanzines": „Eisenschädel", „Panzerfaust", „Hass und Gewalt",
  „Nahkampf", „Totenkopf", „Heimatfront" usw.

Beispiele aus Songs und „Fanzines"

Die Texte rechtsradikaler Bands und „Fanzines" sind Ausdruck des Hasses, insbesondere gegen Ausländer, politisch Andersdenkende, Behinderte und Homosexuelle. Deutlich ist die Anlehnung an Gedanken und Sprache der NS-Zeit.

- In einem Lied der Gruppe „Störkraft" heißt es: „Wir sind die Kraft, (…) die Deutschland sauber macht."
- In einem Skinhead-Magazin schreibt ein Bandmitglied der Gruppe „Macht und Ehre", ihre Möglichkeiten für Proben seien im Knast ganz gut, nur „in der Dusche gibt es Ärger, da die Untermenschen (gemeint sind Ausländer) das Zyklon B besser vertragen, als ich dachte."
- Mit dem „Kanakensong", der sich gegen türkische Mitbürger wendet, erlangte die Skinhead Band „Endsieg" eine traurige Berühmtheit. In einer Textpassage heißt es: „Steckt sie in den Kerker oder steckt sie ins KZ, von mir aus in die Wüste, aber schickt sie endlich weg. Tötet ihre Kinder, schändet ihre Frauen, vernichtet ihre Rasse und so werdet Ihr sie grauen."
- Ebenso furchtbar textet die Gruppe „Volkszorn": „Kanakensau, Kanakensau, du liebst so manche deutsche Frau. Doch von Kanaken-Huren wollen wir nichts wissen, die sollen sich gleich mit euch verpissen."
- Antisemitismus ist gängiges Motiv der rechtsextremistischen Rockgruppe Endsieg: „Wetz dir deine Messer auf dem Bürgersteig. Lass die Messer flutschen in die Juden rein. In der Synagoge hängt ein schwarzes Schwein. In die Parlamente schmeißt die Handgranaten rein."
- Zielscheibe rechtsradikaler Rockbands sind auch demokratische Politiker. Die Skingruppe „Kettenhund" singt beispielsweise auf einer ihrer Liveaufnahmen: „Hey, du lächelndes, aalglattes, korruptes Schwein, du musst ein Politiker sein."

Absicht und Wirkung

- „Die dumpfe Mischung aus Nationalismus, Fremdenfeindlichkeit, Angst und Aggression, die hier in Holperreimen zusammengestoppelt wird, scheint heute eine unter Jugendlichen weit verbreitete Stimmungslage auf den Punkt zu bringen", urteilt die FAZ über das Phänomen Rechts-Rock.
- Nicht alle Mitglieder dieser rechten Rockbands sind Gesinnungstäter. Mit ihren Texten wollen sie vor allem Aufmerksamkeit erregen.

Markt und Vertriebswege

Die Rechts-Rock- und „Fanzines"-Szene in Deutschland ist ein florierendes Untergrund-Phänomen: Rassistische und neonazistische Songs werden ebenso wie „Fanzines" und T-Shirts mit ausländerfeindlichen Parolen („Rettet die Rasse") vor allem über das Internet und über Postversand vertrieben.

Songs

- Einschlägige Firmen liefern Musik gegen ein spezielles Codewort. In der überwiegenden Mehrzahl sind so genannte „Demotapes" im Umlauf – selbst produzierte Kassettenaufnahmen. Die Demotape-Kassetten werden im Internet/Selbstvertrieb verbreitet.
- Ein wichtiger Umschlagplatz für Rechts-Rock sind neben dem Internet die „Fanzines". Dort werden faschistische Tonträger in Anzeigen angeboten. Die Tendenz auf dem Musikmarkt für „Rechts-Rock" geht immer weiter nach oben. Der Vertrieb von Konzertaufnahmen wird über Versandfirmen organisiert. Viele Live-Mitschnitte werden privat kopiert und weitergegeben oder unter dem Ladentisch von Plattenläden, über Eigenverlage rechtsradikaler Gruppen und bei Militaria-Händlern verkauft.

„Fanzines"

„Fanzines" werden von Skins für Skins gemacht. „Fanzines" sind wie die Skin-Musik bundesweit über Kontaktadressen zu beziehen, die u. a. in einigen Szenenheften aufgelistet sind.

- Die Auflagenzahlen pro Ausgabe schwanken zwischen 50 und 1 000 Stück. Die Häufigkeit des Erscheinens hängt vom Engagement und den Verbindungen des Herausgebers ab.
- Häufig versuchen Herausgeber – im Wissen um die Strafbarkeit ihrer Texte – sich rechtlich abzusichern. So heißt es auf der ersten Seite eines „Fanzines" z. B. „Dieser schwarz auf weiß vollgeschmierte Wisch, der in hirnraubender Kleinstarbeit hergestellt wurde, ist keine Veröffentlichung im Sinne des Pressegesetzes. Der Vollstrecker ist nämlich ein rundkopierter Brief in Form von zusammengehefteten Seiten, die für Haarwuchsgestörte und Fußball-radaubrüder gemacht wurde. Das Geld, das ich für dieses Schundblatt verlange, verwende ich nicht etwa, um meine Rechnungen bei Beate Uhse zu begleichen, noch will ich etwa meine diesjährige Pilgerfahrt nach Mekka damit finanzieren. Ich brauch das Fett nur für die Bezahlung des Schreib- und des Kopiermaterials. Der Vollstrecker dient nicht zum Aufruf zur Gewalt." Dahinter jedoch steht in dreifacher Lettergröße, fett gedruckt: „UNSER TAG WIRD KOMMEN!"

Liedtext (Vorsicht – indiziert! NICHT kopieren, NICHT in Schülerhand!)

Hängt dem Adolf Hitler,
hängt dem Adolf Hitler,
hängt dem Adolf Hitler
den Nobelpreis um!
Hisst die rote Fahne,
hisst die rote Fahne,
hisst die rote Fahne
mit dem Hakenkreuz!

Schon als kleiner Junge, da war es mir klar,
dass dieses Symbol leitend für mich war.
Und heut, da stehe ich noch voll dazu,
es gibt nur eines, und das bist du.

Wie es auf alten deutschen Fahnen,
so führt es mich auf rechten Bahnen.
Für mich gilt es auch noch heut:
Rasse, Stolz und Hakenkreuz!

Überall kannst du es bei mir sehen.
Wer nicht so ist, der kann das nicht verstehen.
Es gibt kein anderes Zeichen, das mir so gefällt.
Erhalten soll es bleiben der ganzen Welt.

Refrain:
Hakenkreuz, Hakenkreuz …
Rache für Hess, Rache für Hess,
Rache für Hess!

(aus „Hakenkreuz" von der Gruppe „Radikahl")

Einige konkrete Beispiele:

Warum wenden sich Jugendliche den Rechtsextremisten zu?
Wie viele Jugendliche sich vom Rechtsextremismus angezogen fühlen, lässt sich schwer sagen. Der Großteil der Jugendlichen hat wohl aus unterschiedlichen Gründen mit dem Rechtsextremismus nichts am Hut. Trotzdem gibt es genug „Anfällige", um die sich die Prävention rechtzeitig kümmern sollte.

Was bringt diese Jugendlichen dazu, mit Rechtsextremisten zu sympathisieren oder sich ihren Organisationen anzuschließen? Ein verbindliches Erklärungsmodell gibt es nicht. Die meisten Erklärungsversuche kranken an einseitigen Zuordnungen und unzulässigen Verallgemeinerungen. Wenn beispielsweise in der Auflösung traditioneller Familienstrukturen und dem damit verbundenen Verlust an Orientierungssicherheit ein Grund für das Abdriften zu rechtsextremistischen „Kameradschaften" gesehen wird, mag dies für eine Reihe von Jugendlichen zutreffen, die unter ihresgleichen Aufmerksamkeit, Anerkennung und Geborgenheit suchen. Entscheidend dafür ist aber nicht die Auflösung der Sozialform „Familie", sondern die Art und Weise, wie man zu Haus miteinander umgeht: Es gibt nach außen „heile Familien", die für Jugendliche die Hölle sein können. Dagegen gibt es allein erziehende Mütter und Väter, die trotz „Doppelbelastung" sehr wohl verlässliche Bezugspersonen für ihre Kinder sind.

Auch die häufig zu hörende Behauptung, für den Rechtsextremismus anfällig wären vor allem die Enttäuschten, die Zukurzgekommenen, die Arbeitslosen, die „Loser", die keine Zukunftsperspektive haben, greift zu kurz. Diese Jugendlichen schnappen zwar rechtsextremistische Parolen auf, setzen sie aber wie die meisten Skinheads nur dazu ein, um auf sich aufmerksam zu machen und ihre Gewalttätigkeit zu legitimieren, mit der sie ihren Frust an Sündenböcken aller Art austoben.

„Der Mitläufer weist in der Regel keine biografische Problembelastung und häufig auch geringere Fremdenfeindlichkeit und Gewaltbereitschaft auf. Er wird häufig durch gruppendynamische Prozesse in die Gewalttat hineingezogen."

„Der Ausländerfeind/Ethnozentrist kommt eher aus sozial benachteiligten Verhältnissen und fürchtet und hasst Ausländer als Konkurrenten um knappe Ressourcen."

Für die kriminellen Jugendlichen (Schlägertypen) mit Problembiografie und eigenen Gewalterfahrungen ist Gewalttätigkeit Element der alltäglichen Auseinandersetzung – zunächst häufig ohne extremistische und fremdenfeindliche Ausrichtung."

„Der rechtsradikale Täter mit höherem Bildungsabschluss und Kontakten zu rechtsextremistischen Organisationen wirkt als Agitator und Antreiber."

(Fremdenfeindliche Gruppen – eine kleine Systematisierung nach Willems, Helmut u. a.: Fremdenfeindliche Gewalt)

Bedeutung und Wirkung der Musik

Bedeutung der Musik in der rechten Szene
- Sie wirkt in vielen Fällen als Einstiegsmedium.
- Sie drückt das Lebensgefühl vieler Jugendlicher aus.
- Sie vermittelt Identität und Wir-Gefühl durch Abgrenzung.
- Sie stärkt das Selbstwertgefühl der Jugendlichen (Rolle der Musik bei der Bewusstseinsbildung).
- Sie ist ein wichtiges Medium zur Verbreitung und Verfestigung rechtsextremistischen Gedankenguts.

Wirkung dieser Art von Musik
- Lautstärke:
  Setzt das Stresshormon Adrenalin frei, die Aktionsbereitschaft steigt, entstehendes Bedrohungsgefühl löst aggressive Verhaltensweisen aus.
- Frequenz:
  Extreme Bässe werden körperlich wahrgenommen; stark verzerrte, schrille Töne steigern Aggressivität.
- Rhythmus:
  Ersetzt u. U. die bewusste Selbststeuerung → Die Körperreaktionen schwingen sich auf den Rhythmus der Musik ein.
- Texte:
  Werden oft nicht mehr bewusst wahrgenommen → wirken aber über das Unterbewusstsein.
- Folgen:
  Gesteigerte Aggressivität und Aktionsbereitschaft und die durch Alkohol herabgesetzte Hemmschwelle schaffen eine latente Bereitschaft zur Gewalt.

Rechte und das Internet

Die meisten „braunen" Seiten werden von amerikanischen Providern gehostet. Deshalb können die Betreiber in Deutschland nicht verklagt werden, obwohl sie sich nach deutschem Recht wegen Volksverhetzung strafbar machen. Diese Lücke wird von den Neonazis ausgenutzt. Die rechtsextreme Szene ist im Cyberspace sehr aktiv und auch versiert. Das so genannte „Thule-Netz" ist schon seit 1993 der Inbegriff für effektive Nazipropaganda. Das Thule-Netz hat sich zur Aufgabe gemacht, „die Deutschen beim Überwinden dieser BRD" zu unterstützen; z. B. ist Multikulti nach Thule-Lesart „Völkermord an den europäischen Ureinwohnern", die Regierung „eine kriminelle Vereinigung". Ein besonderes Problemfeld stellt die Tatsache dar, dass, wann immer Internet-Dienstleister Seiten Rechtsextremer sperren, diese anderorts wieder auftauchen, d. h. jede Internetseite ist vielfach gespiegelt. Im Übrigen halten Experten das Sperren von Homepages oft sogar für kontraproduktiv, weil das Verbot den Reiz dieser Seiten erhöht und es praktisch möglich macht, sich mit dem Denken der Rechten tatsächlich auseinander zu setzen.

Der Anteil strafbarer Seiten beträgt nach vorsichtigen Schätzungen ca. 15 %. Allerdings geht auch von den nicht strafbaren Seiten eine Gefahr für Jugendliche aus.

Wegen zunehmender Sperrungen von Homepageseiten wird immer mehr auf anonyme E-Mails ausgewichen. Mitte 2001 erhielten z.B. vor allem türkische Mitbürger folgende verächtlich machende E-Mails mit falschen Absenderkennungen:

„… GELD IST NOCH NICHT GUT ABER MAMA GRIGT SOZIALHILFE UND WONUNGGELD UND SCHWESTER AUCH: ICH HABE AUCH GEGRIGT GELD FÜR OHNE ARBEIT UND HILFE; ABER DEUTSCHE STAAT MUSS MEHR BEZAHLEN SAGT RECHTSANWALT MUSTEFA ::: WENN BRAUCHE ICH KOHLE GEHE ICH BISCHEN KLAUEN ODER WARE VERKAUFEN ODER DROGE. …"

(Fremdenfeindliche E-Mail vom Sommer 2001)

Mögliche Arbeitsaufträge zur Kopiervorlage 10 (Seite 131):
• Text zusammenfassen
• Mitläuferin?
• Neuanfänge machen immer Angst …
• Können Regeln helfen?
• Gründe für Protesthaltungen?
• Verfassen eines appellativen Textes: Nein Danke!

Was man eventuell wissen sollte - Aufdrucke auf Mützen, Shirts usw.:
• *88* = Heil Hitler (8. Buchstabe im Alphabet)
• *18* = Adolf Hitler (1. und 8. Buchstabe im Alphabet)
• *A.C.A.B.* = All cops are bastards
• *Hoo-Na-Ra* = Hooligans, Nazis, Rassisten

Monika G. hatte die falschen Freunde: Rechtsradikale.
Das Internat war ihre Rettung. Protokoll einer Neuorientierung

Ich hatte einfach die falschen Freunde. Meine beste Freundin hatte diese rechtsradikalen Typen aufgetan. Richtig gemocht habe ich die nie. Ich wollte eben etwas erleben, weggehen und Leute kennen lernen. Ich fand es aufregend, mit älteren Jungs wegzugehen. Aber geachtet hat keiner auf mich. Zwei Jahre lang saß ich halt dabei und war die liebe Kleine und habe den Mund gehalten. Immer. Auch wenn die ihre Parolen gebrüllt und sich geprügelt oder Pläne geschmiedet haben, Leute zu verprügeln – ich war ein Anhängsel und habe mich rausgehalten. Ich hatte keine Springerstifel. Nicht mal eine Bomberjacke. Ich wollte ja nicht wirklich dazugehören. Ich wusste überhaupt nicht, was ich wollte.

Viel geweint habe ich damals. Meine Mutter war psychisch krank und zu labil, um sich um mich zu kümmern, mein Vater ist aus meinem Leben verschwunden. In der Schule wurde ich immer schlechter. Schließlich hat mich das Jugendamt vor die Alternative gestellt: Pflegefamilie oder Internat. Die Pflegefamilie war mir zu alt. Also Internat. Natürlich war ich ziemllich skeptisch. Ich dachte, mich erwarten Tausende von Regeln. Außerdem habe ich mich vor den 45 Mitbewohnern gefürchtet. Ich wusste ja nicht, ob ich mich gut einfinden würde in die Gruppe. Trotzdem habe ich das gewollt. Es ging mir so dreckig damals. Ich hatte völlig die Kontrolle verloren über mich. Ein schönes Leben war das nicht, nein, Kacke war das, totale Kacke. Ich konnte nur hoffen, dass alles besser wird.

Mit meinem Stoffhund, meinen Büchern und Fotos bin ich dann hier angekommen. Ich war ganz schön aufgeregt. Aber ich habe mich sofort wohl gefühlt. Schon beim Auspacken saßen zwei Mädchen bei mir im Zimmer, einfach so, zum Reden. Ganz schnell hab ich dazugehört. Klar, dass hier alles geregelt ist. Man darf keinen Alkohol trinken, muss um 23 Uhr im Bett sein, darf erst rau-

chen, wenn man 15 ist. Aber das hat mir nichts ausgemacht. Im Gegenteil: Mir haben die Regeln geholfen. Auch die Erzieher fand ich gleich richtig nett. Für mich sind das nicht Erzieher, sondern Freunde.

Irgendwann hab ich mein Zimmer mit einer Türkin geteilt. Ein Zufall war das bestimmt nicht. Der Direktor wusste ja, dass ich mit Rechtsradikalen zu tun gehabt hatte. Das türkische Mädchen mochte ich gern. Besonders große Unterschiede gab es gar nicht zwischen uns. Und sie hat mir gezeigt, was für einen Quatsch die Rechtsradikalen erzählen. Inzwischen verachte ich diese Typen dafür.

Mit meiner früheren Freundin habe ich auch nichts mehr zu tun. Es ist gar nicht so leicht, sich von jemandem zu trennen, den man mal so gern hatte. Sie war ein Vorbild für mich, ein Übermensch. Nie hätte ich gewagt, sie zu kritisieren. Aber jetzt habe ich mit ihr gebrochen. Ich hab gemerkt, dass cool sein nicht alles ist im Leben. Eine Psychotherapie hat mir geholfen, meine Probleme zu bearbeiten. Nichts wird wieder so wie damals. Zum Glück.

Denn heute geht es mir richtig gut. Ich spiele sogar wieder Geige. Als Kind habe ich das gehasst. Nie hätte ich gedacht, dass mir die Geige mal so viel Spaß machen würde. Schulisch habe ich geschafft, was ich wollte, nämlich einen Notendurchschnitt von 2,0. Ich habe viele Freunde hier gefunden, wahre Freunde, und eine neue beste Freundin habe ich auch. Im Sommer, wenn ich mit der Schule fertig bin und auf den Wirtschaftszweig der Fachoberschule gehe, will ich mit ihr zusammenziehen. „Außenbetreutes Wohnen" nennt sich das. Ich freue mich wahnsinnig darauf. Ich will etwas Neues anfangen. Jetzt weiß ich ja, was der Sinn ist in meinem Leben: selbst zu bestimmen, wie ich lebe!

PROTOKOLL: Monika G.

aus: chrismon, Das evangelische Magazin 04/2002

Anregungen zur Weiterarbeit

Entwerfen Sie gemeinsam mit Anderen ein Typenprofil für einen ideologisierten Rechtsextremisten, indem Sie z. B. auf einen Flipchart eine Reihe von rechtsextremistischen Denkmustern und Verhaltens- weisen auflisten.

Ein solches Typenprofil könnte beispielsweise folgendermaßen aussehen:

Ein ideologischer Rechtsextremist

☐ behauptet die Überlegenheit der „weißen Rasse" (white power) gegenüber allen anderen, insbesondere gegenüber Juden, Türken, Asiaten und Schwarzafrikanern,

☐ wehrt sich militant gegen soziale und kulturelle Überfremdung durch Ausländer,

☐ lehnt Unterstützung von Schwachen, Haltlosen, erbbiologisch Kranken und Behinderten ab,

☐ tritt ausdrücklich für das Recht des Stärkeren ein (Sozialdarwinismus),

☐ folgt dem Führerwillen mit bedingungsloser Unterordnung, blindem Gehorsam, selbstloser Einsatzbereitschaft (keine unbefohlene Gewalttätigkeit),

☐ akzeptiert Selbstverwirklichung nur als Dienst am Volk („Du bist nichts, dein Volk ist alles"!),

☐ ist stolz ein nationalbewusster Deutscher zu sein,

☐ verherrlicht Kameradschaft und Vaterlandsliebe,

☐ achtet auf äußere Sauberkeit, Ordentlichkeit, Pünktlichkeit usw. (Sekundärtugenden),

☐ bejaht ideologisch orientierte Rollenverteilung für Mann („Kämpfer") und Frau („Mutter").

Die digitalen Medien – Bereicherung oder Bedrohung?

8

Dieses Kapitel richtet sich eher an Lehrkräfte und Eltern von Jugendlichen zwischen 14 und 18 Jahren.

Manche Begriffe aus dem Computerbereich sind manchen Eltern und Pädagogen nicht so geläufig; Hilfe bietet z. B. ein Projekt der Europäischen Union auf www.klicksafe.de

Digitale Medien

Jugendliche benutzen in ihrem Alltag ständig digitale Medien: SMS schreiben („simsen"), sich nach der Schule über das Internet mit Mitschüler/innen austauschen und die neuesten Videoclips auf *Videoportalen* oder ganze Filme im Internet anschauen – das sind für Jugendliche vollkommen alltägliche Freizeitbeschäftigungen.

Anmerkung: Ein *Videoportal* ist eine Internetseite, auf der Benutzer/innen kostenlos Videos hochladen, anschauen und kommentieren können. Am weitesten verbreitet: YouTube.

Die digitale Freizeitgestaltung mit vielen verschiedenen Medien ist fester Bestandteil der Jugendkultur geworden. Die Anwendungsmöglichkeiten von digitalen Medien wie Computerspielen und Internetangeboten steigen. Das mobile Internet mit dem Zugang über Handys und *Smartphones* wird immer alltäglicher, mobile Internetflatrates (Pauschaltarife für zeitlich unbegrenzte mobile Internetnutzung) werden bei Jugendlichen zunehmend beliebter. Bemerkenswert ist besonders die Art und Weise, wie junge Leute die digitalen Medien benutzen: Gleichzeitiges Telefonieren und *Chatten* im Internet bei Musik und laufendem Fernseher sind bei Jugendlichen überhaupt nicht ungewöhnlich.

Anmerkung: Ein *Smartphone* (englisch für „schlaues Telefon") ist ein Mobiltelefon mit Computerfunktionen. Durch Internetzugang kann gemailt und gechattet werden. Beim Handyanbieter können so genannte „*Apps*" (= Applikationen, Zusatzfunktionen) gekauft werden, z. B. Navigationsgeräte oder Spiele.

Chatten ist elektronische Kommunikation in Echtzeit (englisch: „plaudern"). Ein *Chat/Chatroom* bietet die Möglichkeit, sich auf einer Internetseite mit Personen, die sich ebenfalls auf der Internetseite befinden, aus aller Welt oder aus der eigenen Schulklasse schriftlich auszutauschen (= chatten). Es wird Kommunikation in Echtzeit betrieben: Über die Tastatur werden Gesprächsbeiträge eingegeben und per Eingabetaste online in den Chat gestellt. Der Beitrag ist sofort von allen lesbar, die sich im Cat aufhalten. Es gibt den *webchat*, der auf den jeweiligen Internetseiten angeboten wird und darauf beschränkt ist. Darüber hinaus gibt es das *Instant Messaging* über Programme, die bei Betrieb des Computers im Hintergrund laufen und die das Chatten selbst als Dienst anbieten, z.B. WLM (*Windows Live Messenger*) oder ICQ (*I seek you*).

Computer und Internet: Funktion und Faszination
Digitale Medien scheinen wie für Jugendliche gemacht zu sein. Selbstdarstellung Identitätsfindung, Action-Erlebnisse und Kommunikation ohne Grenzen mit virtuellen oder realen Freunden erfüllen jugendliche Bedürfnisse. Für sich genommen sind das Internet oder Computerspiele nicht nur positiv oder nur negativ. In Schule und Beruf wird erwartet, dass die Jugendlichen mit Computer und Internet umgehen können. Jugendliche wachsen mit dem Bewusstsein grenzenloser Kommunikationsmöglichkeit auf. Viele fühlen sich unvollständig, wenn sie etwa ihr Handy vergessen haben oder keine Möglichkeit haben, das Internet zu nutzen. Durch mobile Geräte wie Smartphones und dazugehörige Internetflatrates ist ein hohes Maß an Erreichbarkeit und Nutzungsmöglichkeit gegeben. Gleichzeitig wird es dadurch möglich, fast überall die Realität zu verlassen und z.B. im Bus oder in der Schulpause in eine virtuelle Welt einzutauschen – entweder in Form von Computerspielen oder innerhalb sozialer Netzwerke. Im Folgenden soll mehr zu Computerspielen und zu sozialen Netzwerken erläutert werden, da diese Themenbereiche für Jugendliche besonders faszinierend sind.

Alltag und Freizeit
Kinder und Jugendliche nutzen digitale Medien gerne. Das zeigt auch eine Untersuchung zum Medienumgang von 12- bis 19-jährigen Jugendlichen aus dem Jahr 2010:

90 Prozent der Jugendlichen sind täglich oder mehrmals in der Woche im Internet, nach eigener Einschätzung sind Jugendliche von Montag bis Freitag täglich durchschnittlich 2 Stunden und 18 Minuten online. Das Internet beurteilen 86 Prozent der Jugendlichen als sehr wichtig für sie.

Das Internet ist für die meisten Jungen und Mädchen ein Kommunikationskanal, um Kontakte zu ihrem „echten" Freundeskreis zu pflegen. Über die Hälfte ihrer Nutzungszeiten verbringen Jugendliche in sozialen Netzwerken, Chat- oder E-Mail-Programmen. Die Nutzung sozialer Netzwerke wie zum Beispiel SchülerVZ oder Facebook hat sich im Vergleich zu den vergangenen Jahren deutlich erhöht. (aus: Bundeszentrale für gesundheitliche Aufklärung: Online sein mit Maß und Spaß)

Second Life

Die Onlinewelt „*Second Life*" verheißt große Reichtümer, blendende Schönheit (mindestens vier Millionen Menschen„bewohnen" inzwischen bereits das virtuelle Universum) … Tendenz rasch steigend … und einige machen dort glänzende Geschäfte. Gute Informationen bekommt man über www.secondlife.com.

„*Second life*" (Zweites Leben) heißt die Wunderwelt, die allen zugänglich ist, die einen leistungsstarken Internetzugang, einen schnellen Computer und das entsprechende Programm besitzen, das *gratis* im Netz heruntergeladen werden kann. Second Life ist nicht wirklich ein Spiel, es ist eher ein Erlebnis mit offenem Ausgang. Wer in das zweite Leben eintaucht *fühlt* sich (!) cool, sexy, unabhängig von der realen Welt.

Allerdings ist „*Second life*" kein virtuelles Schlaraffenland, sondern eher eine florierende Marktwirtschaft, die immer mehr mit der realen Welt verknüpft wird; wer etwas will oder verändern will, muss zahlen! Linden-Dollar heißt die Währung, wer zu Geld kommen will, muss arbeiten. Das Konto in der realen Welt kann angezapft werden (!!!) oder in *Second-life*-Guthaben getauscht werden. Über zwei Milliarden Linden-Dollar sind im Umlauf!

Einige Konzerne betreiben inzwischen in „*Second life*" ihre Geschäfte, sie hoffen damit eine neue Marketingmaschine anwerfen zu können. Musikverlage präsentieren dort ihre neuen Produkte, Fernsehsender werben für ihr Programm. Selbst Politiker nutzen diese Plattform zur Selbstdarstellung.

Ein Blogger kommentiert:„Ich hoffe, dass wir sehr bald die virtuelle Welt gar nicht mehr verlassen *müssen* (!) und müssen nicht dazu mehr mit schwierigen Realkontakten herumschlagen."

In dieser zweiten Welt werden Fantasien ausgelebt; es wird in neue Rollen geschlüpft, Machtfantasien werden realisiert, Minderwertigkeitskomplexe *scheinbar* kompensiert. Dass sich negative Tendenzen am Horizont abzeichnen versteht sich von selbst: Fluchttendenzen, Verweigerungsmechanismen im realen Leben, Isolation, Zerrbilder und Vermischungen.
Aber wo sind die Grenzen … und wer erkennt sie?

Fakten und Gefahren: Computerspiele

Computerspiele unterscheidet man nach jeweiligem Spielgenre, z. B. Logikspiele, Schießspiele („*Shooter*", in denen man Spielfiguren schießen lässt oder „*Ego-Shooter*", in denen man aus der Selbstperspektive schießt) oder Online-Rollenspiele. Die bekanntesten„*Shooter*" sind z. B. *Counterstrike, Doom* oder *Battlefield*. Bei den Online-Rollenspielen sind *World of Warcraft, Farmville* oder *Metin2* sehr beliebt.

Weitere Informationen zu einzelnen Spielgenres oder Spielinhalten, aber auch zur pädagogischen Beurteilung einzelner Spiele findet man z. B. unter

www.spielbar.de, einem Informationsportal über Computerspiele der Bundeszentrale für politische Bildung.

Es gibt Computerspiele, die für Jugendliche besonders attraktiv sind. Hierzu
gehören die Rollenspiele, die meist online, also im Internet gespielt werden. Von
Online-Rollenspielen geht eine besonders hohe Anziehungskraft aus, was unter
anderem in folgenden Spielmerkmalen begründet ist, die man auch „Anbindungsfaktoren" nennt.

- Jeder Spieler schafft sich ein Spiel-Ich (Avatar) mit Fähigkeiten und Eigenschaften wie z. B. Kraft oder Schönheit. Die virtuelle neue Identität, das Spiel-
  ich, wird durch eine dreidimensionale Spielewelt bewegt und kann durch das
  Lösen von Spielaufgaben an Bedeutung gewinnen. Das Spiel-Ich wird umso
  attraktiver, je höher die Spielstufen („*Levels*") sind, die erreicht werden. Gleichzeitig besteht ein sehr wirksames Belohnungssystem z. B. durch Ranglisten-
  platzierung, Zusatzleistungen oder neue Fähigkeiten für das Spiel-Ich,. Je höher das Spiel-ich platziert ist, je mehr Zusatzleistungen oder Fähigkeiten es
  besitzt, umso größer sind die Anerkennung und der Respekt der anderen Mitspieler und umso größer ist die Motivation, weiterzuspielen.
- Online-Rollenspiele sind durch eine lang angelegte Spieldauer über viele
  Levels nicht deutlich zeitlich begrenzt. Es gibt also kein „*game over*" (Spiel-
  ende). Rollenspiele laufen in Echtzeit. So entsteht eine zeitliche Parallelwelt, oft
  über Jahre hinweg. Wer mithalten will und Ansehen in der Rollenspiel-Ge-
  meinschaft erreichen oder auch erhalten möchte, muss viel Zeit investieren.
- Bedeutsam ist auch die Vernetzung der Spieler untereinander: Sie ist für das
  Weiterkommen aller Spieler wichtig. Bei bestimmten Aufgaben („*Quests*") ist
  es verpflichtend, sich mit anderen Spielern zu einer Gruppe (z. B. zu Gilden
  oder Clans) zusammenzuschließen und sich für das gemeinsame Vorgehen
  abzusprechen. Es wird also nicht nur das eigene Spiel-Ich durch die Spielwelt
  bewegt, sondern es wird mit Mitspielern per Kopfhörer oder Chat kommuniziert.
- Weil manche Online-Rollenspiele internationale Mitspieler haben, entstehen
  durch interkontinentale Zeitverschiebungen für deutsche Jugendliche Spiel-
  termine mitten in der Nacht. Dies hat Einfluss auf den Schlaf-Wach-Rhyth-
  mus.

Gefahren
Je attraktiver Online-Rollenspiele sind und je mehr Anbindungsfaktoren von
den Computerspielen ausgehen, umso größer ist die Gefahr, dass diese Spiele
exzessiv genutzt werden. Zum einen heißt das, dass übermäßig viel Zeit im Spiel
verbracht wird. Zum anderen ist die gedankliche Beschäftigung mit dem Spiel-
verlauf übermäßig intensiv.

Die große Faszination für diese Parallelwelt führt bei den meisten Einstei-
gern dazu, dass sie besonders am Anfang mehr spielen, als sie sich vorgenommen haben. Es kommt auch immer wieder vor, dass sich das Spielverhalten auch

nach etwa einem halben Jahr nicht reduziert und Spielerinnen kaum noch aus der virtuellen Welt auftauchen. Das Spiel-Ich und die Anbindung an das Spiel sowie die Spielergemeinschaft werden wichtiger als ihr reales Leben. Nach aktuellen Erkenntnissen sind Menschen, die hauptsächlich Online-Rollenspiele nutzen, häufiger von Problemen im Zusammenhang mit dem Computer und seiner Nutzung betroffen als Menschen, die andere Computerbereiche nutzen. Manche dieser Rollenspieler bezeichnen sich als computerspielsüchtig.

Gemeinsam vor dem Computer – ein virtuelles Treffen mit Freunden kann durchaus auch mit einem realen Treffen verbunden werden ...

Ein Elternratgeber

Auch wenn Sie die große Faszination für Computer und Internet vielleicht bei sich selbst nicht verspüren, sollten Sie sich darüber im Klaren sein, dass Ihrem Kind das Thema wichtig ist. Wenn Sie Interesse für die Begeisterung der Jugendlichen für die Computerwelt zeigen, führt dies in der Regel zu einem guten Gespräch. Ihr Kind fühlt, dass es ernst genommen wird und öffnet sich.

Sprechen Sie mit Ihrem Kind darüber, was es an den Spielen bzw. den Internetangeboten gut findet und wie auch seine Freunde diese Bereiche finden. Lassen Sie sich erklären, warum es für Ihr Kind so wichtig ist, diese Medien zu nutzen.

Am Miteinander zwischen Eltern und ihren pubertierenden Kindern im Alltag ist oft auch die Qualität der Beziehung zueinander abzulesen. Ist die Kommunikation miteinander eher oberflächlich? Wissen alle, was die anderen Familienmitglieder gerade beschäftigt? Finden Gespräche miteinander nur flüchtig statt oder gibt es intensivere Begegnung und gemeinsamen Austausch?

Für einen vertrauensvollen Umgang ist es unter anderem wichtig, dass Sie sich füreinander Zeit nehmen. Gemeinsame Gewohnheiten, z. B. eine gemeinsame Mahlzeit am Tag, ohne Fernseher oder Telefon geben allen Familienmitgliedern die Möglichkeit, sich miteinander zu besprechen.

Falls Sie selbst wenig Interesse oder Kenntnisse an Computerspielen oder Internet haben: Erzählen Sie Ihrem Kind, wie Sie Computer und Internet sehen. Dabei können Sie ruhig ihre eigene Haltung klar darstellen, z. B. wenn Sie unsicher sind, was die Nutzung des Internets betrifft, oder dass Sie befürchten, dass Sie etwas falsch machen oder alles löschen, wenn Sie auf eine falsche Taste drücken.

Gestehen Sie Ihrem Kind zu, dass es auf dem Gebiet der Computer- und Internetnutzung möglicherweise mehr Ahnung hat als Sie selbst. Das schafft eine positive und anerkennende Grundstimmung und ermöglicht einen gegenseitigen Austausch.

Falls Sie selbst im Umgang mit Computern und Internet „fit" sind: Machen Sie Ihrem Sohn oder Ihrer Tochter Ihre Haltung klar und geben Sie ihm oder ihr so die Möglichkeit, sich an ihren Einstellungen zum Computer- und Internetgebrauch zu orientieren.

Wenn Sie z. B. der Meinung sind, dass auf Ihrem Computer zuhause bestimmte Internetbereiche für Jugendliche durch ein Schutzprogramm gesperrt werden sollten oder dass Jugendliche vorsichtig sein müssen mit der Preisgabe persönlicher Daten, sollten Sie das miteinander besprechen. Auch gegensätzliche Ansichten können einmal bestehen bleiben

Der Computer ist in vielen Fällen eher die Welt der Jugendlichen – Eltern, die sich für diese Welt interessieren und nachfragen, können Ihre Kinder aber trotzdem unterstützen und ihnen bei der Orientierung helfen.

(BZGA Online sein mit Maß und Spaß 2011)

Cybermobbing und Handygewalt

Zunächst sollten kurz einige Begriffe geklärt werden:

Happy Slapping und Handy Slapping
Das Handy wird in dem Fall von „Handy Slapping" dazu benutzt, zu mobben, zu beleidigen, zu drohen oder sich zu Gewaltaktionen zu verabreden. *„Happy Slapping"* leitet sich von dem englischen Verb *„to slap"* ab und bedeutet wörtlich übersetzt „fröhliches Schlagen". Schlägereien werden gezielt angezettelt, um sie mit dem Handy filmen und anschließend weiter verbreiten zu können. Die Täter benutzen dazu Handys mit integrierter Kamerafunktion, um zuvor geplante oder spontane Gewalttaten zu filmen, um sie anschließend via Handy versenden oder über das Internet einem größeren Personenkreis bekannt machen zu können.

„Happy Slapping" und „Handy Slapping" erfüllen direkt und indirekt zahlreiche Tatbestände des Strafgesetzbuches und werden sanktioniert. Verboten ist laut Strafgesetzbuch u. a.
• die Herstellung und Verbreitung von Gewaltdarstellungen (§ 131 StGB),
• das Anbieten, Überlassen oder Zugänglichmachen von Pornografie an Personen unter 18 Jahren (§ 184 StGB),
• das Vorführen oder sonstiges Zugänglichmachen von Pornografie an Orten, zu denen Personen unter 18 Jahren Zugang haben (§ 184 StGB),
• verschiedene Körperverletzungsdelikte (§§ 223 ff. StGB),
• Straftaten gegen die sexuelle Selbstbestimmung (§§ 176 ff. StGB),
• Nötigung (§ 240 StGB),
• Bedrohung (§ 241 StGB),
• Beleidigung (§ 185 StGB),
• Verletzung des höchstpersönlichen Lebensbereichs durch Bildaufnahmen (§ 201a StGB, z. B. in Umkleideräumen),
• Verstoß gegen das Recht am eigenen Bild (§§ 22, 23 KUG – Kunsturhebergesetz),
• Unterlassene Hilfeleistung (§ 323c StGB).

Auch diejenigen machen sich strafbar, die zwar die strafbaren Aufnahmen nicht selbst gemacht, aber zu solchen Taten angestiftet haben, Mithilfe zur Begehung leisteten oder solche Aufnahmen an andere weitergegeben haben. Das Sicherstellen etlicher Schüler-Handys mit extremen Gewalt- und Pornobildern an Schulen hat in der Zwischenzeit häufig zu einer gesetzlichen Regelung (!) und zu einem Handynutzungsverbot an bayerischen Schulen geführt.

Mobbing und Bullying
Wenn jemand über eine längere Zeit den negativen Handlungen (der Gewalt) eines anderen ausgesetzt ist, ohne sich dagegen wehren zu können und dabei

ein Ungleichgewicht der Kräfte vorliegt, spricht man von Mobbing. Die gewaltsamen Handlungen beim Mobbing können aus Körperkontakt bestehen (z. B.
Verprügeln, Schlagen, Stoßen, Rempeln), müssen es aber nicht. Sie können auch
mit Worten (z. B. Verspotten, Drohungen aussprechen) oder allein mit Gesten
ausgedrückt werden. Nicht von Mobbing spricht man, wenn z. B. zwei gleich
starke Schüler miteinander streiten.

Im englischen Sprachraum wird Mobbing unter Jugendlichen mit *„Bullying"*
übersetzt. Die Internetvariante, wenn z. B. denunzierendes oder beleidigendes
Material via E-Mail, SMS oder in Internetforen verbreitet wird, nennt man
„Cyber-Bullying".

Cyber-Bullying und Cyber-Mobbing

International wird das systematische und wiederholte Schikanieren von Personen mittels internetbasierter Kommunikationsmittel als *„Internet-Mobbing"*,
„Cyber-Mobbing" oder *„Cyber-Bullying"* bezeichnet. Von *„Cyber-Bullying"* oder
„Cyber-Mobbing" in der Schule spricht man, wenn ohne Einwilligung der Betroffenen, E-Mails, Chatrooms und/oder SMS von Lehrern oder Schülern z. B. mit
Hilfe von Bild- und Videoveröffentlichungen online gesetzt werden und dadurch die Betroffenen fortgesetzt verleumdet, bedroht und belästigt und auf
diese Weise ihre Persönlichkeitsrechte verletzt werden (z. B. mit Bildern und/
oder Videos auf „YouTube"). Die Machtgleichheit zweier annähernd gleich starker Personen ist in dem Fall aufgehoben und die Wirkung ist räumlich viel weiter gestreut als beim Mobbing mittels direktem Sicht-/Körperkontakt.

Cyber-Grooming

Unter *Cyber-Grooming* versteht man die gezielte Anbahnung sexueller Kontakte
zu Minderjährigen über das Internet; hier sind die Täter meist ältere, fremde
Männer. Sie geben sich in Chats oder Online-Communitys gegenüber Kindern
und Jugendlichen als gleichaltrig aus, um sich so das Vertrauen von Minderjährigen zu erschleichen, meist mit dem Ziel, sich auch in der realen Welt mit ihnen
zu treffen und sie zu missbrauchen.

Snuff-Video

Der Begriff leitet sich von dem englischen Verb *„to snuff out"* ab, was soviel wie
„jemanden umbringen/auslöschen" bedeutet. Bei den sog. Snuff-Videos handelt
es sich meist um nur wenige Sekunden dauernde Videoaufzeichnungen über
Akte brutaler Körperverletzung von der Vergewaltigung bis zur Hinrichtung
und Tötung eines Menschen. Diese Videos werden meist aus dem Internet herunter geladen und dann via Handy weiter verbreitet.

Wissenswertes für Lehrkräfte im Umgang mit Gewalt- und Pornovideos auf Schülerhandys

1. Es obliegt der Schulleitung, den Gebrauch des Handys als unterrichtsfremden und störenden Gegenstand in der Schule zu verbieten. Gesetzlich geregelt ist das Handynutzungsverbot schon an vielen Schulen. Auf dem Schulgelände müssen Mobiltelefone sowie sonstige digitale Speichermedien ausgeschaltet sein, sofern sie nicht Unterrichtszwecken dienen.
2. Liegt eine Straftat vor, ist jede Lehrkraft angehalten, die Polizei darüber zu informieren.
3. Aufgrund des Allgemeinen Persönlichkeitsrechts (Art. 2 Abs. 1 und Art. 1 Abs. 1 GG) darf eine Lehrkraft selbst bei einem begründeten Verdacht den Speicher des Mobilgerätes *nicht* kontrollieren, sondern muss das Handy der Polizei ausliefern.
4. Eine Einsichtnahme in den Bildspeicher ist mit Einverständnis des Schülers möglich.
5. Eine polizeiliche Durchsuchung eines Schülers und die Sicherstellung eines Beweismittels (z. B. des Handy) sind bei Tatverdacht und bei „Gefahr in Verzuge" grundsätzlich ohne richterlichen Beschluss möglich.
6. Die Schule ist verpflichtet, den Zugang zu strafbaren Inhalten, beispielsweise an eigenen Rechnern aktiv zu verhindern (z. B. durch Internet-Schutzfilter).
7. Wenn trotz aller Vorsicht verbotene Angebote wahrgenommen werden, dürfen diese keinesfalls herunter geladen werden. Bereits der Besitz verbotener Inhalte kann strafbar sein.

In der Schule sollten sich Vertreter der Lehrkräfte, der Eltern und der Schüler – aufbauend auf dem Handynutzungsverbot an der Schule – auf einen gemeinsa men *Regelkatalog* zum Umgang mit dem Handy und anderen digitalen Medien verständigen, der gemeinsam diskutiert und anschließend verabschiedet wird. Denn: Allein das Erstellen allgemeingültiger Regeln fördert auch den gegenseitigen Respekt. Die Sanktionen bei einem Verstoß sollten von Anfang an verbindlich festgeschrieben und allen bekannt sein, sie sollten zu jeder Zeit klar kommuniziert und auch umgesetzt werden. (aus: Bayerisches Staatsministerium des Innern, Prävention im Team, 2011)

Cyber-Mobbing

Wenn der PC als Angriffswaffe missbraucht wird
Wissen Sie auf Anhieb, was „*Cyber-Mobbing*" bedeutet? Kaum einer, der älter ist als 20 Jahre, kann mit dem Begriff auf Anhieb etwas anfangen. Der Begriff Mobbing ist jedem bekannt – das Quälen eines Menschen auf der Persönlichkeitsebene: Beleidigungen, Ausgrenzung, Sticheleien, Frotzeleien, die alles andere als lustig sind.

Cyber-Mobbing hat diese Art der nicht-körperlichen Gewalt auf die Ebene des Internets verlegt. Und dieser Raum ist nahezu unüberschaubar. Beim Cyber-Mobbing werden die Personen, die sich im Internet aufhalten mit Massen-Emails „fertig gemacht", man kann sie demütigen, indem man peinliche oder gar manipulierte Filme des Gemobbten für jeden zugänglich ins Internet stellt. Gerüchte werden über das Internet, Chatrooms, Foren, Online Communities und Messaging Programme in die Welt gesetzt.

Die Verbreitung eines solchen Cyber-Mob-Gerüchtes verläuft nicht linear, sondern exponentiell. Das heißt: Mit einer Email kann man sehr viele erreichen, und wenn viele mitmachen und viele Emails schreiben und sich dem wiederum viele anschließen, ist die gemobbte Person einer unüberschaubaren Flut von Demütigungen und Beschimpfungen ausgesetzt. Oder es wird ein kompromittierendes Video ins Netz gestellt und unzählige Menschen haben uneingeschränkten Zugriff darauf. Möglichkeiten bietet das Internet in großer Zahl.

Tatsächlich läuft Cyber-Mobbing schon viel länger und auch in weitaus größerem Ausmaß, als die Erwachsenen – seien es Eltern oder Lehrer – auch nur erahnen. Die Kinder oder Jugendlichen, die vom Cyber-Mobbing betroffen sind, melden sich erst, wenn der Leidensdruck zu groß wird. Meistens kennt das Opfer den Täter. Cyber-Mobbing verstößt gegen das Grundrecht, dass die Würde des Menschen gewahrt sein muss. Das Schlimme ist, dass sich die Beleidigungen oft auf erschreckend ordinärem Niveau abspielen, da die Anonymität des Internets die Hemmschwelle senkt.

Mit verantwortlich sind die Betreiber der entsprechenden Foren, in denen Cyber-Mobbing möglich wird, weil die Räume nicht überwacht werden.

Wie kann man sich vor *Cyber-Mobbing* schützen?
• *Keine persönlichen Daten* im Internet hinterlassen wie Geburtstag, Wohnort, Telefonnummer, Email-Adresse.
• *Keinen Benutzernamen* wählen, aus dem die Identität ersichtlich ist.
• *Wenn eine beleidigende Stelle*, Nachricht oder Video im Internet gefunden wird, sofort den Betreiber auffordern, das Teil zu entfernen und die Verursacher zu sperren.
• *Eltern*, Lehrern oder Vertrauenspersonen Bescheid geben, im Zweifelsfall Polizei einschalten.
• *Die beleidigenden Beiträge* als Beweise speichern und kopieren.
• *Beratungsstellen* am Jugendamt oder bei der Jugendschutzstelle aufsuchen.
• *Fotos und Filme* nicht an Fremde versenden und auch bei seinen „Freunden" genau abwägen.
• *Sich nicht* oder nur nach sehr sorgfältiger Abwägung in Interneträumen wie Chats, Foren, Online Communities und Messaging-Programmen bewegen.

Stopp Handygewalt!

Mobbing, sexuelle Beleidigungen, Beschimpfungen, die Herstellung und der Versand pornografischer Bilder und Videos sind niemals witzig.
Oft leiden die Opfer lange unter den Folgen.
Das Strafgesetzbuch [StGB] stellt Handygewalt und Gewalt im Internet unter Strafe.
Mädchen und Jungen ab 14 Jahren können strafrechtlich verurteilt werden, wenn sie z. B.:

- Andere Jugendliche im Netz oder per Handy mit sexuell beleidigenden Worten, Videos oder Pics bloßstellen und verletzen,
- Kindern unter 14 Jahren Videos oder Pics simsen, auf denen die Täter sich selbst befriedigen [Exhibitionismus],
- Mädchen und Jungen unter 14 Jahren pornografische Videos oder Pics mailen/simsen,
- andere sexuell beleidigen, indem sie deren Köpfe auf pornografische Pics montieren und per Handy an Dritte simsen oder ins Netz stellen,
- pornografische Pics oder Videos von Kindern mit dem Handy oder der Cam aufnehmen, speichern und/oder verschicken,
- Mädchen oder Jungen unter 14 Jahren perverse Videos oder Pics zeigen,
- Kindern unter 14 Jahren zu sexuellen Handlungen überreden [z. B. sich vor der Cam auszuziehen oder zu befriedigen],
- sich mit einem Kind zu sexuellen Handlungen verabreden,
- andere per Handy oder Internet bedrohen oder zu sexuellen Handlungen erpressen,
- andere schlagen oder quälen und diese Gewalttaten mit dem Handy filmen.

Es ist mutig und kein Verrat, wenn Mädchen und Jungen für die Opfer Partei ergreifen und Hilfe holen!

Ausblick

Roy Baumeister, ein angesehener Sozialpsychologe in den USA, suchte Studenten für eine wissenschaftliche Untersuchung, ohne allerdings den eigentlichen Zweck seines Vorhabens offen zu legen (siehe Ernst, Seite 8). Dann teilte er der Hälfte der Bewerber mit, die ohne ihr Wissen zufällig ausgewählt wurden, er könne sie nicht gebrauchen, da andere es ablehnten, mit ihnen zusammenzuarbeiten. Er schuf also künstlich Außenseiter – und beobachtete sie verdeckt weiter. Baumeister berichtet, dass sie durch die vermeintliche Zurückweisung schwieriger, unhöflicher und unfreundlicher wurden. Der Teufelskreis setzt ein: Abgelehnte verhalten sich weniger sozial und werden dadurch von ihren Mitmenschen als weniger sympathisch empfunden. Dies wurde von ihm bei Erwachsenen nachgewiesen; man kann sich vorstellen, um wie viel schlimmer es Kinder und Jugendliche trifft, die in dieser Entwicklungsphase auf die notwendige Anerkennung der Gleichaltrigen verzichten müssen. (Dambach, Karl, Wenn Schüler im Internet mobben, Reinhard Verlag, München 2011)

Viele Mobbing- bzw. Cyber-Mobbing-Opfer kämpfen nicht oder kämpfen nicht *mehr*; sie sind leer, traurig, hilflos, kraftlos, ohnmächtig. Deshalb flüchten sie; häufig ist es eine *innere* Flucht, sie klinken sich aus dem Unterricht aus und träumen. Viele bezeichnen sie als „Träumer", „Mauerblümchen", „Angsthasen". Auch Lehrkräfte haben manchmal Mitleid mit ihnen; allerdings sind die Reaktionen sehr stark abhängig von der jeweiligen Lehrerpersönlichkeit. Wie verheerend die täglichen Kränkungen sind, das können manche Pädagogen, ja sogar Eltern kaum nachvollziehen, denn Mobbing findet ja häufig außerhalb der Schulzeit statt, z. B. auf dem Schulweg, in den Pausen, in Freistunden, in Umkleideräumen, auf Sportplätzen u. a. Die Opfer haben kaum die Kraft sich z. B. zu Hause intensiv mit dem Lernen zu beschäftigen. Folge: nachlassende schulische Leistungen.

Manchmal bleibt es nicht bei der *inneren* Flucht, sondern es kommt zur tatsächlichen Flucht, d.h. die Opfer „hauen ab" bzw. bleiben dem Unterricht fern. Selbstschutz! Angst! Sie wissen, dass sie sich vor Eltern und Lehrern verantworten müssen, aber lieber das, als der ständig verachtete „*Loser*" sein zu müssen. Auch psychosomatische Erkrankungen aller Art können die Folge sein, häufig werden zunächst vorgetäuschte Erkrankungen dann zu echten Krankheiten! Im *Extremfall* kann dies zu depressiven Schüben, ja sogar zu Suizidgedanken führen; nicht vergessen werden darf, dass, wenn andere Faktoren noch zusätzlich eine Rolle spielen, es zu *extrem* aggressiven Reaktionen kommen kann, bis hin zu spontanen oder geplanten Amokläufen.

Hilfe im Internet (Stand 2011)

Informationen auch zum Herunterladen sowie Kontaktadressen für Opfer von Cyber-Mobbing finden Sie hier:

- www.chidnet-int.org: Portal für partnerschaftliche Zusammenarbeit mit allen, die das Internet zu einem großen und sicheren Ort für Kinder machen wollen.
- www.klicksafe.de: Portal einer europäischen Initiative für mehr Sicherheit im Internet.
- www.safeinternet.at: Portal zur Sicherheit im Internet mit vielen Infos zur Erkennung und Bekämpfung von Cyber-Mobbing.
- www.juuuport.de: Teils von Jugendlichen moderiertes Portal zum Thema Privatsphäre im Netz.
- www.lehrer-online.de: Portal für Lehrer und Pädagogen mit Unterrichts-beispielen zum Thema Cyber-Mobbing.
- www.mobbingberatung.info: Infos und Tipps für Eltern, Lehrer und Jugend-liche; Test-Fragebogen zur Selbsteinschätzung von Mobbing-Opfern.
- www.computerbild.de: Cyber-Mobbing ist eine reale Gefahr in sozialen Netz-werken. Hintergründe und Tipps, wie Sie sich schützen, bekommen Sie hier.
- www.polizei-beratung.de
- www.mobbing.net: Selbsthilfeforum von und für Mobbing-Opfer
- http:// Schau-hin.info Initiative vom Bundesfamilienministerium

(aus: direkt: Weißer Ring Spezialausgabe 02/2011. Tipps und Infos zum Thema Sicherheit und Schutz)

9 Chancen und Hilfen – Lehrer sind *nicht* machtlos!

Der Kulturkritiker *Paul Goodman* hat 1956 (!) darauf hingewiesen, dass jedwede pädagogische Maßnahme zur Lösung aktueller Probleme Jugendlicher ohne Reflexion der gesellschaftlichen Bedingtheit dieser Probleme von vornherein zum Scheitern verurteilt ist:

„Im Grunde gibt es nur eine richtige Erziehung (Pädagogik) – das Aufwachsen in einer Welt, in der zu leben sich lohnt. Unsere gesteigerte Sorge um die Probleme der Erziehung (Jugend) bedeutet in der Tat, dass die Erwachsenen eine solche Welt nicht haben … Ich setze voraus, dass die Jugend wirklich eine Welt braucht, in der zu leben sich lohnt, damit sie überhaupt aufwachsen kann; und diesem echten Bedürfnis stelle ich eine Welt gegenüber, die sie vorgefunden hat. Daran liegt die Ursache (!) ihrer Probleme." (Goodman, P., zitiert nach Griese, H., Die Rolle der heutigen Jugend für die künftige Gesellschaft. S. 54)

„Eine Welt, in der zu leben es sich lohnt" zu schaffen, wenigstens sie anzustreben, ist u. a. eine der wesentlichen Aufgaben von *Politik*. Sie muss, wie die Schule auch, die „Führer" von Extremisten und Aggressoren stellen, isolieren und mit aller Härte und Konsequenz behandeln, die „Mitläufer" dagegen zu integrieren, neu zu motivieren suchen, ihnen Perspektiven aufzeigen.

Eine Politik, die bestimmte gesellschaftliche Probleme nicht zur Kenntnis nimmt, ist verantwortungslos. Politiker müssen sich mit sich ändernden Verhältnissen von Schülern und Schulen auseinander setzen und handeln. Politiker müssen vor allem, was Schule eben *nicht* leisten kann, zur Eindämmung von Gewalt die Lebenslage von Kindern und Jugendlichen stabilisieren. Sie dürfen nicht eine Fachsprache der Soziologen sprechen und abstrakt über die Köpfe der Betroffenen hinwegreden. Sie dürfen diese jungen Menschen nicht stigmatisieren, sondern müssen das Gespräch mit ihnen suchen. Sie müssen auch ihre Schutzfunktion ernst nehmen, z.B. was die Medienszene angeht. Schule darf und kann nicht die Reparaturwerkstatt bzw. das Krankenhaus der Gesellschaft werden. Ohne die massive Unterstützung von Politikern (und natürlich der Eltern) sind Lehrer gegenüber offener und versteckter Gewalt junger Menschen fast machtlos!

Für die Schule gilt es, zweigleisig zu fahren: Die Intervention muss in erster Linie *präventiv* sein, d.h. vorbeugende Maßnahmen sind zu ergreifen; dies ist absolut unverzichtbar. Wenn die Prävention optimal gestaltet werden kann, kann die *korrigierende* Intervention auf ein Minimum beschränkt werden.

Vorbeugende Maßnahmen ergreifen (Prävention)

Man könnte nach sozialen, die Schule als Institution betreffenden, und personalen Maßnahmen unterscheiden. Da es aber natürlicherweise immer wieder Berührungspunkte, auch Überschneidungen gibt, wird im Folgenden darauf verzichtet.

Den Erziehungsauftrag der Schule ernst nehmen

Ein wichtiges (Zwischen-)Ziel auf dem Weg zur Verhinderung von Aggression und Gewalt an Schulen und zur Vorbeugung gegenüber jugendlicher Gewaltanwendung allgemein ist eine Neubesinnung der Schule auf ihren eigentlichen Erziehungsauftrag, gekoppelt mit der Stärkung der Erzieherrolle des Lehrers. Dies setzt übrigens kleine oder, sagen wir, überschaubare Klassen voraus. Kleinere Gruppen widerstehen viel eher dem Einfluss aggressiver, zur Gewalt bereiter Schüler; große Gruppen lassen sich viel leichter und unbemerkt negativ aktivieren. Die Rolle des Lehrers als „Vorbild", als Ansprechpartner, auch als Helfer, als Vermittler gesellschaftlicher Normen und Werte muss wieder mehr in den Vordergrund treten. Die Aus- und Fortbildung braucht eine wesentlich stärkere pädagogische Ausrichtung. Die Lehrpläne müssen den Lehrern genügend Raum (ohne schlechtes Gewissen!) für erzieherische Aktivitäten und persönliches Engagement geben. Im Rahmen verschiedener Fächer, also integrativ, fächerübergreifend angelegt und im Sinne eines Erziehungsprinzips ist das demokratische Rechtsbewusstsein zu fördern, die Fähigkeit zur *konstruktiven* Kritik, die Fähigkeit, Konflikte gewaltfrei zu lösen. Lehrer sein war nie ein „Job" – und ist es heute schon gar nicht. Lehrer müssen sich ihrer hohen Verantwortung permanent bewusst sein; ihnen sind Kinder und Jugendliche über große Zeiträume hin anvertraut, manchen sind sie „ausgeliefert". Die prägende Kraft, im negativen wie im positiven Sinn, ist hoch. Auf das sozialintegrative Lehrerverhalten, das klare Grenzen setzt, gleichzeitig aber die notwendigen Wertschätzungen vermittelt und damit aggressionsmindernd wirkt, wird später gesondert noch genauer eingegangen.

Ein ernst genommener Erziehungsauftrag gibt dem Schüler in seiner Lebensgestaltung Orientierungshilfe, entwickelt, stärkt und stabilisiert soziale Verhaltensweisen wie Zuverlässigkeit, Ehrlichkeit, Hilfsbereitschaft, aber auch in der Schule und in der Arbeitswelt unverzichtbare Arbeitstugenden wie Genauigkeit, Ordnungssinn, Durchhaltevermögen.

Zur Toleranz erziehen

Es genügt sicher nicht, Aggressionen einzudämmen. Im Sinne von Prävention ist der systematische (Wieder-) Aufbau von Werten notwendig, die teilweise schon erschreckend weit abgebaut wurden, z. B. Ehrfurcht, Mitmenschlichkeit und Toleranz. *Toleranz* heißt aber *nicht*, alles ohne Unterschiede nebeneinander stehen zu lassen, sich feige um Bewertung und Stellungnahme zu drücken, niemandem weh tun zu wollen und blind alles und jeden zu akzeptieren. Toleranz heißt in unserem Zusammenhang bewusstes, vorsätzliches, mutiges Einschreiten gegen Aggression und Gewalt, denn diese Gewalt würde schließlich zum Untergang der Toleranz selbst führen. Wenn Toleranz einfach erklärt wird mit der Duldsamkeit, z. B. gegenüber Andersdenkenden, so steht fest, dass Erziehung zur Toleranz heute (!) absolute Priorität hat. Tolerant sein heißt duldsam sein, auch nachsichtig und *versöhnlich*. *Novak* und *Keller* definieren Toleranz folgendermaßen: „… eine Bezeichnung für das Geltenlassen der Meinung anderer bzw. die Duldsamkeit gegenüber Standpunkten und Ansichten, die mit den eigenen nicht übereinstimmen. Toleranz bedeutet nicht kritiklose Anerkennung der andersartigen Überzeugung oder Einstellung. Toleranz gilt oft als eine der Grundvoraussetzungen demokratischen Verhaltens und als ein wichtiges Erziehungsziel …" (Keller, J. A./Novak, F., Kleines pädagogisches Wörterbuch)

Gezielter, geplanter, engagierter, auch didaktisch strukturierter Unterricht mit dem Ziel der Erziehung zur Toleranz ist ein Bestandteil der Erziehung zur Friedfertigkeit: Kompromisse eingehen lernen, Vorurteile abbauen, zuhören und von anderen lernen, Konflikte konfliktfrei austragen, sich in andere hineinversetzen. Toleranztraining kann vielfach stattfinden:
• auf der Metaebene sich auseinander setzen mit Fällen intoleranten Verhaltens in der Klasse, in der Freizeit;
• Situations- und Handlungsmodelle für tolerantes Verhalten vorstellen und bewerten lassen (real geschehene oder in Geschichten beschriebene);
• positive Erfahrungen im täglichen Umgang miteinander suchen und sammeln lassen.

Für ein positives Schulklima sorgen

Wo sich ein Schüler wohlfühlt, demoliert er nichts!
In Stichworten: Was macht ein gutes *Schulklima* aus:
• eine harmonische Schulleitung (der „Leitenden" untereinander);
• eine harmonische Schulleitung (in Bezug auf das Kollegium);
• funktionierende Kooperation und Kommunikation der Lehrer;

- Grundkonsens in Bezug auf pädagogische Verhaltensweisen angesichts der Gewalterscheinungen sowie die Förderung konstruktiver sozialer Umgangsformen;
- aktive Elternarbeit und Elternmitarbeit;
- aktive, unterstützte und unterstützende SMV;
- Offenheit, Transparenz, Nachvollziehbarkeit in Bezug auf Vorhaben und Maßnahmen;
- demokratisches Prinzip auch in den Klassen;
- auf ein notwendiges Minimum reduzierter Bürokratismus von Schulleitung und Klassenlehrer;
- farbiges Schulleben, z. B. Feste, Feiern, Projekte, Ausstellungen, Wettbewerbe, Schulhausgestaltung usw.

Entfremdung abbauen

Ein ganz entscheidender Faktor im Sinne von Prävention gegen Aggression und Gewalt ist sicher, dass die *Identifikationshaltung* der Schüler „ihrer" Schule gegenüber verbessert wird bzw. *Entfremdungstendenzen* reduziert werden.

Widrige Prädikatoren von Aggressivität und Gewalt in der Schule sind sicher Entfremdungsgefühl, Gefühle der Normlosigkeit und der inneren Distanz zu den schulischen Wertstrukturen. Häufiges Schuleschwänzen ist noch eine harmlose Variante möglicher Reaktionen. „Womit ich mich nicht identifiziere", „was mich nichts angeht", „was mir egal ist" – damit kann ich ja ohne schlechtes Gewissen umgehen, „wie es mir passt" … Die Bedeutsamkeit des Stoffes, die Förderung des Leistungswillens, die Einrichtung von Interessengruppen und Lerngruppen, die Möglichkeit der Mitgestaltung des Gebäudes, die Übernahme von Teilaufgaben, relativ konstante Klassen etc. sind Gewalt hemmende Faktoren. Sie ermöglichen eine eher positive, sich identifizierende Einstellung, ein „Wir-Gefühl".

Verantwortung für die Schule stärken

Aggressivität und Gewalt sind wesentlich durch ein mehr oder weniger gleichgültiges Verhältnis zur Schule bedingt; dies gilt auch für Lehrer!

In diesen Zusammenhang können auch Komponenten des praktischen Lernens gestellt werden, bei denen Schüler selbst aktiv an Reparaturen beteiligt werden oder z. B. Reinigungsdienste organisieren. Verantwortlichkeit für die Schule zu stärken, muss auch heißen, dass die Schüler für angerichtete Schäden an Sachen und/oder Personen wirklich und konsequent verantwortlich gemacht werden müssen bzw. diese selbst, soweit noch möglich, beseitigen müssen. Übrigens: Vorschädigungen an Sachen geben einen weiteren Anreiz für destruktive, vandalistische Aktivitäten.

Die Bereitschaft zur Übernahme sozialer Verantwortung muss durch gezielte Maßnahmen und Initiativen gestärkt werden. Die Schüler dürfen bei Konfliktlösungen und den möglicherweise nachfolgenden Sanktionen nicht unbeteiligt bleiben. Innerschulische „Konfliktvermittlungsgremien" müssen geschaffen werden bzw. schon vorhandene tatsächlich, optimal und effektiv genutzt werden. Mitgestaltung, Mitverantwortung dürfen nicht zu Schlagworten und Phrasen verkümmern. Das Wir-Gefühl muss gestärkt werden, z.B. durch aktive Neigungsgruppen und Arbeitsgemeinschaften, durch ein aktives Tutorensystem, durch gemeinsame Veranstaltungen im musischen Bereich (Sport, Musik, Kunst).

Elternkontakt herstellen

Schule ist die einzige (!) gesellschaftliche Institution, in der ein Großteil der Erziehungsberechtigten angesprochen werden kann. Dies ist eine Chance! Die Kommunikation und Kooperation zwischen Lehrern und Eltern muss permanent, intensiv und zielorientiert sein und soll nicht erst aufgenommen werden im Sinne einer korrigierenden Maßnahme, wenn latente Aggressivität und sichtbare Gewaltbereitschaft zu massiven Störungen, Aggression und Gewaltanwendung geführt haben. Elternabende z.B. mit dem Thema „Eltern und Lehrer gemeinsam gegen Aggression und Gewalt" wären doch denkbar, machbar, wünschenswert – notwendig!

Soziales Training ermöglichen, Integrationsmodelle entwickeln

Hier geht es primär darum, die Bereitschaft und die Fähigkeit in den schulischen Sozialanforderungen zu stärken. Es gilt, ausgesprochene *Trainingsprogramme* anzubieten:
• Wie nimmt man offen, spontan und direkt Kontakte auf?
• Wie, woran nimmt man Gefühle bzw. Gefühlsveränderungen bei anderen wahr?
• Wie, wodurch kann ich selbst Gefühle, Stimmungen, positive wie negative, angenehme wie belastende, zum Ausdruck bringen?
• Wie erlerne ich bestimmte soziale Verhaltensweisen gegenüber Lehrern?
• Wie erlerne bzw. verbessere ich allgemeine soziale Verhaltensweisen?
• Welche Möglichkeiten gibt es, Spannungen, Konflikte ohne Einsatz von Gewalt zu lösen?
• Welche „Werte" sind es „wert", dass man Zeit und Energie investiert; welche sind es nicht „wert"?

- Wie kann soziales Lernen geschehen und wann ist es Erfolg versprechend?
- Wie kann es mir gelingen, aus einer Isolation herauszufinden und wer hilft mir dabei?
- Wie kann ich es ertragen, dass andere anderer Meinung sind und sie es mir auch sagen, auch in Bezug auf meine Person?
- Was kann *ich* und nur ich (!) dazu beitragen, dass eine Gruppe/eine Klasse stabil wird oder bleibt?

Programme, Sequenzen dieser Art sollten, wo möglich zusammen mit Kollegen, eventuell mit Beratungslehrern, Verbindungslehrern und Schulpsychologen durchgeführt werden; sie brauchen eine Konzeption! Ein Beitrag zu einem konstruktiven Miteinander kann z. B. im Rahmen des *Sportunterrichts* geleistet werden. Die im Sport latent vorhandene Aggression fördernde Komponente, der Kampf, das permanente Messen, die ausschließliche Leistungsorientierung werden zu Gunsten von Fairnesstraining modifiziert. Koedukation, spielerische und kreative Momente können übertriebenes Leistungsethos (und nur darum geht es hier) abbauen; vielleicht gelingt ja durch eine solche Umorientierung sogar ein Beitrag zur Verminderung des Aggressionspotentials in Sportstadien …

Repression und Sanktion, Strafen und Vergeltung sollten weitgehend durch Integration ersetzt werden. Dies muss aber im präventiven Bereich schon geklärt sein. Es geht nicht darum, auffällige Schüler, Störer, aggressive Typen so weit wie möglich *aus*zugrenzen, sondern so weit wie möglich einzugrenzen. Wir müssen bei den jungen Menschen nicht bei den Problemen ansetzen, die sie *machen*, sondern bei denen, die sie *haben*! Integrationsarbeit versteht *Heye* als „kontrafaktische Gegenkultur":

> „… als Kultur gegen Vereinzelung, Vereinsamung, Polarisierung und Zersplitterung von Lebensformen, Orientierungs- und Sinnverlust, Oberflächlichkeit und Individualisierung des Lebens, als Kultur, die ‚Profil' zeigt, sich dabei bewusst abhebt, sich nicht als bloße Kompensations- bzw. Versorgungskultur vereinnahmen lässt und in diesem Sinne ‚Anregungsmilieus' für Sinnfindung bietet". (Heye, W., Jugendliche zu ihrer Lebenssituation und Perspektiven für die Jugendarbeit vor dem Hintergrund sozialen Handelns, S. 77)

Diese Forderungen stehen im Einklang mit dem achten Jugendbericht *(vgl. Der Bundesminister für Jugend, Familie, Frauen und Gesundheit 1990)* und dem Gutachten der Gewaltkommission der Bundesregierung.

In dem umfangreichen Gutachten der Bundesregierung zur Gewalt wird mehrfach darauf verwiesen, dass Gewalt mit Gegengewalt *nicht* gelöst werden kann, dass im außerschulischen Bereich eine Verschärfung der Gesetze nicht notwendig ist. Eine „Hooligankartei" anzulegen, wäre insofern problematisch, weil es für einige geradezu eine Prestigeangelegenheit wäre, in dieser Kartei aufzutauchen. Genauso absurd wäre es, in einer Schule eine „schwarze Liste" oder ähnliches über besonders aggressive bzw. gewaltbereite Schüler zu führen. Im Gewaltgutachten heißt es wörtlich: „Besonders wichtig erscheint es, Erlebnisräume für kindliches und jugendliches Gruppenverhalten zu schaffen. Gefordert sind Räume, in denen sie Bewegungsdrang, Abenteuerlust und anderes, was für ,Jugendlichkeit' kennzeichnend ist, ausagieren können, ohne sofort an den Zorn der Erwachsenen zu stoßen."

„Wenn die Erwachsenenwelt dann nur mit Verbot und Bestrafung reagiert, kann sich das Gewaltpotenzial andere ,Freiräume' suchen, die noch schwerer zu beeinflussen sind. Insofern käme es darauf an, verstärkt über positive Wege der Kanalisierung von Aktivitätsbedürfnissen nachzudenken." (Kerner, H. J. u. a., Ursachen, Prävention und Kontrolle von Gewalt aus kriminologischer Sicht, S. 550)

Sanktionen durch Wiedergutmachung ersetzen

„Opfer wollen Wiedergutmachung, dann erst Strafe." Der DVJJ-Präsident (DVJJ = Deutsche Vereinigung für Jugendgerichte und Jugendgerichtshilfen) weiß, wovon er spricht. Er plädiert im Konfliktfall für das Prinzip „Schlichten statt richten!". Jugendstrafen fördern seiner Meinung nach kriminelle Karrieren, sie verbesserten nichts und seien keine Hilfe zur Erziehung. Die Übertragung in die schulische Situation gelingt problemlos. Koordinierte Hilfsangebote sind allemal besser als Repression. Ziel muss es doch in jedem Fall sein, sozialpädagogisch zu wirken, gewaltbereite Jugendliche zu sensibilisieren in Bezug auf Motiv, Tat und Opfer. Nicht die Strafe ist die Ultima ratio, sondern die energische Hilfe, die Chance zur Integration, z. B. über Wiedergutmachung. Es gilt, der Perspektivlosigkeit mancher Schüler Perspektiven gegenüberzustellen, interessante Alternativen und Betätigungsfelder anzubieten, eine neue Werteorientierung anzubahnen.

Korrigierende Maßnahmen ergreifen (Intervention)

Störungen, aggressives Verhalten und Gewalt lassen sich grundsätzlich kurzfristig oder langfristig bearbeiten. Einige Maßnahmen versprechen sowohl kurzfristig als auch langfristig Erfolg. Eindeutige Erfolgsgarantien kann es nicht geben.

Der Lehrer ist grundsätzlich unmittelbar nach der „Aktion" durch Schüler gefordert, will bzw. muss er die Störung *beseitigen* oder sie *bewältigen*. In vielen Situationen ist es pädagogisch unverzichtbar, sofort zu reagieren, z. B. im Sinne einer Schutzfunktion, um weitere Eskalation zu vermeiden. Die Ursache bzw. der Verursacher werden gestoppt, die Störung *beseitigt*. Aber diese Vorfälle wiederholen sich natürlich, wenn die Möglichkeit der Kontrolle nicht mehr gegeben ist, d.h. direkte repressive Maßnahmen wie Verbote, Strafen verhindern bzw. *blockieren* meist sogar soziales Lernen.

Störungen langfristig zu *bewältigen,* ist für alle Beteiligten ein unverzichtbares Ziel. Der Lehrer tritt eher als Helfer und Förderer auf denn als Strafender, wobei er allerdings der störenden Aktion ausgesetzt ist und sie länger auszuhalten hat. Neben der Reduzierung der Störungen muss parallel dazu eine Alternative aufgebaut werden. Miteinander kommunizieren und kooperieren *fördert* soziales Lernen und soziales Handeln.

Konflikte gewaltfrei lösen lernen

Zunächst soll auf ein Modell verwiesen werden, das nicht nur erwähnenswert, sondern auch empfehlenswert ist: das *Konstanzer Trainingsmodell* (KTM).

Das KTM fußt auf den Ergebnissen einer empirischen Untersuchung an baden-württembergischen Schulen von 1978–1987. Mehrere hundert Lehrer und Lehrerinnen wurden befragt, über 300 Unterrichtsmitschausituationen analysiert. Das KTM ist seit 1987/88 offiziell in die Lehrerfortbildung in Baden-Württemberg integriert. Danach bekommt jeder Hauptschullehrer pro Woche eine Stunde für den Unterrichtsbesuch als „Tandempartner" bei einem Kollegen. Es geht beim KTM nicht um realitätsfremde Rezepte; die Lösungen der Konflikte müssen selbst gefunden werden! Ein Tandempartner, den man selbst auswählt, besucht den Unterricht und protokolliert Auslöser, Verlauf und Reaktion bei Konfliktsituationen mit. In einem sich anschließenden Gespräch wird die Situation gemeinsam rekonstruiert, reflektiert, analysiert; Alternativen werden entwickelt. In einem nächsten Schritt werden die Gesprächsergebnisse umgesetzt, die Alternativen auf Machbarkeit und Effizienz hin erprobt, wiederum unter Mitschau des Tandempartners.

Positive Aspekte des KTM:
• Die Anwesenheit des Kollegen führt automatisch zur Schärfung der eigenen Beobachtungen;
• gruppendynamische Prozesse werden sensibler wahrgenommen;
• die Fähigkeit, Probleme auch aus der anderen Perspektive zu betrachten, wird geschult;
• die Fähigkeit, sich in andere hineinzudenken und hineinzufühlen, wird entwickelt;
• manchmal wird man auf störende Faktoren überhaupt erst aufmerksam;
• etwaige Zweifel an der eigenen Person bzw. an der eigenen Methode werden, wenn sie unbegründet sind, beseitigt.

Ein Fall
Ein Lehrer hat sich gründlich auf eine Geschichtsstunde vorbereitet; die Ziele sind klar umrissen, die Methode überlegt, die passenden Medien parat. Mit Kartenarbeit und Bildmaterial soll die Problematik veranschaulicht werden …
Ein Schüler ruft völlig unvermittelt aggressiv dazwischen: „So ein Scheiß; wen interessiert das schon. Langweilig und fad ist es, zum Kotzen – Sie halten sowieso immer einen so stinklangweiligen Unterricht – immer! Das sagen übrigens alle – klar?"

Der Lehrer überlegt: „Was tun?"
- Eine Strafe aussprechen?
- Sachlich gegen den Schüler argumentieren?
- Den Schüler entschlossen zurechtweisen?
- Den Schüler attackieren, sein Desinteresse als „Dummheit" apostrophieren?
- Die Klasse fragen, wie sie das empfindet?

Die anderen Schüler schweigen – „lauernd" oder „hilflos", „bewundernd" oder „ängstlich" und „mitfühlend".

↓

Der Lehrer ist sprachlos, „sauer", gekränkt, auch „deprimiert", verunsichert.

↓

Der Lehrer äußert deutlich *seine* Gefühle, sendet „Ich-Botschaften", sagt auch, dass er momentan nicht wisse, wie er reagieren soll.

↓

Die Schüler beginnen sich zu äußern, teils vorsichtig dem „Aggressor" zustimmend, teils relativierend, teils eher dem Lehrer zustimmend.

↓

Der Lehrer ist zunächst erleichtert, hört zu, nimmt auf, nimmt an.

↓

Der aggressive Schüler ist überrascht und erleichtert, dass der Lehrer ihn nicht attackiert.

↓

Schüler und Lehrer sprechen über Inhalte, Methoden, Ziele des Unterrichts, über Sachzwänge, über Belastungen auf *beiden* (!) Seiten, über mögliche und realisierbare Alternativen; der aggressive Schüler wird eingebunden (aktiv zuhörend oder aktiv beisteuernd).

An diesem Beispiel werden folgende Reaktionsweisen des Lehrers deutlich:
- Gefühle zeigen;
- Gefühle transparent machen;
- Toleranz praktizieren;
- auf Druck verzichten;
- auf „Sieg" verzichten;
- Methode „Miteinander" anstatt Methode „Gegeneinander";
- Störungen haben Vorrang.

(nach Ruth Cohn)

Das Lehrer-Schüler-Verhältnis reflektieren und korrigieren

Aus der Sicht der Gruppendynamik steht der Lehrer in einem vielschichtigen Netz von Spannungen. Er muss den Erfordernissen der Gesellschaft gerecht werden, Schüler unterrichten nach vorgegebenen Plänen, sie auf das „spätere Leben vorbereiten". Andererseits begegnet er natürlich täglich den Bedürfnissen junger Menschen, auch den Defiziten in ihrem sozialen Verhalten – er muss pädagogisch handeln. Sozialbezüge aber sind immer abhängig von Sympathie und Antipathie; diese Zu- bzw. Abneigungen konkretisieren sich in Machtstrukturen. „Sympathische" Schüler haben mehr Freiräume, „sympathischen" Lehrern wird mehr Verständnis entgegengebracht. Lehrer haben immer einen Vorsprung an Wissen, Können, Erfahrung; deshalb haben sie letztlich viel Macht, zumal sie durch Verteilung von Zensuren auch noch Qualifikationen verteilen können (müssen?).

In jeder Klasse stehen dem Lehrer „Typen" gegenüber; jede Sozialform lebt in Strukturen. Da gibt es die α-Typen, die α_1-Typen, die β-Typen, die γ- und die Ω-Typen. Der α-Typ ist der reine Führungstyp. Meist ist dessen innere Autorität groß, äußerlich setzt er sich als „Führer" durch. Er wird von den (Mit-)Schülern akzeptiert, weil sie sich zu echter Aktionstätigkeit befreit fühlen. Diese Rolle fällt dem Lehrer in der Klasse automatisch zu. Er kann die Funktion dieser Rolle umso leichter erfüllen, je jünger die Schüler sind. Je älter die Schüler werden, je informierter, erfahrener, desto mehr bilden sich unter den Schülern α-Typen heraus. Daraus ergeben sich ernst zu nehmende Konsequenzen für das Lehrer-Schüler-Verhältnis, für den Standort des Lehrers. Ist er selbst seiner Persönlichkeitsstruktur nach ein echter Führertyp, so wird er zwar in Konflikte geraten, aber langfristig gesehen wird er die Spannung in eine Partnerschaft überzuführen wissen, sofern echte Führerpersönlichkeit als pädagogische Hilfe zur zunehmenden Selbstentwicklung von jungen Menschen verstanden wird. Muss jedoch der Lehrer die Rolle des Typs *spielen*, können die Folgen gravierend sein. Er ist bei diesem „Spiel" letztlich stark auf die äußeren Stützen seiner Führungsposition angewiesen. Der „schwache" Lehrer verfällt leicht der Versuchung, den sich verselbstständigenden Schüler als Bedrohung zu betrachten, ihm zu misstrauen. Dadurch verkrampft er sich in seiner Rolle und wird weder seiner Funktion als Pädagoge gerecht noch den natürlichen sozialen Bedürfnissen der Klasse noch den Ansprüchen der Gesellschaft.

Im Grunde bleibt es jedem Lehrer selbst überlassen, seiner Qualifikation und seiner Stärke, ob er den Schüler als „Lernpartner" akzeptiert oder nicht. Die soziale Autonomie erfährt bei Lehrern kaum ein ernsthaftes Korrektiv.

Sozialintegratives Lehrerverhalten

Das Bekenntnis zu einem sozialintegrativen Führungsstil bleibt oft nur ein verbales; die dominierende Einstellung bleibt – und in erzieherischen Grenzsituationen wird dieser Zwiespalt besonders deutlich.

Sozialintegratives Lehrerverhalten hilft vorhandene Aggressionen abzubauen bzw. sich anbahnende Aggressionen von vornherein abzuschwächen oder sie erst gar nicht aufkommen zu lassen:

• Der Lehrer sollte keine Chance versäumen, mit Schülern persönliche Gespräche zu führen. *„Sich-gut-Kennen"* mindert die Neigung zur Aggression, Anonymität fördert sie dagegen. Kontaktoffenheit muss noch lange nicht Verlust an notwendiger Distanz, d.h. Kumpanei oder Anbiederung bedeuten.

• Der Lehrer sollte sich immer wieder in *Zurückhaltung* üben und eine allzu dominierende Rolle vermeiden.

• Der Lehrer muss die *sozialpsychologischen Verhältnisse* in der Klasse immer wieder *reflektieren*, d.h. mögliche Ursachen für bestimmte Verhaltensweisen ergründen und gemeinsam mit den Schülern nach Lösungen von Konflikten suchen.

• Der Lehrer sollte bestrebt sein, *vorhandene Ängste abzubauen*, z.B. durch Vermeidung von Überforderung, durch positive Verstärkung, dadurch, dass er Tests und Prüfungen auf ein sinnvolles Maß beschränkt, Hausaufgaben mit Kollegen koordiniert, Bereitschaft zur Teamarbeit aktiviert, individuelle Bedürfnisse und Neigungen berücksichtigt.

• Der Lehrer sollte die *Unkenntnis* von Schülern *niemals zur Hebung des eigenen Selbstbewusstseins* benutzen.

• Der Lehrer sollte beim *Versagen* von Schülern auch *Gründe bei sich selbst* suchen; das gilt besonders im Bereich sozialer Beziehungen.

• Der Lehrer sollte sich bewusst sein, dass sein Bild von einem Schüler vom *ersten Eindruck* her *affektiv gefärbt* ist, d.h. dass in der Regel eine schnelle Einstufung/Kategorisierung mit nachfolgender Bewertung erfolgt, die auch durch neue Information kaum mehr eine Änderung erfährt.

• Der Lehrer kann aktive Teilnahme und kritische Selbstkontrolle von Schülern nicht erwarten, wenn *er sich selbst restriktiv* und *egozentrisch verhält*. Freundliche und positive Zuwendung lösen immer analoge Reaktionen aus.

- Der Lehrer sollte wissen, dass er nicht nur durch sein Handeln und Tun, sondern auch durch sein *Sprachverhalten Wertschätzung* zum Ausdruck bringt.
- Der Lehrer sollte seine *Maßnahmen* möglichst immer *begründen*, besonders, wenn es um „Gerechtigkeit geht", die ja nicht bedeutet, jeden in jeder Situation nach demselben Maßstab zu messen.
- Jeder Lehrer hat einen „Formungswillen"; aber was diesen Formungswillen anregt, muss die *Fantasie* gestalten. Erst die konkrete Situation provoziert die Reaktion des Lehrers. Wo der Lehrer z. B. Entmutigung fürchtet, wird er Tadel dosieren. Die Nuancen von Lob und Tadel können wegen der zu vielen Variablen hier nicht dargestellt werden. Jede erzieherische Maßnahme muss der Situation entsprechen und selbst die gleiche Situation wird bei Wiederholung doch immer wieder andere Mittel erfordern. Jede erziehliche Situation ist nun einmal *einmalig*. Zwar sollte jeder Lehrer aus einem Reservoir von Erfahrungen und Einsichten schöpfen, ein verfügbares Instrumentarium einsetzen können, dennoch muss jede Lage neu, kreativ, fantasievoll bewältigt werden. Monokausale Mechanismen, Standardlösungen scheitern.

Eine Möglichkeit fantasievoll zu intervenieren – besonders bei jüngeren Schülern – sei noch erwähnt:

Der Lehrer-Schüler-Vertrag

Ich möchte diese Möglichkeit exemplarisch vorstellen für Schüler mit der Neigung zu unerwarteten *Wutausbrüchen*.

Das Erscheinungsbild kann sich folgendermaßen darstellen: Schüchternheit, Misserfolgsmotivation, Nervosität, Versagensangst, Kontaktarmut. Begleitende Symptome können z. B. Konzentrationsschwäche, Streitsüchtigkeit, Fantasielosigkeit und Schadenfreude sein. In solchen Fällen ist es natürlich unerlässlich, beeinträchtigende Faktoren im Elternhaus zu „erkunden" und in der Entwicklung des Kindes zu forschen oder besser einen Fachmann (Arzt, Psychologen) forschen zu lassen.

Der pädagogische Ansatz: In einer Klassenkonferenz wird behutsam auf die Probleme des Schülers eingegangen. Vielleicht wählt sich der Betroffene eine bestimmte Gruppe selbst aus. Der Lehrer provoziert durch „Türöffner", durch sensible Impulse, indirekte Fragen in einer „Meckersitzung" das Kind, um herauszufinden, was es stört oder ängstigt, was es als ungerecht empfindet usw. Der Lehrer verstärkt „mutiges" Verhalten durch eine Art Trainingsprogramm, z. B. durch einen *„Verstärkervertrag"*.

Anmerkungen:
- Die dem Schüler in Aussicht gestellte Belohnung muss für ihn wirklich erstrebenswert sein (aushandeln!).
- Der Zeitraum muss überschaubar sein, dennoch hat der Lehrer nichts zu verschenken.
- Auch nach einmaligem Versagen muss noch eine (Wiedergutmachungs-) Chance bestehen.

„Verstärkervertrag"

Mirko bekommt … (ein Bild, einen Pluspunkt, einen Farbstift, darf vorturnen, übernimmt den Blumendienst …), wenn er es eine Woche lang schafft, sich immer bis zur großen Pause ganz toll am Unterricht zu beteiligen (mindestens 5 x melden), und wenn er keine Gegenstände wirft.

. . . .
(Lehrer)   (Mirko)

- Besonders wirksam sind Verträge dieser Art, wenn ein „Dreiervertrag" abgeschlossen wird, d. h. die Eltern übernehmen die Einlösung, eventuell gestaffelt nach prozentualem Erreichen des Vorsatzes.
- Zusätzlich kann in einem „Helfervertrag" die Klasse für die Probleme des Mitschülers sensibilisiert werden, z. B.:

„Helfervertrag"

Wir helfen Mirko über seine Schwierigkeiten hinweg, verpetzen ihn nicht, versuchen ihm Mut zu machen, lachen ihn nicht aus. Wenn wir das gut schaffen, dürfen wir uns beim Lehrer … (eine Wunschunterrichtsstunde, eine Wanderung, einen hausaufgabenfreien Tag, einen Film …) wünschen.

. . . .
(Lehrer)   (Klassensprecher)

Verträge dieser Art dürfen keine Masche werden; sie besitzen beschränkte Motivationsdauer und werden nicht von allen Schülern und allen Klassen akzeptiert – aber von vielen!

Miteinander sprechen – aber richtig!

Miteinander sprechen, miteinander im Gespräch bleiben ist unverzichtbar. Dabei ist sensibles Gesprächsverhalten nötig, sowohl in den Einzelgesprächen als auch in der Kommunikation mit Gruppen oder Klassen.

- Wie oft machen Lehrer durch Worte Schüler „klein", lassen sie wertlos erscheinen?
- Wie oft prangern Lehrer Fehler, Defizite, Schwächen laut und deutlich mit „Publikum" an und entwickeln dabei sogar unter Umständen Triumphgefühle, begleitet von vordergründigen Siegerposen?
- Wie oft werden die Schüler in „Schach gehalten", ist der Lehrer immer auf dem Sprung und nimmt alltägliche, harmlose Schüleräußerungen persönlich?
- Wie oft hört man Äußerungen wie „Bei mir nicht!", „Du nicht!", „Dir werde ich es zeigen!", „Mir machst Du nichts vor!", „Du bist durchschaut!"?
- Wie oft liegt der Lehrer in Lauerstellung und ist dann fast „enttäuscht", wenn keine aggressive Stimmung herrscht, keine Aktion kommt? Vielleicht provoziert er sogar: „Sonderbar ruhig heute!" – „Was geht hier vor?" – „Was wird hier ausgeheckt?"
- Wie oft sind spontane Lehrerreaktionen verächtlich, herabmindernd?

Warum sind Lehrer so? Haben sie Angst vor Niederlagen, vor Autoritätsverlust, vor dem Gerede der Kollegen, vor den eigenen Schwächen? Ist das Ziel die eigene Aufwertung, die dann oft eine Pseudoselbstaufwertung ist?

Sieger sein wollen – wie geht das?

- Nachäffen?
- Provozierende Fragen stellen?
- Rotstiftträcher sein?
- Selektiv urteilen, beurteilen, werten?
- Gute, konstruktive Schülergedanken unterbrechen?
- Positives negieren, verdrehen bzw. Negatives betonen, aufbauschen?
- Abwertende Zeichen, Signale senden?
- Rhetorische, ironische, zynische Fragen stellen?
- Mit subtilen Randbemerkungen Volltreffer landen?

… das stachelt auf, provoziert, frustriert, macht aggressiv …

Der Gegensatz zu „Sieger sein wollen" ist nicht Ängstlichkeit, Nachgiebigkeit und Schwächlichkeit. Der Gegensatz heißt nicht „Laisser-faire" und „Kumpanei", heißt nicht auf „Respekt" verzichten. „Samtpfötchenpädagogik", die faule

Kompromisse schließt, schmeichelt und „lobhudelt", ist nicht die Alternative! Dem Schüler ist Respekt zu zollen, aber der Lehrer hat selbst auch den nötigen Respekt zu fordern – zu fordern, nicht zu erbetteln. Denn wenn die Schüler die Oberhand gewinnen, gibt es keinen Lernzugewinn, kaum Grenzen, kaum Normen, eher Chaos. Also ist auch hier die Frustration programmiert und damit die aggressive Handlung.

Jede neue Gruppe/Klasse durchläuft, bevor sie arbeitsfähig wird, vier Stadien:
- *„Forming"* (zueinander finden),
- *„Storming"* (aneinander geraten),
- *„Norming"* (sich auf Regeln einigen),
- *„Performing"* (miteinander etwas schaffen).

(Tuckmann, in: Schulz v. Thun, S. 144)

Dieses Gruppenentwicklungsmodells sollte sich jeder Lehrer bewusst sein, bevor er zu zweifeln und zu verzweifeln beginnt, bevor er Klassen „aufgibt" und alle Register repressiver Maßnahmen zieht.

Partner sein wollen – wie geht das?

- Nicht heucheln!
- Nicht „diplomatisch" verschnörkeln!
- Unsicherheiten zugeben!
- Gedanken und Gefühle transparent machen!
- Kritik üben, aber konstruktiv, ohne Kränkungsabsicht!
- Schülerangemessene Sprache verwenden; schülerangemessen bedeutet nicht Schülersprache!
- ...

Leistungsdefizite mindern

Viele Schüler sind u.a. deshalb frustriert, weil sie permanent überfordert werden. Förderung durch das Elternhaus ist nicht möglich/nicht zu erwarten. Aus dieser Frustration heraus entwickeln sich aggressive Aktivitäten, z.B. in Form motorischer oder verbaler Aggression. Durch geeignete Fördermaßnahmen, die auch schulintern abgesprochen werden können, lassen sich häufig Lerndefizite kompensieren, wobei unbeeinflussbare Faktoren zu akzeptieren sind und nicht Anlass für vorschnelle Resignation sein dürfen. Es geht auch darum, Hilfen dafür auszuarbeiten und anzubieten, wie Misserfolge verarbeitet werden können. Natürlich spielt in diesem Zusammenhang die Leistungsbeurteilung bzw. Leistungsbewertung eine wichtige Rolle. Es kann nicht Aufgabe dieses Beitrages sein, diese Problematik auszuleuchten. Es sei nur erwähnt, dass Notengebung dann Anlass für Aggression werden kann, wenn sie nicht *gerecht, fair, nachvollziehbar* ist. Bloßstellung leistungsschwächerer Schüler ist in jeder Form zu verhindern. Auch die Inanspruchnahme außerschulischer Hilfen, besonders bei tief gehenderen kognitiven Defiziten, bei psychischen und sozialen Störungen ist nicht Zeichen von eigener Inkompetenz und Ohnmacht, sondern Akzeptanz von Fachleuten und realistisches Erkennen eigener Grenzen.

Vorteile der Gruppe nutzen

Die didaktische Forschung der letzten Jahrzehnte weist eindeutig nach, wie sehr Lehr- und Lernprozesse intensiviert werden können, wenn es gelingt, die Klasse in eine „Gruppe" zu verwandeln, hier im pädagogischen Sinne, also in ein gegliedertes Sozialgebilde, in dem Kontakt und Zusammenarbeit der Schüler realisiert wird.

Hartwig Weber darf nicht Recht behalten, wenn er behauptet: „Die Vielfalt der Möglichkeiten, miteinander (im Klassenzimmer) in Austausch zu treten, ist radikal eingeschränkt, kanalisiert. Schüler reagieren dann angemessen, wenn sie gelernt haben, sich als einzelne angesprochen, aufgerufen, verpflichtet zu fühlen. Sie haben sich dann mit dem Eisenpanzer ihrer ‚splendid isolation' im Unterricht abgefunden." (Weber, H., Mut zur Phantasie – Kinder lernen über Kinder, S. 44)

Durch Gruppenarbeit werden drei übergreifende Ziele abgedeckt:
• die Förderung der Selbstständigkeit und der individuellen Lernfähigkeit des einzelnen Schulers,
• die Schulung in der Anwendung sachgemäßer Arbeitsmethoden,
• die Fähigkeit zur Kooperation in der Gruppe.
(vgl. Klafki, W., Die Methoden des Unterrichts in der Erziehung, S. 145)

Allport definiert den Prozess der sozialen Beeinflussung als
• soziale Beeinflussung des Denkens,
• soziale Beeinflussung der Gefühle,
• soziale Beeinflussung des Verhaltens.

Die soziale Bedingtheit des Lernens

Wenn das Lernen in einer Gruppe stattfindet, spricht man von „Gruppenlernen". Wird diese Gruppe durch Prozesse des Erziehens gelenkt, spricht man von einer „Lerngruppe", innerhalb derer die Lernenden auch Erziehungslernen realisieren. *Peter Immisch* und *Lutz Rössner* veranschaulichen diese Aussage durch folgende Grafik (vgl. Immisch, P./Rössner, L., Verhaltenskorrektur in Lerngruppen, S. 54):

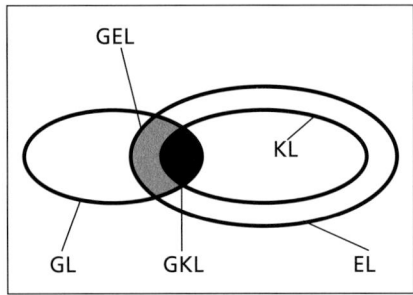

L	= Lernprozesse
GL	= Gruppenlernprozesse
EL	= Lernprozesse unter erziehlichem Einfluss
KL	= Lernprozesse, die korrigierend gelenkt werden
GEL	= Gruppenlernprozesse unter erziehlichem Einfluss
GKL	= Lernprozesse, in denen ein Erzieher korrigierend auf das Gruppenlernen Einfluss zu nehmen versucht

In diesem Zusammenhang ist es wichtig zu unterscheiden zwischen „Erziehen" und „Korrigieren":
• *Erziehen ist Helfen beim Lernen*, bedeutet aufbauen, verstärken, festigen.
• *Korrigieren ist Helfen beim Verlernen*, bedeutet abbauen, verändern, abschwächen.

Beides „passiert" innerhalb der Gruppe. Zwar versucht der Erzieher immer wieder am geeigneten Ort, zum richtigen Zeitpunkt, am geeigneten Sachverhalt Einfluss zu nehmen, aber die Gruppenmitglieder selbst wirken schon erziehend und korrigierend aufeinander ein.
Die Sozialpsychologie benennt *„die anderen"* in der Klasse wie folgt:
a) die anderen als Publikum,
b) die anderen als Koagierende,
c) die anderen als Interagierende.
(Graumann, C. F., Die Klasse als Gruppe, S. 475)

Was der Schüler auch tut, er unterliegt dem so genannten Publikumseffekt. Dadurch wird Verhalten beeinflusst.

Die Situation der Koaktion entsteht dadurch, dass Schüler immer unter anderen sind, die das gleiche tun. Erst wenn das Individuum und die anderen miteinander wirken, in Wechselbeziehung stehen, spricht man von einer Gruppe im engeren Sinne.

Natürlich darf innerhalb des Unterrichts, in dem ein dauerndes Spannungsverhältnis zwischen den Einzelnen und der Gemeinschaft besteht, die Gemeinschaft, die Gruppe nicht zum bloßen Mittel für den einzelnen werden; ebenso wenig darf sich der Einzelne aber als bloßes Mittel der Gemeinschaft fühlen oder als solches angesehen werden. Jeder macht die Erfahrung, dass er von anderen zu seinem eigenen Wohl Hilfe annehmen kann, ja muss, oder dass er selbst anderen zum Helfer wird. Diese Erfahrung muss unbedingt auch innerhalb des Unterrichts möglich werden. Je intensiver sie hier erfahren, erlebt wird, desto selbstverständlicher wird der Schüler auf sie zurückgreifen.

Passow und *Mc Kenzie* haben anhand von Untersuchungen klar nachgewiesen, dass der stärkste Einfluss in einer Lerngruppe nicht die Beziehung des Kindes zum Lehrer oder zum Lernstoff ist, sondern die Wechselwirkung des Einzelnen zu seinen Mitschülern.

Die Gruppenzusammensetzung

Auf die soziometrischen Tests als Hilfsmittel für pädagogische Diagnostik nach *Moreno* sei hier nur verwiesen. Sie können als Grundorientierung dienen.

Weder *Homogenität* noch *Heterogenität* sind in unserem Zusammenhang *entscheidende* Gruppeneigenschaften. Homogenität wirkt sich z. B. in Bezug auf Dominanzstreben und in Bezug auf Soziabilität sowie den reibungslosen Ablauf zielgerichteter Aktivitäten eher positiv aus. Fest steht, dass Kleingruppen mit engeren zwischenmenschlichen Bindungen größere Stabilität aufweisen; dabei ist es als methodische Variante durchaus möglich, bewusst die Zusammensetzung der Gruppen gelegentlich dahin gehend zu verändern, dass eher spannungsgeladen und konfliktreich, weniger kooperativ gearbeitet wird. Es wäre ohnehin ein Fehlschluss zu glauben, dass langfristig enge positive Gefühlsbeziehungen leistungsfördernd sein müssen. Ausgeprägte Freundschaftsbeziehungen können dazu führen, dass eine Gruppe ihre Aktivitäten vorwiegend auf den sozial-emotionalen Bereich verlagert und sich nicht mehr auf wirklich aufgabenrelevante Verhaltensweisen konzentriert.

„Der Lehrer muss versuchen, die soziale Spannweite der Schüler zu vergrößern. Es sollte von Anfang an zur Regel gemacht werden, dass alle Gruppenzusammensetzungen der Abwechslung unterliegen, da eine systematische Fluktuation der Gruppenzusammensetzungen zu einem besseren Kennenlernen der

Schüler untereinander und zum Abbau von Vorurteilen und Cliquenbildung beiträgt." (Sjølund, A., Gruppenpsychologie für Erzieher und Gruppenleiter, S. 102 f./S. 233)

Bei der Gruppenzusammensetzung sind zu beachten:
a) die individuellen Arbeitseigenschaften;
b) die Art und Weise der Reaktion auf andere Mitglieder der Gruppe (z. B. stimulierend, resistent, kommunikativ);
c) die Stellung und der Anteil der Arbeit in der Gruppe; z. B. ist eine eher dauerhafte Gruppenbildung zu erwarten, wenn der Tüchtigkeitsspezialist und der Harmoniespezialist (nach *Bales:* idea man/harmonizer) eine Allianz bilden;
d) die Gruppengröße.

Kommunikationsorientierte Methoden innerhalb der Gruppenarbeit

Der kontrollierte Dialog

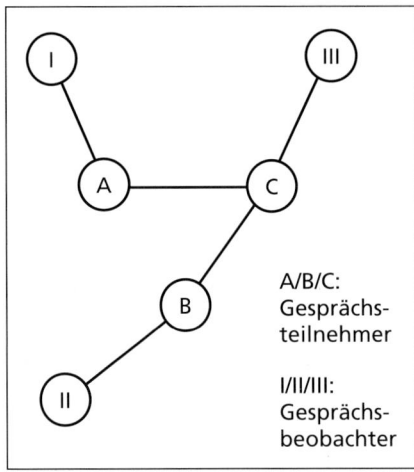

A/B/C:
Gesprächs-
teilnehmer

I/II/III:
Gesprächs-
beobachter

Bei dieser Methode kann man üben zu erkennen, wie sehr man selbst den anderen versteht und man selbst verstanden wird.

Als Grundregel gilt, dass man seinen eigenen Gesprächsbeitrag immer durch Wiederholung des vorausgegangenen Beitrags einleitet (Sinn, Kern der Aussage).

Möglichkeiten der Auswertung:
• Unterschiede zu einem „normalen" Gespräch;
• Wurde der Sinn der jeweiligen Beiträge verstanden?;
• Wie fühle ich mich, wenn ich merke, der andere hat mich wirklich verstanden?;
• Schlussfolgerung (aktives Zuhören).

Diskussionstraining
- Voraussetzung: mindestens 3 Teilnehmer.
- 1 und 2 müssen möglichst pausenlos über ein Thema reden.
- 3 soll möglichst rasch ins Gespräch einsteigen.
- Die ersten Unterbrechungs- und Einstiegsversuche werden nicht beachtet.
- 3 versucht energisch (Gestik, Mimik) einzusteigen.
- 1 und 2 reagieren durch positive Rückmeldung, hören zu, lassen 3 zu Wort kommen.

Mögliche Fragen an die Teilnehmer der Runde:
- Ein Gespräch zu unterbrechen, ist dir leicht/schwer gefallen, angenehm/unangenehm gewesen?
- Wie fühlst du dich, wenn du schließlich mitreden kannst?

Ergebnis: Es fällt schwer, in ein Gespräch einzusteigen; es hat aber keine negativen Konsequenzen, in die Kommunikation anderer ohne verbale Aggressivität einzusteigen.

Brainstorming
- Die Zeiteinheit wird vorher festgelegt.
- In der Gruppe können mehrere die gleichen Ideen haben.
- Auch abwegige Ideen werden akzeptiert.
- Keine Bewertung der Einfälle.
- Ideen werden festgehalten (Protokoll).
- Gemeinsames Auswerten und Ordnen der Ideen.

Entscheidungsspiel
Das Entscheidungsspiel ist nicht wie das Planspiel zielorientiert, sondern eher prozessorientiert, d.h. es werden nicht zu viele Details vorgegeben.
Der Konflikt wird bis zur Entscheidung durchgespielt. Einzelne Spielphasen werden reflektiert und der Einfluss verschiedener Faktoren auf die Entscheidungsfindung wird aufgezeigt und deutlich, z.B. sind Eliminierung, Unterdrückung, Zustimmung, Kompromiss, Allianz, Integration „übliche" Entscheidungstechniken.
Vorteile:
- Die Gruppenmitglieder sind zur aktiven Teilnahme „gezwungen".
- Sachinhalte werden erfahrbar, nicht nur theoretisch besprochen.
- Entscheidungsspiele sind problemorientiert, schärfen die Wahrnehmung für soziale Prozesse.

Die Fallanalyse
Der gewählte Fall muss
• der Wirklichkeit entsprechen,
• überschaubar sein,
• mehrere Lösungen zulassen.
Zur Fallanalyse gehören:
• Wesentliches und Unwesentliches trennen, Erfassen des Problems;
• Entwicklung von Alternativen;
• Trennen von Entscheidungen, Abwägen der Vor- und Nachteile;
• Verteidigen der Entscheidungen;
• Vergleich der Entscheidungen mit der tatsächlichen Entscheidung;
• Stellungnahme der Schüler.

Vorteile des Gruppenlernens

Gruppenunterricht darf niemals nur ein „methodischer Trick" zur Erhöhung der Lerneffizienz sein. Die soziale Umwelt ist der gewöhnliche Hintergrund von Lernprozessen aller Art. Der Vorteil der Gruppe ist mannigfaltig. Der Schüler sieht sich nicht nur einem überlegenen Lehrer gegenüber, sondern im Verbund mit Gleichgestellten. Es kommt zu einem gemeinsamen Lernen, das alle Beteiligten fördert. Wettbewerb, gegenseitige Hilfe, Aktivierung, Stimulierung usw. stellen sich eher und häufiger ein.

Der Erzieher erfährt erst, wo er seine Hilfe anzusetzen hat, wenn jedes Mitglied der Gruppe sich frei äußern und Kritik üben darf.

Gruppenerziehung ist immer auch Erziehung zur Demokratie, denn hier wird schon dem Kind seine Meinungsfreiheit gelassen; dennoch werden Zügellosigkeit und Ausschreitung verhütet, weil in der Gruppe jeder jeden anderen erzieht und von jedem anderen erzogen wird. Die Gruppe lässt das einzelne Mitglied freier sein, weil sie sozusagen die Last der Verantwortung zu einem Teil von seinen Schultern nimmt. Kinder werden also durch die Gruppe *gemeinschaftsfähig.*

Weil auch in der Gruppe Konflikte nicht ausbleiben, ist diese Arbeitsform sehr lebensnah. Die Gruppe ist ein überschaubarer Ort, an dem Konflikte ausgetragen werden, die dann meist zu Kompromissen führen. In einer Gruppe lernt der Schüler ebenfalls, Probleme in einem Sozialzusammenhang zu sehen, zu klären und zu beurteilen, er lernt, auch für andere Gruppenmitglieder Wege zur Lösung zu suchen. In Wechselwirkung erweitert sich so seine persönliche Welt; er lernt nach und nach, Feingefühl für menschliche Beziehungen zu entwickeln. Wie häufig fahren Lehrer dazwischen, empfinden es prinzipiell als störend und beeinträchtigend, wenn Kinder während des Unterrichts Interesse aneinander zeigen oder eine Sache gemeinsam besprechen wollen. Wie oft werden Bemühungen der Kinder, einander zu helfen, vereitelt. Jungen und Mädchen sind oft willens und auch im Stande, einander dieses oder jenes mit mehr Geduld und Verständnis zu erklären, als dies der Lehrer in seiner Zeitknappheit könnte. Wird aber dieser Neigung entgegengearbeitet oder wird sie nicht unterstützt wie in der Gruppenarbeit, so rettet sich das Kind in Ausflüchte. Ein Lehrer, der sich so verhält, nimmt dadurch völlig unsozial Einfluss auf das Kind. Er vermittelt ihm, es müsse Hilfe unbeachtet lassen, es dürfe eigenen sozialen Bedürfnissen und solchen seiner Mitschüler nicht frei und offen entsprechen, mit anderen Worten, es dürfe nur an seine eigenen Angelegenheiten denken. Derartig künstliche Beschränkungen haben natürlich tief greifende Wirkung auf das soziale Denken und Handeln innerhalb der Klasse und auch im Leben. Die Abschnürung auf diesem Gebiet bringt das Kind dazu, Gruppenleben und sozialen Umgang als etwas Nebensächliches und Unwichtiges, eventuell sogar als etwas Negatives und Unerfreuliches zu sehen.

Grenzen und Gefahren der Erziehung durch die Gruppe und in der Gruppe

Die Unterrichtstheorie kann und darf keine der Unterrichtsformen dogmatisieren. Es kommt immer darauf an, die Wahl der Sozialform den jeweiligen Zielen, Inhalten und Bedingungen entsprechend vorzunehmen und die verschiedenen Sozialformen im Gesamtzusammenhang der Unterrichtsplanung miteinander zu verzahnen. Sozialformen hängen aber sicher auch ab vom jeweiligen Erziehungsstil.

Es gibt Situationen, die gruppenunterrichtliche Verfahren nicht oder nur unter bestimmten Bedingungen rechtfertigen. Bei Anwendung zur falschen Zeit, am falschen Ort, beim „falschen" Kind können erhebliche Gefahren erwachsen:
- Eine Gruppe kann sich leicht in „Masse" verwandeln, wenn ihre Gliederung, ihre *innere Struktur* aufgelöst wird, wenn jede individuelle Haltung ausgelöscht wird, wenn durch das Vorherrschen stark gemütsbetonter Zustände soziale Gliederung und Individualität verschwinden. Dann taucht der Schüler sozusagen in der Masse unter und fühlt sich nicht mehr verantwortlich.
- Besonders gefährlich kann die Aufteilung in Gruppen werden, wenn sie nur *an Leistung orientiert* ist. Auch bei Durchlässigkeit wirkt dies immer einschränkend auf die Gemeinschaftsbildung und die Entfaltung wertvoller Eigenschaften für das Gruppenleben. Das Ergebnis ist eine Rangordnung, nach der sich auch die Schüler nun untereinander klassifizieren. Häufig werden sowohl vom Lehrer als auch vom Schüler mit den verschiedenen Stufen der Rangordnung Prestigegrade verknüpft. Manchmal bilden sich unrealistische Einschätzungen und affektbetonte Meinungen aus und führen zu Missverständnissen. Diese wiederum beeinflussen nicht nur den Grad und die Art des sozialen Kontaktes, sondern auch die Art, wie jede Gruppe von sich selbst und über die anderen denkt. So baut sich genau das auf, was

abzubauen u. a. das Ziel ist, nämlich Vorurteile, Egoismus, Selbstüber- oder -unterschätzung, stereotype Vorstellungen.

• Das *Problem des Gruppenführers* ist zweifellos eine Gefahr, die durch gruppenunterrichtliche Verfahren bedingt ist. Die Gefahr, dass der Gruppenführer von der Gruppe überrannt, durch ihre negativen Neigungen überdeckt wird, ist in der Schule weniger groß als die, dass der Gruppenführer, wenn er in irgendeiner Eigenschaft sehr überlegen ist, zum Beherrscher wird, dass er das Stückchen Macht ausnützt und seine Absichten durchsetzen will. Viele Schüler unterstützen diesen Drang durch ihre Passivität und die Bereitschaft, sich unterzuordnen. Deshalb ist der gelegentliche Wechsel von Gruppenführern erforderlich; er kann rein sachlich motiviert werden dadurch, dass jeweils verschiedene Arbeitsweisen entsprechende Führer brauchen.

• Nicht selten fühlen sich *Einzelne in der Gruppe* überhaupt nicht angesprochen. Diese Schüler wollen zum Erreichen des gesteckten Zieles nichts beitragen, sie überlassen alles den anderen, wollen aber dann den Erfolg mit der Gruppe teilen. Die richtige Zusammensetzung der Gruppe, so schwer sie auch ist, ist hier das einzig wirksame Mittel.

Aggressionsarme Schule

Welche der folgenden Vorschläge sind geeignet, eine möglichst
aggressionsarme schulische Atmosphäre zu fördern?
Kreuzt an, für wie wichtig ihr in diesem Zusammenhang die Vorschläge
haltet (1: überhaupt nicht wichtig – 6: ganz besonders wichtig).

	1	2	3	4	5	6
1. „Patenschaften" zwischen älteren und jüngeren Schülern und Schülerinnen, z. B. zwischen einer Klasse 9 und einer neuen Klasse 5, führen zu einem rücksichtsvollen Umgang untereinander.						
2. Das allgemeine „Schulklima" ist wichtig. Neben dem Unterricht muss noch Zeit für Schulfeste, für Schülerzeitung, sportliche Veranstaltungen u. a. bleiben.						
3. Lehrer und Lehrerinnen müssen sich um Gerechtigkeit und um Verständnis bemühen; sie müssen auch die Wünsche und Interessen von Schülern und Schülerinnen berücksichtigen.						
4. Eine Schule muss „wohnlich" sein. Kalte Betonbauten, nüchterne Flure und ungepflegte Klassenräume fördern Aggressionen. Am besten bemalt man im Kunstunterricht graue Flächen.						
5. Schüler und Schülerinnen müssen angerichtete Sachschäden wieder gutmachen und zwar nicht nur über ihre Versicherung, sondern durch Putz- und Reparaturaktionen.						
6. Die Schülervertretung und -mitverantwortung muss gestärkt werden, etwa bei Konflikt- situationen oder bei der Gestaltung der Schule.						
7. _____ _____ _____ _____ _____						

Konfliktlotsen-StreitschlichterModell

Um es gleich vorab zu sagen: Projekte bzw. Modelle dieser Art, die ja inzwischen immer größere Verbreitung finden, sind eine Chance. Allerdings müssen die Streitschlichter intensiv und kompetent ausgebildet werden und man darf sich keine „Wunderdinge" erwarten. Die Grenzen von vornherein zu erkennen und zu akzeptieren ist eine Basis für Erfolg versprechendes Arbeiten.

Traditionelle Konfliktregelungsmechanismen bleiben häufig defizitär. Der Einsatz autoritärer Macht, die restriktive Durchsetzung von Regeln und Rechten wird ersetzt durch einen sinnvollen und adäquaten Interessenausgleich. Traditionelle Interventionen stehen unter Zeit- und Situationsdruck; ein konstruktives Interventionsinstrumentarium steht kaum zur Verfügung. Hilflose Erklärungen, oft überzogene Sanktionen und administrative Maßnahmen sind an der Tagesordnung. Jeder Praktiker weiß, dass diese fast nie wirklich professionell, sondern meist intuitiv sind und der Ausreizungseffekt schnell erreicht ist. Konflikte werden meist nur kurzfristig – wenn überhaupt – „gelöst"; meistens gibt es keinen „Aussöhnungseffekt". Es bleiben fast immer Verlierer auf der Strecke, zumindest aus subjektiver Sicht. Zorn und Rachegefühle schwelen weiter, Wiederholung und Eskalation drohen.

Das Prinzip des Streitschlichtermodells heißt „Wenn zwei sich streiten, schlichtet der Dritte!" – und dieser Dritte ist ebenfalls ein Schüler. Die Vorteile liegen auf der Hand:
• gleiche (!) Sprache – schafft Vertrauen,
• gleiches (!) Alter – schafft Verständnis,
• keine „Strafbefugnis" – Angstfreiheit!

Konfliktlotsen sind keine Besserwisser oder Befehlsgeber, keine „Oberlehrer" oder „Pausencowboys", keine Richter oder Minipsychologen, keine „Spitzel". Konfliktlotsen sind aber – nach Ausbildung – sehr wohl allparteiliche Helfer, ergebnistolerant, manchmal auch unsicher. Sie sind aktiv zuhörende Vermittler, Schlichter, Schiedsrichter, „Brückenbauer", auch Mutmacher, „Türöffner", engagiert und distanziert und gerecht.

Die Ziele seien hier in knapper Form benannt:
• Hilfe zur Selbsthilfe;
• Stärkung der Eigenverantwortlichkeit;
• Kompromissbereitschaft;
• Förderung eines echten (nicht übersteigerten) Selbstbewusstseins;
• Stärkung der selbstständigen Strategiefähigkeit;
• Erlernen einer „Streitkultur";
• Ergebnisfixierung ohne Eskalation und Rachegefühle;
• Ergebnis: „win – win"!

Schlichtungsfälle für Konfliktlotsen?

Entscheiden Sie:

1. Pause	Getränkeautomat – Schüler drängen sich vor
2. Pause	Gedränge: Schlagen/Boxen
3. Pause	Treppenaufgang – Wortgefecht – schubsen/Sturz
4. Pause	2 „Kleine" (5. Kl.) provozieren einen „Großen" (8. Kl.) (= Außenseiter)
5. Pause	A tritt B in die Kniekehle, B fällt hin, Brille kaputt
6. Pause	Diebstahl aus der Klassenkasse; Dieb ertappt
8. Sportunterricht	A bezeichnet B als „Arsch"; B schlägt zu
9. Sportunterricht	A wird (am Reck turnend) von B verlacht
10. Sportunterricht	A klaut Geldbörse; B ertappt ihn; Üble Drohungen.
11. Sportunterricht	Schüler verweigert Anordnung des Sportlehrers
12. Sportunterricht	A klebt B Kaugummi in die Schuhe
13. Unterricht	A wischt das Federmäppchen von B vom Tisch
14. Unterricht	A droht B halblaut „du Nutte"
15. Unterricht	Schüler brüllt Lehrer an, stößt Drohung aus
16. Unterricht	Deutscher Schüler beschimpft Aussiedler als „Russensau"
17. Unterricht	zwei Schüler raufen auf dem Boden liegend
18. Unterricht	A beschmiert Hemd von B mit Filzstiften
19. vor Unterricht	A „belustigt" sich über die großen Ohren von B
20. vor Unterricht	Schulranzen wird versteckt – Tränen
21. vor Unterricht	Schüler A und B traktieren Schüler C (am Boden liegend) mit Stiefeln
22. nach Unterricht	Schüler A erpresst Schüler B mit Messer
23. nach Unterricht	A montiert Teile des Fahrrades von B ab und beschädigt diese
24. Std-wechsel	Schülerin B wird von Schüler A am Busen „betatscht"
25. Std-wechsel	A wirft Blumenstock aus dem Fenster
26. Std-wechsel	Junge und Mädchen schmusen ausgiebig

Die 4 Schritte der Streitschlichtung

1. Schlichtung einleiten
   - Sich vorstellen
   - Vertraulichkeit zusichern
   - Die Namen der Konfliktpartner erfragen/notieren
   - Die Sitzordnung absprechen (zwei Schlichter, zwei Streiter)
   - Das Ziel des Gespräches absprechen („no loser")
   - Die Rolle der Schlichter erläutern (Helfer)
   - Die nachfolgenden Schritte erklären
   - Wichtige (Gesprächs-Verhaltens-)Regeln aufzeigen
   - Absprache (Los-Entscheid): Wer soll beginnen?

2. Standpunkte vortragen
   - Die zwei Parteien tragen (möglichst) ruhig ihre Standpunkte vor
   - Der „Schlichter" fragt nach, wiederholt, fast zusammen
   - Es wird über Gefühle und Motive gesprochen
   - Die augenblickliche Stimmung wird abgerufen
   - Abschließende Rückmeldungen
   - Eventuell Wünsche äußern lassen

3. Nach „Lösungen" suchen
   - Eventuell kleine „Brainstorming"-Übung (schriftliche Notizen)
   - Was kann ich beitragen, was erwarte ich vom anderen?
   - Die wichtigsten Vorschläge werden vom Schlichter notiert
   - Vorschläge vorstellen, abwägen, präzisieren, variieren, ergänzen, bewerten
   - Diskutieren, nach Konsens suchen

4. Vereinbarungen treffen
   - Gemeinsam schriftliche Vereinbarung(en) erstellen
   - Die Vorschläge (von den Streitenden!) werden genau formuliert (Wer? Was? Wo? Wie?)
   - Vereinbarungen vorlesen (eventuell noch ändern, ergänzen)
   - Alle unterschreiben
   - (Eventuell) Kopie an die Kontrahenten
   - (Eventuell) Neuen Termin (Kontrolle) vereinbaren

Konfliktlotsen können gut eingeschaltet werden bei kleineren Streitereien zwischen Schülern (u. a. vor/nach dem Unterricht, in Pausen, beim Sportunterricht), bei Eifersüchteleien, kleineren Verdächtigungen, harmlosen Raufereien, Reibereien, wenn Mitschüler andere verspotten, provozieren, ärgern, bloßstellen, bei Beleidigungen und im Vorfeld von „mobbing"-Aktivitäten (bullying = Rabaukenverhalten).

Konfliktlotsen können und dürfen nicht eingesetzt werden z. B. bei Diebstahl, wenn Alkohol bzw. Drogen eine Rolle spielen, bei vorsätzlicher Sachbeschädigung mit Ersatzansprüchen, bei Erpressung, vorsätzlicher Körperverletzung, sexueller Belästigung, bei verfestigten Wiederholungsaktionen und schon gar nicht bei allen Lehrer-Schüler-Konflikten.

Im Rahmen dieses kurzen Exkurses kann auf die Ausbildungsinhalte für die Streitschlichter nicht differenziert eingegangen werden. Hier nur stichpunktartig einige Aspekte:
• Was ist ein Konflikt?
• Welche Rolle spielt „der Bauch", „das Herz", „der Kopf" in Konflikten?
• Was sind sprachliche „Türöffner" und „Kommunikationsblocker"?
• Was sind „Du-Botschaften", was sind „Ich-Botschaften"?
• Was ist „aktives Zuhören"?
• Konfliktanalyse an Fallbeispielen
• Wie kann man Konsens finden (lassen)?
• Wo gibt es im schulischen Feld mögliche Konfliktauslöser?
• Welche Gefühle entstehen bei verbalen Attacken?
• Welche visuellen und akustischen Signale gibt es?
• Wie geht das: „neutral" sein und bleiben?
• Welche Stufen kennt die Streitschlichtung?
• Welche Fragetechniken gibt es bzw. wende ich an (z. B. offene Fragen, konkretisierende Fragen, geschlossene Fragen, zirkuläre Fragen, überraschende Fragen, Testfragen)?
• Wo stoße ich an meine Grenzen, welche „Fälle" muss ich abblocken bzw. rechtzeitig abgeben?

Als sehr hilfreiche „Gesprächsöffner", „Türöffner" haben sich die in Kartenform vorliegenden Impulse (siehe Kopiervorlage 17 a und b, S. 175–176) erwiesen.

Wenn das Konfliktlotsenmodell eingeführt werden soll, müssen im Vorfeld Widerstände und Einwände überwunden werden, hier einige Tipps:
• Eltern sagen, Streitschlichten sei Lehreraufgabe, die Schüler seien überfordert, eventuell fällt auch Unterricht aus.
   → In Informationsblättern können Eltern schnell überzeugt werden; auch durch die Vorstellung positiver Erfahrungen, dass es Grenzen gibt, dass es eine optimale Ausbildung gibt, dass die Streitschlichter auch selbst „etwas davon haben".

- Schüler sagen zunächst einmal „das nütze sowieso nichts", „Da muss ich Freizeit opfern", „Streitschlichter sind bestimmt unbeliebt".
  → Innerhalb der zu gründenden Arbeitsgemeinschaft wird schon bei der „Werbung" schnell deutlich, dass dies Vorurteile sind. Es geht darum Verantwortung zu übernehmen, einen Beitrag für die Schulatmosphäre zu liefern, für sich selbst eine Menge zu gewinnen.
- Lehrer bezweifeln zunächst einmal die Kompetenz der Schüler, fürchten zusätzliche Arbeit, manchmal auch Kontroll- und Machtverlust. Sie befürchten organisatorische Probleme (Geld, Räume, Ausbildung u. a.), auch Unterrichtsausfall etc.
  → In Konferenzen vor Einführung des Modells müssen Schulleitung und engagierte/überzeugte Kollegen Überzeugungs- und vor allem Argumentationsarbeit leisten; dann allerdings sollte eine Mindestanzahl (Faustregel mind. 25 %) das Modell „mittragen".
  → Lehrerentlastung ist ein wichtiges Argument, aber auch Stärkung des Selbstwertgefühls, positive Veränderung der Schulatmosphäre. Unterricht entfällt nur ganz selten, in Abhängigkeit von der Schülerzahl, der Streitschlichterzahl, der Zahl der „Fälle". Im Übrigen gilt das Prinzip: Zum Schlichten so viel Zeit wie nötig, so wenig Unterrichtsausfall wie möglich.
- Schulleitungen befürchten manchmal Unruhe oder Chaos, Mehrarbeit, Probleme bei der Finanzierung, Überforderung der Schüler; es tauchen Fragen auf wie: Woher nehmen wir die Lehrerstunden zur Ausbildung der Streitschlichter und deren Begleitung? Wie wird die Akzeptanz sein bei Schülern, Kollegium, Eltern? Werden dann nicht unnötiger Weise Konflikte hochstilisiert, „geoutet"?
  → Im Rahmen der Schaffung eines Schulprofils kann die Einführung in das Konfliktprojekt ein wichtiger Baustein sein; die Außenwirkung ist enorm (Presse!), Schulleitung und Kollegium werden verantwortbar entlastet, der „Wohlfühleffekt" in Schulen verbessert sich deutlich, die Schülermitverantwortung wird gestärkt; durch die Übernahme von Eigenverantwortung werden sich Störfaktoren oder z. B. Sachbeschädigungen reduzieren.

Streitschlichter: Die Kartenabfrage
Ziehen – Denken/Entscheiden – Reden/Begründen

Zum Einstieg:
- Was soll ich hier?
- Ich bin gespannt.
- Ich bin geladen.
- Ich sage nichts.
- Lasst mich endlich loslegen.
- Wo sind die Lehrer?
- ...

Begonnen hat alles mit ...
- ... einer Handlung von mir;
- ... einer Handlung der/des anderen;
- ... Worten von mir;
- ...Worten der/des anderen.

Streitschlichter: Die Karteikarte

- Ganz schön geladen, was?
- Wie fühlst du dich jetzt?

- Schreibe einen, nur einen Satz auf, was eigentlich passiert ist.

- Bist du im Recht?
  Ja, weil ...
  Vielleicht doch nicht, weil ...

- Hinter Verärgerung steckt oft „Verletzung".
  Bist du „verletzt" (worden)?

- Welches Bedürfnis, welchen Wunsch hattest du vorher bzw. hast du jetzt?

- Ärger ist oft auch Furcht!
  Welche Befürchtungen/Ängste hast du gerade?

- Schreibe knapp eine konkrete Bitte an die andere(n) beteiligte(n) Person(en) auf.

Streitschlichter: Die Kartenabfrage
Ziehen – Denken/Entscheiden – Reden/Begründen

Mein momentanes Grundgefühl (ehrlich!)

- sauer
- enttäuscht
- traurig
- gelangweilt
- wütend
- gelassen
- ruhig
- …
- friedlich
- offen
- kalt

- Ich denke, wir beide sollten das allein packen.
- O.K. …, eure Hilfe (KL) bringt uns wahrscheinlich weiter.
- Wir brauchen Frau/Herrn …

Streitschlichter: Die Kartenabfrage
Ziehen – Denken/Entscheiden – Reden/Begründen

Was passiert ist …

- … tut mir Leid.
- … bereue ich.
- … möchte ich ungeschehen machen.
- … werde ich wieder gutmachen.
- … war unüberlegt.
- … war unfair … gegenüber.
- … wird hochgespielt.
- …

Mein Gegenüber

- … wenn ich den schon sehe …
- … ist mir eigentlich nicht unsympathisch.
- … ist völlig stur.
- … tut mir eigentlich ein wenig Leid.
- … würde ich am liebsten …
- …

Eltern und Lehrer – gemeinsam gegen einen „Albtraum Kindheit"

Hölderlin: „Oh, hätte ich doch nichts getan! Um wie viele Hoffnungen wäre ich reicher." Ganz sicher dürfen weder Eltern noch Lehrer *Hölderlin* strapazieren; sie durften es nie – sie dürfen es heute schon gar nicht.

Martin Buber: „Denn das innerste Wachstum des Selbst vollzieht sich nicht, wie man heute gern meint, aus dem Verhältnis des Menschen zu sich selbst, sondern aus dem Zwischen-dem-einen-und-dem-anderen."

Eine Selbstverständlichkeit? Mitnichten! Es ist eine unverzichtbare Erkenntnis, die es auch konkret umzusetzen gilt, dass die Identität des Menschen mehr aus dem Verhältnis der Menschen zueinander und der Entwicklung der Beziehungen erwächst als aus der Beschäftigung mit sich selbst. Gerade die Eltern und Lehrer sind solche „Menschen". Daraus erwächst ihnen eine hohe Verantwortung. Das geistige und seelische Wachstum von Kindern und Jugendlichen ist stark abhängig davon, mit welchen Verhaltensmustern sie konfrontiert werden. Ein dominantes Muster geben von Anfang an die Eltern, so sie denn für das Kind überhaupt „verfügbar" sind.

Wichtiger Dialogpartner und Orientierungshelfer ist natürlich dann auch der Lehrer oder die Lehrerin. Ein hohes Maß an Sensibilität und Verantwortungsbewusstsein ist von ihnen gefordert. Kinder selektieren nicht die positiven, wünschenswerten Verhaltensweisen, Aktionen und Reaktionen von den negativen, destruktiven, abzulehnenden. Sie lernen aus beiden, sie ahmen beide nach, sie internalisieren das gesamte Repertoire! Internalisierungsprozesse sind für jede psychische Strukturierung und Differenzierung in der Persönlichkeitsbildung des Menschen entscheidend.

Junge Menschen suchen nach Identifikationsmustern. Wenn sie diese nicht im Elternhaus, nicht in der Schule finden, zumindest nicht im erwünschten Maß, gehen sie auf Suche. Die Medien springen gerne ein! Gruppierungen, auch politische bzw. pseudopolitische (!) übernehmen auch Leitfunktion, stehen als Dialogpartner und Wertevermittler zur Verfügung. Diese „Dualunion", wenn sie auch nur symbolisch wirkt, wird Modell für Imitation und Identifikation. Sichtweisen werden übernommen, Methoden praktiziert. Wenn die Sichtweisen Machtstreben und Intoleranz sind, die Methoden Attacke, Aggression und Gewalt – auch sie werden imitiert und praktiziert.

Elternhaus und Schule dürfen kein Vakuum entstehen lassen, in das destruktive Energien gepumpt werden können. Die Art und Weise, wie gelebte Beziehungen verinnerlicht werden, führt zur Ausbildung innerer Strukturen für zukünftige Beziehungen, für die Belastungsfähigkeit von Kindern.

Heute fallen frühere Normen häufig weg. Dies kann zu größerer Freiheit und Individualität führen – kann! Dies kann aber auch zu Orientierungslosigkeit,

Hilflosigkeit, Kopfchaos führen, besonders dann, wenn die intakte Familie eher die Ausnahme als die Regel ist. Aus dieser Situation heraus wachsen Kinder auf, die ihre tiefe Selbstunsicherheit und ihre Selbstunwertgefühle durch aggressives Verhalten überspielen müssen. Wenn die Eltern kaum noch „halten", „trösten", „beruhigen", führt dies zwangsläufig zu Ängstlichkeit, Enttäuschung, Wut. Vielleicht will der Schüler, der sich Symbole auf seine Jacken näht, die Mütze im Unterricht nicht abnehmen will, Hefte und Bücher beschmiert, provozieren. Ganz sicher aber will er auch Wut loslassen, signalisieren, dass er zu einer Beziehung bereit ist, dass er verstanden werden will. Väter, Mütter, Lehrer, die sich nur provoziert fühlen, sind irritiert, fühlen sich abgelehnt und greifen zu unangemessenen „Gegenmaßnahmen". Die Psychoanalyse von heute weiß, dass die Leere der Gefühle, die Sinnlosigkeitsäußerungen mancher junger Menschen, das Störverhalten, auch die aggressiven Verhaltensweisen und Gewalttaten häufig verschlüsselte Botschaften von Beziehungslosen, von Verlorenen sind, die als Angst verstanden werden können. Aggressives Verhalten – motorisch, verbal, ablehnend, verhalten –, Einsatz von Gewalt machen für den Aktiven, den Auslöser, den „Täter" immer Sinn! Genau deshalb kann und muss es aus pädagogischer Sicht ein „Verstehen" geben, nicht aber eine Rechtfertigung. Häufig empfinden „Täter", besonders jüngere, kein Schuldbewusstsein; dies entbindet allerdings nicht von einer adäquaten Wiedergutmachung.

Aggression und Gewalt sind häufig ein Zeichen von Einsamkeit und mangelnder Verwurzelung in Familien. Aggression und Gewalt sind häufig das Ergebnis des Nichtgelingens von Sozialisations- und Erziehungsprozessen. Aggressives und gewalthaltiges Verhalten signalisiert häufig Desorientierung, schreit fast immer nach Anschluss und Anerkennung. Emotionale Defizite, Verzögerungen oder Verletzungen werden sichtbar.

Soll also nun die Schule Reparaturwerkstatt sein oder werden? Soll also Schule alle misslungenen Sozialisationsversuche zerbrochener Familien kompensieren? Soll also Schule Schonraum, Erholungsraum werden? Nur Reparaturwerkstatt zu sein hieße, auf Prävention zu verzichten und nur der Intervention Augenmerk zu schenken. Der einzelne Lehrer, in welcher Schulart auch immer, in welcher Altersstufe auch immer, kann nicht alles „Misslungene" kompensieren. Das hat er nicht gelernt, dazu wird er zu wenig fortgebildet, dazu hat er vor Ort oft zu wenig Zeit, manchmal aber auch zu wenig Kraft und Energie.
Schule als Schonraum? Schule muss sicher insgesamt wieder (wieder einmal?) pädagogischer werden. Aber die Schule darf die Gesellschaft nicht davon entlasten, selber erzieherisch zu wirken.

Eine Randbemerkung sei gestattet: Probleme bereiten den Lehrern nicht ausschließlich die aggressiven und auffälligen Schüler, sondern zunehmend sozial sehr sensibilisierte, sensible Schüler. „Herr ..., heute geht es der ... nicht gut. Nehmen Sie bitte Rücksicht, fordern Sie heute nicht zu viel ..." Die Bandbreite, vom sehr sensiblen Kind – manchmal empfindlich, manchmal empfindsam – bis hin zum sehr robusten Kind – manchmal temperamentvoll emotional, manchmal destruktiv aggressiv –, macht dem Lehrer das Unterrichten und Erziehen schwer.

In diesem Zusammenhang, verbunden mit der Tatsache wachsender Schülerzahlen je Klasse, muss nachgedacht werden über Teamarbeit und Supervision, über offene Türen und Helfersysteme in einem Schulhaus. Das Allein-in-der-Klasse-Sein kostet viel Energie – zu viel? Die exakte, differenzierende Wahrnehmung in großen Klassen ist kaum möglich. Die Dynamiken in den einzelnen Klassen sind so stark, dass sie von einem Lehrer kaum noch wahrgenommen, geschweige denn richtig interpretiert und bewertet werden können. Teammodelle, Kooperationsmodelle, individualisierende Maßnahmen, Zeit und Lehrer für meditative Formen – keine Schlagworte, sondern Notwendigkeiten! Lehrer brauchen nicht fehlerfrei zu sein, aber sie müssen ihre Fehler kennen, zugeben und gegebenenfalls ablegen können. Dazu bedarf es einer kritischen Selbstreflexion, einer Rückmeldung der Kinder und (!) einer konstruktiven Analyse und Beratung durch Kollegen.

„Was ist bloß mit den Kindern von heute los?" Vielleicht sollten Eltern und Lehrer besser fragen: „Was erwarten wir bloß alles von unseren Kindern, die konfrontiert sind mit Fernsehen – Video – Computer – Gewaltdarstellungen – zerrütteten Familien – Konsum – Konkurrenz – Leistung – Tabuverlust – Werteverlust bzw. -verschiebung – ...?"

Viele Erwachsene, Eltern und Lehrer, sind enttäuscht, dass Freiheit und Demokratie allein noch keinen Zustand aggressions- und gewaltfreier Konfliktlösungen gewährleisten. So wird nahezu jede Erscheinungsform von Aggression zum Vorwurf. Diese Sichtweise nimmt sicher Einfluss auf die Beobachtung und Bewertung aggressiver Phänomene. Enttäuschte erzieherische Anstrengungen provozieren geradezu die Frage, wie aggressiv bzw. wie friedlich Kinder grundsätzlich sein können bzw. sind.

„Albtraum Kindheit!" – Die Assoziationen um diese beiden Begriffe müssten stark divergieren. Werden sie zur Symbiose, so wäre dies die Bankrotterklärung aller Erziehung.

Wenden wir uns zunächst einmal dem Begriff „Aggression" im weiteren Sinne zu. Diese „Durchsetzungsenergie" lässt sich sinnvollerweise in konstruktive, defensive und destruktive Erscheinungsformen unterscheiden (nach *Fr. Specht*). *Konstruktive* Handlungen wollen ein Ziel erreichen, einen Vorteil erlangen, ohne dabei die Rechte anderer zu beschränken, ohne Feindseligkeit. Dieser konstruktive Prozess braucht immer Vorbilder.

Die *defensive* Aggression ist eine weit verbreitete, häufig aber als solche nicht interpretierte. Sie ist eine Reaktion auf tatsächliche oder vermeintliche Bedrohung. Dabei können durchaus auch feindselige Gefühle z. B. gegenüber dem Gleichaltrigen, dem Elternteil, dem Lehrer einfließen. Vielfach verteidigen sich Kinder heftig aggressiv, zu Hause oder in der Schule, obwohl kein sichtbarer Auslöser vorhanden ist. Die eigene (zu) hohe Sensibilisierung aufgrund von Negativerfahrungen ist die Ursache dafür. Geringfügigster Anlass ruft überstarke Reaktion hervor. Diese Reaktion wirkt entlastend, baut Spannung, auch Angst ab, hat Ventilfunktion. Die Schädigung kann Sachen ebenso treffen wie Personen. Sind Personen betroffen, werden ihr manchmal hinterher (!) Beweggründe unterstellt, die anfangs keine Rolle gespielt haben.

Destruktive Aggression will beschädigen, schädigen, ist immer feindselig. Sie hat immer mehrere Dimensionen und ist nie monokausal vereinfachend erklärbar. Sie gilt für Handlungsweisen eines Vierjährigen genauso wie für oft unverständliche Handlungsweisen scheinbar politisch motivierter 17-Jähriger. Wegen der multifaktoralen, komplexen Struktur ist eine adäquate, gerechte Reaktion, z. B. von Pädagogen, auch so schwierig. Mehrere Faktoren können sich im Vorfeld der destruktiven Aktion gegenseitig ungünstig ergänzen. In Frageform könnte dies z. B. heißen: Mit welcher Intensität erlebte das Kind bisher Konfliktlösungsversuche? Welches Repertoire hat es bisher selbst angewendet bzw. beobachtet, und wie erfolgreich war dies jeweils? Welche positiven Muster und Modelle stehen ihm zur Verfügung, welche Negativmuster kann es aktivieren? Ein nicht unwichtiger Aspekt sei noch kurz dargestellt: Kriminalstatistiken sagen aus, dass von Körperverletzungen (bezogen auf Kinder zwischen 8 und 14 Jahren) 89 % auf Jungen entfallen. Registrierte Störungen in Schulklassen gehen zu 94 % von Jungen aus! Sind Jungen aggressiver als Mädchen? Internalisieren Jungen schneller Negativvorbilder aus dem realen Leben oder den Medien? Aus einer Reihe von Befunden seien nur zwei aufgeführt. Erstens: Ein nicht unerheblicher Teil der Jungen meint (immer noch!), sich ständig der männlichen Identität vergewissern zu müssen – wie übrigens ein großer Teil ihrer Väter auch. Schon im Vorschulalter erwartet „man" andere Verhaltensweisen von ihnen … „Mächtige Männer" machen Eindruck, in der Wirklichkeit und besonders in den Medien.

Zweitens: Die Fähigkeit und Chance zum kritischen Vergleich schwindet. Zum einen nämlich „fehlen" Väter zunehmend in den Familien, sei es durch zu starkes berufliches Engagement oder bedingt durch Scheidung (90 % der Einelternfamilien sind Mutterfamilien), zum anderen fehlen männliche Identifizierungsmöglichkeiten in Kindergärten; es gibt ihn praktisch nicht, den männlichen Kindergärtner. Und auch in der Grundschule begegnen den Jungen überwiegend Lehrerinnen. Tatsächlich sind es häufig identitätsunsichere Jungen, die sich destruktiv-aggressiv verhalten und die Identitätsanleihen bei „machtvollen" oder gewalttätig auftretenden Gruppen „benötigen".

„Albtraum Kindheit" war Kindheit nicht schon immer begleitet von Störungen und Auffälligkeiten? Vergleicht man Beschreibungen auffälligen Verhaltens von Schulkindern vor etwa 40 Jahren mit heutigen Schilderungen, werden deutliche Veränderungen sichtbar: Früher standen Gehemmtheiten, „Spitzbübereien", auch Zwänge, manchmal Verwahrlosungstendenzen und neurotische Sprachstörungen im Vordergrund. Heute sind schwere Störungen häufiger zu beobachten, z. B. Interesselosigkeit, fast Apathie, Kontaktarmut, Unansprechbarkeit, unkontrollierte Wutausbrüche, sinnlose Zerstörung, motorische und verbale Attacken, aber auch ein hoher Grad an Kränkbarkeit. Manche Kinder unserer Zeit sind nicht nur einem Wertewandel, sondern einer Entwertung wichtiger Lebensbereiche ausgeliefert. Die Rollenerwartung hat sich verändert. Die spezifische Eigenheit der Kindposition hat sich verändert. Grotesker Verwöhnung von Kindern steht oft extrem überzogene Härte gegenüber. Kinder werden auch zunehmend von der Mutter oder dem Vater emotional „missbraucht" im Kampf um Gunst und Vertrauen, wenn Familien zerbrechen, zu zerbrechen drohen oder zerbrochen sind. Zerbrochene Familien – zerbrochene Träume – zerbrochene Herzen – „Albtraum Kindheit"?

Fakten:
- Kinder und Jugendliche sind immer das Spiegelbild der Erwachsenenwelt, ob es uns gefällt oder nicht.
- Unsere Gesellschaft kümmert sich um die Gewinner und um den Gewinn, die Opfer werden (zu) oft übersehen. Zu häufig wird der Erfolg und nicht die Leistung belohnt – welch ein Unterschied.
- Der Respekt vor fremdem Eigentum oder anderen kulturellen Eigenheiten ist immer geringer ausgeprägt.
- Die Fähigkeit, sich in andere hineinzudenken und hineinzufühlen, ist vielfach total unterentwickelt.
- Unmotiviertes Ausrasten nimmt zu.
- Schuldbewusstsein nimmt ab.
- Egozentrik, sensibel mit sich selbst umgehend, aber brutal mit anderen, nimmt zu.
- Hemmschwellen, besonders bei körperlichen Aggressionen, nehmen ab.
- Scheinbar unmotivierte Angriffe nehmen zu.

Wir müssen beginnen, unsere Kinder (wieder) besser zu studieren. *Rousseau* fordert bereits im Vorwort zu seinem Erziehungsroman „Emile": „Fangt also damit an, eure Schüler besser zu studieren, denn ihr kennt sie bestimmt nicht." Und weiter: „Das Kind ist nur böse, wenn es schwach ist. Macht es stark, und es wird wieder gut sein."

Wir, Eltern und Lehrer, dürfen uns nicht damit abfinden, den „Status quo" festzustellen. Das Sozialverhalten der gegenwärtigen Kindergeneration darf nicht erschöpfend umschrieben sein mit
- „Ich-Bezogenheit",
- „Sozialblindheit",
- „Erörterungstaubheit"!
Umschreibungsversuche wie
- „Konsumkindheit",
- „Medienkindheit",
- „Verplante Kindheit" dürfen nicht ohne Ergänzung bleiben!
Wer die gesellschaftliche Entwicklung so beschreibt
- „Kriegskinder",
- „Konsumkinder",
- „Krisenkinder"
darf nicht Recht behalten! Zu hoch wäre der Preis! „Albtraum Kindheit"?

Veränderte Kindheit

Schon bis hierher wurden immer wieder Faktoren genannt, die die Kindheit verändert haben und verändern. Im Folgenden seien nur einige Schwerpunkte gesetzt.

Kindheit, Jungsein sind sicher u. a. gekennzeichnet durch Spontaneität, Spielfreude, Fantasie, Lebenkönnen in der Gegenwart, Sorglosigkeit. Dies gilt es zu bewahren und zu pflegen, sowohl durch die Eltern als auch durch die Schule, ja durch alle Erziehungskräfte. Sicher kein Beitrag dazu ist die Trivialisierung von fast allen menschlichen Bereichen, die Enttabuisierung und „schonungslose" Enthüllung aller Bereiche der Kultur und zugleich aller Geheimnisse. *Postman* stellte schon 1983 („Das Verschwinden der Kindheit") fest, dass Konsequenz dieser Entwicklung das Verschwinden jeder Erwachsenenautorität ist. Wie Recht er hatte und hat! Kinder brauchen Nischen, Geheimnisse, brauchen positive Freundschafts- und Gruppenerfahrungen; sie suchen nach Mustern und Vorbildern. Sie suchen nach Sinn und/oder dann auch nach „Unsinn". Schonungslose, ungezügelte Liberalisierung, Pseudoliberalisierung ist kein Schritt in Richtung Offenheit, Ehrlichkeit, Transparenz, sondern überfordert häufig, macht orientierungslos, macht kaputt.

Viele Kinder und Jugendliche von heute sind „verinselte Kinder"; diese" Verinselung" passiert durch die autonome mediale Versorgung. Ohne pauschalisieren zu wollen und die notwendige Distanz zur Lage des einzelnen Kindes aus dem Auge zu verlieren, darf man doch die Behauptung wagen, dass viele unserer Kinder, besonders infolge der von den Medien (auch von Computern) beanspruchten Zeit, zunehmend „verarmen":
• weniger eigene Könnenserfahrung (Anstrengung kann Glück bedeuten!);
• kaum argumentativer Widerstand der Eltern (alle sehen fern!);
• schwindende Zuwendung (viele Eltern trennen sich!);
• Bezugspersonen fehlen (die Klein(st)familie ist „in"!);
• Verantwortungserfahrungen nehmen ab (die „Röhre" ersetzt das eigene Erleben!).

Der Klassiker der Familiensoziologie *René König* unterscheidet zwei Grundtypen der Familie:
• die „desorganisierte Familie",
• die „Fassadenfamilie".

In den „desorganisierten Familien" fehlt ein Teil im Elternsystem. In der „Fassadenfamilie" trennen sich die Eheleute nicht, obwohl die inneren Bedingungen des ehelichen Zusammenlebens nicht mehr gegeben sind.

Ulrich Beck ergänzt einen dritten Typ: die „Verhandlungsfamilie auf Zeit". Erstbetroffene solcher Tendenzen sind natürlich immer die Kinder; sie erleiden eigentlich nur Verluste. Sie verlieren nach der Trennung einen Elternteil; zumindest ist er nicht mehr ohne weiteres verfügbar. Die Zuwendung des verbleibenden Elternteils lässt nach; er hat zu viele eigene Aufgaben und Probleme. In der Regel treten auch ökonomische Einschränkungen ein. Frühere Verwandtschafts- und Freundschaftsbeziehungen werden abgebrochen; das zieht häufig den Verlust eigener Freunde nach sich.

Typische Symptome treten auf: Regression, Trennungsängste, Schlafstörungen u. a. In diesen Fällen müsste die Schulpolitik Sorge tragen für die Betreuung der Kinder, die sonst „ausgeliefert" sind. Die Horte, die in den neuen Bundesländern noch Grundschulkinder besuchen, gehören hier ebenso erwähnt wie Kinder- und Jugendhäuser; auch pädagogisch gut konzipierte Ganztagsschulen müssen angeboten werden.

So sehr aber die „heile" Familie wünschenswert wäre, so sehr eine für die Kinder zuträgliche Medienwelt, Spielwelt, Umwelt wünschenswert wäre – wir können dies kaum beeinflussen … Deshalb müssen sich Eltern und Lehrer fragen, wie sie Kinder mit den gegebenen Voraussetzungen „stark machen" können.

Kinder stark machen

Kinder müssen erfahren können, dass die unter eigener Anstrengung erbrachte Leistung Freude macht. Das können sie nicht erfahren, wenn Eltern und Lehrer von Anfang an ergebnisorientierte Leistung erwarten, wenn die Kinder von Anfang an einer produktorientierten Leistungsbeurteilung und Leistungsbewertung unterliegen anstatt einer prozessorientierten. Die individuelle Bezugsnorm, der individuelle Fortschritt, die individuelle Erreichbarkeit sind der Maßstab! Wenn man einem Erwachsenen fast täglich sagen würde, dass er untauglich sei für seinen Beruf – gesundheitliche und seelische Schäden wären die Folge. Bei Kindern nehmen wir es in Kauf! *Heckhausen* spricht von einer „resignativen Selbstwertbelastung", wenn Kinder ihre Anstrengungsbereitschaft vorzeitig aufgeben.

Gerechtigkeit ist nicht Gleichmacherei; Gleichmacherei ist nicht unterscheidende, persönlich zuteilende Gerechtigkeit. Kämen alle Kinder mit der gleichen Ausgangsposition in die Schule, wären einheitliche Maßstäbe gerecht. In jeder Erziehung, in jedem Unterricht ist Gerechtigkeit ohne angemessenen und verantwortbaren Ausgleich nicht denkbar. Allen Kindern, auch, ja besonders den benachteiligten, muss eine Chance eingeräumt werden. Das bedarf einer Umorientierung von Ergebniszentrierung auf Anstrengungszentrierung. Vorbereitung auf eine Leistungsgesellschaft, wie wir sie nun einmal haben, kann nicht heißen, deren Vorgaben und deren Maßstäbe einer vordergründigen Tüchtigkeit und das Ellenbogenprinzip unreflektiert und ungefiltert in die Schule hineinzulassen. Es sind Erfahrungen zu vermitteln, die die Schüler erleben lassen, dass zu den „Nicht-Starken" oder „Nicht-ganz-Starken" zu gehören, durchaus erträglich ist.

Ein paar „Ratschläge" für Eltern
(z. B. im Rahmen eines Elternabends)

Vorsicht: (zu viele, falsche) RatSCHLÄGE
können wie wirkliche SCHLÄGE wirken!

1. Nicht nur „IHRE" sind so …
2. Vielleicht waren SIE auch einmal so …
3. Kinder verhalten sich nach Mustern, … auch nach IHREN.
4. Die Erziehungsbotschaft: „Nicht schlagen!" – das Erziehungsmittel: „Schlagen!" …?
5. Kinder/Jugendliche brauchen Hilfen und Grenzen: dabei sind Mauern und Stacheldrahtzaun genauso wenig tauglich wie Styropor und Watte!
6. Werte vermitteln (z. B. Zuverlässigkeit, Hilfsbereitschaft, Ehrlichkeit, Toleranz, Leistungsbereitschaft, Durchhaltevermögen) – nicht verboten!
7. Tabus bewahren, auch einmal Nein sagen, konsequent bleiben – nicht verboten!
   (Zwischenfrage: Mögen Sie Ihre Kinder?
   Zwischenfrage: Können Sie sich selber leiden?)
8. Aggressive Kinder werden so nicht geboren …
   Was fehlt ihnen? Haben sie Niederlagen (private/schulische) zu verkraften?
   Brauchen sie mehr Hilfe/Zuneigung/Verständnis – als Strafe/Geschrei/Gefuhlskalte?
9. Vielleicht brauchen Eltern (und Lehrer) mehr Ruhe und Gelassenheit … mehr Zeit für die Kinder … mehr Geduld?
10. Jede persönliche Beleidigung tut weh.
11. Wer aus einer Fliege einen Elefanten macht oder mit Kanonen auf Spatzen schießt, ist eigentlich ohnmächtig.
12. „Fehler haben" ist kein Fehler – sie nicht einzugestehen und nicht an ihnen zu arbeiten, aber schon!
13. Der Geschmack von Eltern (und Lehrern) in Bezug auf Musik, Kleidung, Schriftbild, Zimmergestaltung, Freund/in, Fernsehen ist noch lange nicht der Geschmack der Kinder (Schüler) … noch lange nicht …
14. Fernsehen/Video – warum nicht … aber nicht immer – und nicht alles!
15. Mit den Kindern und mit den Lehrern im Gespräch bleiben, im Gespräch bleiben, im Gespräch bleiben …

Vom Schonraum Schule war schon einmal die Rede. Es ist pädagogische Fantasie nötig, wenn Gegengewichte gesetzt werden sollen, wenn dem schonungslosen Umgang untereinander etwas entgegengesetzt werden soll. Nicht das möglichst zeitsparende Vermitteln womöglich recht zusammenhangloser Informationsmengen ist geboten, sondern die Deutung der Zusammenhänge. Kinder brauchen zuneh-

mend mehr Orientierungswissen. Die Welt darf und kann nicht gezeigt werden als eine Welt vermeintlicher Fraglosigkeit. Kinder fragen, sollen fragen, müssen fragen dürfen. Diese Fragen müssen von Eltern und Lehrern zugelassen, provoziert werden.

Was macht Kinder noch stark? Sie brauchen Rituale. Rituale haben Entlastungsfunktion, haben Orientierungsfunktion. Rituale zu vereinbaren heißt nicht, jemanden zu gängeln. Vereinbarungen helfen, sich zurechtzufinden, bieten Sicherheit. Fixierte Zeiten, feste Orte, Regeln für das soziale Miteinander sind quasi „pädagogische Verordnungen". Sie sind besonders dann legitimiert, wenn sie in Zusammenarbeit entstanden sind, also nicht verordnet, sondern besprochen, begründet sind. Die verlässliche Wiederkehr schafft Vertrautheit und Stabilität. Angst erzeugende und individuelle Konkurrenz produzierende Verfahren sind hier absolut hemmend und damit abzulehnen. Es geht darum, ein entspanntes Feld zu schaffen, einen Gegenpol zu einem totalen, oft sensationslüsternen Informationssystem, in dem gerade Kinder häufig mit ihrer Angst allein bleiben. Kinder brauchen Zuversicht. Weder Eltern noch Lehrer können Zuversicht (nur) durch Reden aufbauen. Diese Zuversicht, das positive Denken, eine gewisse Gelassenheit lassen sich nicht „vormachen". Es muss erfahrbar werden in überschaubaren, mit einem pädagogischen Konsens verfolgten Aufgabenbereichen. „Zuversicht entsteht in der Wahrnehmung, dass das gemeinsame Bemühen der Individuen einer Schule spürbare Veränderungen bewirkt *(Cloer)."*

Zweifellos war Schule zu lange kognitiv orientiert; soziale, emotionale, ästhetische, praktisch-künstlerische Fähigkeiten müssen aber genauso ernst genommen werden wie die „nur" auf das Denken bezogenen Fähigkeiten. Auch das hilft, Kinder stark zu machen.

„SEL"-Gruppen bilden

„SEL" steht für Schüler – Eltern – Lehrer.
Wenn im schulischen Kontext von Kooperation die Rede ist, werden die Eltern häufig vergessen. Das Einbeziehen der Eltern ist aber unverzichtbar und inzwischen aus politischer und pädagogischer Sicht auch gefordert. Heute gibt es in Deutschland überall rechtlich gesicherte Formen der Mitwirkung bzw. Mitbestimmung der Eltern.

Die Kooperation zwischen Schule und Elternhaus vollzieht sich als *parlamentarische* Mitbestimmung (Elternversammlung, Beiräte) und bei *individuellen* Kontakten (Sprechtage, Sprechstunden, telefonische und briefliche Kontakte).

Diese eher traditionellen Formen sind teilweise berechtigter Kritik ausgesetzt: verkrustet, wenig effektiv, institutionalisiert, pseudodemokratisch strukturiert …

An neue Formen der Partizipation ist zu denken. Hier sei als Impuls und Ideengeber stellvertretend genannt die Empfehlung des Deutschen Bildungsrates „Zur Reform von Organisation und Verwaltung im Bildungswesen" mit dem Titel „Verstärkte Selbstständigkeit der Schule und Partizipation der Lehrer, Schüler und Eltern". Lehrer und Eltern müssen sich mehr nähern, nicht nur, aber besonders dann, wenn Aggressivität oder gar Gewalt sichtbar werden. Gemeinsame Intervention im Sinne von Prävention und im Sinne von Korrektur ist unverzichtbar.

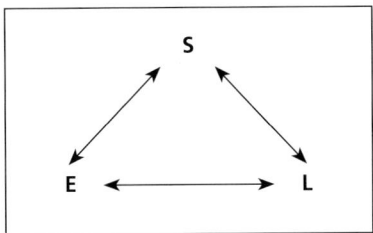

Es darf zu keiner Zweierkombination kommen, zu welcher auch immer, ohne dass der dritte Partner informiert ist bzw. um Rat gefragt wird.
- E + S ohne L → „Pakt" gegen den Lehrer; der Schüler fühlt sich von zu Hause in Aktionen gegen den Lehrer gestützt; der Lehrer kennt die Absprache zwischen Eltern und Schüler nicht.
- E + L ohne S → Der Schüler fühlt sich ausgeschlossen; „geheime" Abmachungen verunsichern, frustrieren, machen aggressiv.
- L + S ohne E → Die Eltern sind nicht informiert über Vorkommnisse, Vorhaben; sie können nicht stützend korrigieren, fördern und helfen; divergierende Methoden und Ziele können zu hoher Belastung des Schülers führen.

Regelmäßige Treffen der beteiligten Gruppen wären wünschenswert, wenn auch schwer realisierbar. Ich denke dabei z.B. an zehn Schüler, deren Eltern bzw. Elternvertreter, den Klassenlehrer plus einige Fachlehrer. Diese Zusammenkünfte sollten immer geplant sein. *Jede* Gruppe bringt ihre Sichtweise, Probleme, Perspektiven, Vorhaben usw. ein.

Natürlich sollten sich diese „SEL"-Gruppen nicht nur treffen und debattieren. Eltern müssten die Möglichkeit haben, auch im Unterricht anwesend zu sein – nicht kontrollierend, sondern beobachtend, registrierend, analysierend, helfend. Lehrer sperren sich anfangs häufig, weil sie „Überwachung" fürchten –

vielleicht brauchen manche Lehrer sie aber! –, weil sie die Kompetenz von Eltern und Schülern fürchten, weil das Ganze aufwändig erscheint.

„Klassenfamilien" *(Otto Herz, Schulkonflikte lösbar machen, Essen o. J., S. 88)* werden von einigen Eltern leidenschaftlich angenommen, von anderen leidenschaftlich abgewehrt. Diese Form braucht Initiatoren, braucht Anlaufzeit, braucht das Überwinden von Anfangswiderständen, braucht Durchhaltevermögen, möglichst auch die Solidarität mehrerer Lehrer.

Schüler nehmen diese Kooperations-/Kommunikationsform am lockersten, allerdings mehr in ihrer korrigierenden Interventionsfunktion nach einem „Vorfall".

Drei Fallbeispiele

> **Fall A: Die acht Störer**
> 4. Klasse, 30 Schüler
> Acht Störer (reden dazwischen, blödeln, ärgern Nachbarn, schlagen, beleidigen, arbeiten kaum mit usw.)
> Was tun?

Auch eine Möglichkeit: Sie isolieren die acht Schüler *nicht* im Sinne der Negativselektion, z. B. durch „Sonderaufgaben", durch „Vor-die-Tür-Schicken", durch „In-die-andere-Klasse-Schicken", durch „Zum-Rektor-Schicken" … Sie ersparen sich auch das permanente Mahnen, Schimpfen, Zurechtweisen, Brüllen.

(Auch) Diese Kinder brauchen Zuwendung, Aufmerksamkeit, wahrscheinlich sogar ganz besonders, *aber* nicht dadurch, dass man permanent ihr auffälliges Verhalten betont, thematisiert und damit ihr eher destruktives Verhalten verstärkt.

Zuwendung, Aufmerksamkeit ja – aber wie, in welcher Form?

Ein Versuch: Sie meistern es irgendwie, z. B. in Absprache mit der Schulleitung, dass Sie sich dieser speziellen Gruppe (z. B. durch Einsatz eines pädagogischen Assistenten, durch Aufteilung des Restes der Klasse auf andere Klassen) eine Stunde alleine widmen können.

Sie wenden sich nun den acht „Spezialisten" zu. Sie sind nur für sie da – also keine Negativselektion! Nun könnte die Moralpredigt kommen, der verbale Appell, Drohgebärden. Oder –?

Sie haben den Schülern einen Brief geschrieben, für alle gleichen Inhalts oder/und mit jeweils individuellen Zusätzen.

Die Kinder bekommen einen Brief – selten!

So könnte ein solcher Brief aussehen:

Hallo ...,
Du wunderst dich, dass ich dir schreibe?
Nun – zuhören ist ja nicht deine Stärke, aber das weißt du selber.
Vielleicht kannst du ja mal in Ruhe diesen Brief lesen.
Ich habe mich schon oft über dich geärgert. Du störst den Unterricht sehr oft.
Ich setze mich zu Hause hin und bereite alles vor; das kostet mich viel Zeit.
Du – und natürlich noch ein paar andere – machen dann alles kaputt.
Du redest dazwischen – die anderen sind ruhig,
du lachst laut los – die anderen wundern sich,
du schlägst wild herum – die anderen sind traurig und ängstlich,
du beleidigst mich – ich bin sauer,
du wirfst mit Kreide – und wer soll sie aufheben?
Es gibt noch so viel ... aber das langt schon.
* • *Habe ich Recht oder habe ich nicht Recht?*
* • *Warum schlägst du die anderen?*
* • *Möchtest du an einem anderen Platz sitzen?*
* • *Ärgert dich jemand in der Klasse?*
* • *Was ärgert dich an mir?*
* • *Bist du manchmal traurig?*
* • *...*
Du siehst, ich habe viele Fragen – du interessierst mich nämlich genauso wie alle anderen.
Möchtest du mir auch einen kleinen Brief schreiben oder lieber allein mit mir reden oder gemeinsam mit den anderen?

Die Kinder bekommen einen Brief von Ihnen – „Ich bin es ihr/ihm wert!"

Die Kinder lesen diesen Brief, leise, versammelt (eventuell kann man diese Phase durch intensive Musik im Hintergrund unterstützen).

Die Kinder *dürfen* den Brief beantworten – keine direkte, laute Rückmeldung – keine Verteidigungsrede – keine Rechtfertigung – keine Kontaktaufnahme untereinander.

In dem Bewusstsein, dass es natürlich beim Beantworten Ihres Briefes sprachliche Barrieren zu überwinden gibt, dass es nicht leicht ist, Gedanken und Gefühle zu Papier zu bringen, lassen Sie den Kindern viel Zeit. Wer früh fertig ist, malt noch ein Bild dazu – das übrigens bei eingeengter Themenwahl sehr viel aussagen kann. Wann haben die Kinder schon die Möglichkeit, nicht zwischen Tür und Angel, nicht mal eben unter vielen anderen, aggressionsfrei, ehrlich, spontan mit Ihnen in einen „Dialog" zu kommen? Sie warten gespannt auf Ihre Reaktion.

Sie können nun
• jeweils wieder einen Antwortbrief schreiben,
• Einzelgespräche suchen,
• Kleingruppengespräche bevorzugen,
• das Achter-Team als Gruppe ansprechen.

Geben Sie den acht „Spezialisten" ruhig einen gemeinsamen Namen („Club", „Spezialisten" …), das solidarisiert, schafft Bande zwischen Ihnen und den Kindern.

Schließen Sie vielleicht kleine, mittelfristige Verträge, mündlich durch Handschlag, schriftlich durch Unterschriften besiegelt. Legen Sie auch gemeinsam kleine Sanktionen fest, die Sie aber auch konsequent anwenden sollten.

Lassen Sie sich Ihre Stimmung nicht verderben, lassen Sie Ihr Vorhaben nicht „platzen", wenn Sie Rückschläge und Enttäuschungen einstecken müssen. Wenn es gelingt, in diesem ersten Schritt zwei oder drei Schüler aus der Gruppe herauszulösen, ist viel gewonnen. In einer Wiederholung der Aktion zu einem angemessenen Zeitpunkt „schaffen" Sie die nächsten …

Fall B: Der Konflikt ist gelöst!

Der Lehrer schreibt an der Tafel, hört laute Geräusche, dreht sich um und sieht gerade noch eine Schultasche „fliegen". Markus zieht Daniel vom Stuhl und holt zur Ohrfeige aus.

L (sehr laut): „Halt!"

M: „Aber der Daniel …"

L: „Schluss jetzt! Setz dich hin, aber sofort – wirds bald?"

M (lässt Daniel los): „Ich hab überhaupt nichts getan. Der da hat doch …"

L: „Schluss, ich will nichts mehr hören! Affentheater! Du fällst sowieso dauernd auf – es reicht! Ich hätte gute Lust und würde deine Eltern …"

M (erregt): „Immer ich, immer gehen Sie auf mich los!"

L (scharf): „Wenn du nicht sofort …, jetzt auch noch mosern. Raufen könnt ihr von mir aus nach der Schule. Markus, setz dich in die letzte Bank – sofort! Vielleicht benimmst du dich, wenn du allein bist, nicht wie ein Hottentotte!"

Markus schleicht demonstrativ langsam durch das Klassenzimmer und wirft die Schultasche auf die freie Bank.

L: „He – ich lass mir von dir nicht auf der Nase herumtanzen. Bis morgen drei Seiten aus dem Biobuch S. 12!"

Der Unterricht läuft weiter.

Später: Daniel läuft durchs Klassenzimmer, wirft Abfälle in den Papierkorb, geht auf dem Rückweg an Markus' Platz vorbei und streift sein Heft vom Tisch. Markus springt auf, knallt Daniel eine Ohrfeige ins Gesicht und setzt sich sofort wieder hin.

L (roter Kopf, sehr laut): „Das Maß ist voll! Markus! Verweis! Unverschämter Kerl! In der nächsten Sprechstunde sehe ich deine Eltern!"

Grabesstille in der Klasse.

Markus und Daniel fallen für den Rest der Stunde nicht mehr durch größere Störungen auf.

Der Konflikt ist gelöst … (nach V. Weinhold)

Fühlen Sie sich etwa entdeckt? Der „Fall" ist prototypisch, ein durchaus übliches Lehrerverhalten … Emotional ist die Reaktion durchaus verständlich, aber natürlich in keiner Weise konfliktlösend. Es darf auf einige typische Fehlverhaltensweisen verwiesen werden:

• Der Lehrer schneidet dem Schüler sofort das Wort ab: „Schluss jetzt …"
• Der Lehrer lässt keinerlei Erklärungen zu: „Schluss, ich will nichts mehr hören …"

- Der Lehrer nimmt sehr schnell eine einseitige Schuldzuweisung vor und verallgemeinert: „Du fällst sowieso dauernd auf …"
- Der Lehrer droht; der Konflikt soll hier schon hinausgetragen werden: „… gute Lust und würde deine Eltern …"
- Der Lehrer spricht „Pseudodrohungen" aus: „Wenn du nicht sofort …"
- Der Lehrer macht Andeutungen, dass ihm die Austragung des Konfliktes außerhalb der Schule gleichgültig sei: „Raufen könnt ihr von mir aus nach der Schule."
- Der Lehrer beleidigt. Beleidigungen erzeugen Widerstand: „… Hottentotte …"
- Der Lehrer verteilt uneffektive Strafarbeiten: „Bis morgen drei Seiten aus dem Biobuch S. 12!"
- Der Lehrer reagiert sehr allgemein auf eine selektive Wahrnehmung …
- Der Lehrer beginnt die Kontrolle zu verlieren, sein Gesicht zu verlieren, sich der Lächerlichkeit preiszugeben …

Die Reaktion hängt von vielen Faktoren ab, z. B. vom Temperament des Lehrers, auch von seiner momentanen Stimmungslage, von seiner bisherigen Beziehung zu den betroffenen Schülern. Gibt es bereits Vorfälle ähnlicher Art? Welche Stellung haben die Betroffenen in der Klasse? Welche Beziehung besteht zwischen dem Rest der Klasse und dem Lehrer?

Einige Verhaltensvorschläge (nur Vorschläge – Kombinationen möglich):
- Die Schüler weiterhandeln, agieren, „ausagieren" lassen und als Lehrer die konfliktgeladene Situation ertragen.
- Die beiden Schüler spielen nach einem zeitlichen Abstand die Situation noch einmal nach bzw. die Situation wird von zwei anderen Schülern nachgespielt und dann bewertet.
- Die Betroffenen suchen nach Alternativen, entweder nur sie selbst oder mithilfe der anderen Schüler.
- Die beiden Schüler zerreißen „Wutzettel".
- Die beiden Schüler werfen sich so lange einen schweren, vom Lehrer parat gehaltenen Medizinball zu, bis sie müde werden.
- Die beiden Schüler dürfen sich verbal „austoben", Dampf ablassen – unter Wahrung gewisser verbaler Grenzen – aber (!) der Lehrer wiederholt *jeden* Satz. Das schafft Distanz, Ruhe, Reflexion.
- Der Lehrer versäumt es nicht, mit den beiden Schülern *nach* der Stunde *ohne* Zuhörer noch einmal über die Situation zu sprechen.
- Der Lehrer stellt keine detektivischen Fragen, sondern bietet „Türöffner" an, z. B. „Du fühlst dich ungerecht behandelt …" oder „Möchtest du Daniel/ Markus etwas fragen …?" oder „Du hast eine Stinkwut im Bauch" …
- Die beiden Schüler schreiben nach einem zeitlichen Abstand je einen Satz, der mit „Ich …" bzw. mit „Er …" beginnt. Sie sollen selbst entscheiden, ob sie es

beim Schreiben belassen wollen, ob sie die Sätze austauschen wollen, ob sie die Klasse über das Notierte informieren.
- Der Lehrer schließt eine „Brainstorming-Übung" an, z. B. zum Begriff „Gewalt" oder „Wut" oder „Versöhnung".
- Im Übrigen sei verwiesen auf die zahlreichen Möglichkeiten des Kapitels „Durch Feed-back aggressives Schülerverhalten reduzieren": meditative Übungen, Feed-back-Formen, kommunikative/kooperative Spiele.

Fall C: Der verbalaggressive Angeber

Der „Angeber" ist in jeder Altersstufe zu finden. Er stellt insofern häufig ein echtes Problem für die Klassengemeinschaft und den Lehrer dar, als er selbst andere beleidigt, anschreit, sich selbst herausstellt und überschätzt und damit natürlich aggressives Verhalten, verbales oder motorisches, provoziert: Nicht selten sind diese Schüler Auslöser für böse „Verbalschlachten", aber auch für Raufereien.

Diese Schüler suchen meist Kontakte und haben kaum „Antennen" für die Probleme anderer. Sie neigen zu Besserwisserei, mischen sich ständig in fremde Angelegenheiten ein und zeichnen sich durch eine sehr egozentrische Grundhaltung aus. Als mögliches Begleitsymptom ist beobachtbar, dass „Freunde gekauft" werden sollen. Unehrlichkeit und Schadenfreude sind gekoppelt mit einem hohen Maß an Uneinsichtigkeit. Genau diese Verflechtung macht pädagogisch effektives Handeln oft so schwierig. Der Lehrer kommt nicht darum herum, die Einstellung der Eltern zum Kind zu ergründen. Hierbei geht es besonders darum, den Grad der Wertschätzung (wird das Kind „vergöttert"?), den Grad der emotionalen Zuwendung (wird das Kind überbehütet?) und das Mitwirken weiterer Erzieher (z. B. der Großeltern) bzw. das Fehlen von Erziehern (z. B. vaterlose Familie) zu ergründen. Die mögliche Vorbildwirkung von Bezugspersonen verdient ebenso Beachtung wie der bisherige schulische Werdegang, der häufig geprägt ist von einer *Serie* von Misserfolgserlebnissen und Niederlagen.

Ein Vorschlag für pädagogische Hilfe: Häufig geht die Frontstellung der Kinder in der Schule auf das Empfinden zurück, zu Hause und in der Schule keine Wertschätzung zu erfahren. Das klärende Elterngespräch, nicht nur einmalig, ist unverzichtbar. Bei Bedarf kann der Beratungslehrer vermitteln.

Besonders geeignet ist im Umgang mit dem Schüler das *Rollenspiel*. So soll versucht werden, dem Betroffenen seine „Angeber"-/Prahlhans"-Situation bewusst zu machen. Der Lehrer muss dazu z. B. einen kleinen Text oder eine kleine einfache Bildsequenz vorbereiten, wo deutlich wird, wie sehr sich einer immer in den Mittelpunkt stellt, alles besser weiß, sich einmischt, andere beleidigt, ihnen weh tut, dabei aber zunehmend isoliert bzw. auch attackiert wird.

Die Klasse wird zunächst kommentarlos mit der kleinen Text- bzw. Bildsequenz konfrontiert. Eine interessante Variante bietet sich an: Entweder spricht in dem Dialog nur „der Angeber", die Reaktionen der anderen bleiben offen, oder die Reaktionen sind ausformuliert, die egozentrischen Attacken, die Aggressionsauslöser bleiben ausgespart und müssen ergänzt werden. Dies kann individuell, in Partnerarbeit, in der Gruppe geschehen. Verschiedene Lösungsvorschläge werden vorgestellt, besprochen, einer davon z. B. auf Folie bzw. an der Tafel notiert.

Nun werden die Rollen verteilt und kurz besprochen. Ein unbeteiligter „Reporter" bereitet eventuell eine Videoaufzeichnung vor (in den Schulen gibt es zunehmend einfache, aber gute Videokameras) oder nimmt die Szene mit dem Kassettenrekorder auf. Das „Spiel" wird frei durchgeführt, aufgezeichnet und protokolliert. Der „Angeber" kann mitspielen, kann aber auch „nur" beobachten. Verschiedene Varianten sollten gezeigt werden. Der Lehrer befragt nach dem Rollenspiel die Schüler nach dem Wie und dem Warum, danach, wie sie sich jeweils gefühlt haben, hebt Schlüsselsätze hervor und thematisiert ihre Wirkung. Eventuell werden positive Lösungsversuche tabellarisch den negativen gegenübergestellt.

Einige kleine *Selbsteinschätzungsübungen* können die Rollenspiele begleiten. Der Lehrer vereinbart jeden Tag eine Übung mit dem Betroffenen, d. h. der „Angeber" bekommt dann eine bestimmte Punktzahl, wenn er sich selbst richtig einschätzt und nicht überschätzt. Beispiel:

3 Punkte: Wie weit springst du?

4 Punkte: Wie viele der 20 Punkte in der Geschichtsarbeit wirst du erreichen?

5 Punkte: Wie viele der 15 Rechenübungen wirst du in 20 Minuten erreichen?

5 Punkte: Wie oft wirst du in den nächsten beiden Unterrichtsstunden dazwischenreden?

Ein bestimmtes Punktepotenzial wird für einen überschaubaren Zeitraum (maximal eine Woche) vereinbart. Erreicht der Schüler den Punktestand, hat er nicht (!) mit einer außergewöhnlichen Belohnung zu rechnen. Dies würde eine Bevorzugung bedeuten für an sich selbstverständliches Sozialverhalten. Aber Schüler mit dieser Symptomatik brauchen Lob und Verstärkung. Der Lehrer lobt in angemessenen Worten die Anstrengungsbereitschaft, die Klasse unterstreicht dies z. B. durch Beifall.

Unterstützend zum Erreichen des Ziels kann wirken, wenn zwischen Schüler und Lehrer ein „geheimes" Signal vereinbart wird. Immer wenn der Schüler ansetzt anzugeben, verbal zu attackieren, sich einzumischen usw., zwinkert der Lehrer ihm zu oder legt seine Hand in den Nacken oder fasst sich ans Ohr oder …

Durch Feedback (vor-)aggressives Schülerverhalten reduzieren

Alte Strukturen aufbrechen!
Neue Ansätze wagen!

Feedback – was ist das?

Beim Feedback wird Verhalten zum Gegenstand des Gesprächs bzw. der Kommunikation. Es ist eine Methode, durch die ich dem anderen eine Rückmeldung über sein Verhalten oder eine Mitteilung über meine Eindrücke, meine Befindlichkeit, meine Betroffenheit, meine Gedanken und Gefühle gebe. Dabei wird immer die individuelle Persönlichkeit berücksichtigt.
Feedback heißt Rückmeldung.

Feedback ist
Reaktion von Sozialpartnern (in diesem Fall von Lehrern und Schülern) auf ihr Verhalten und es hilft den Schülern und den Lehrern, sich und den anderen besser, realistischer wahrzunehmen.

Feedback hat
verschiedene Ausdrucksformen, z. B.
• schweigen, reflektieren, betroffen sein,
• Gestik, Mimik;
• Worte, Erklärungen;
• schriftliche Mitteilung.

Im Schulalltag glaubt man kaum Zeit zu haben, um konkret zu erfahren, was der jeweils andere denkt und fühlt. So bleibt Lehrern häufig verborgen, dass sie selbst Aggressionsauslöser sein können. So bleibt Schülern manchmal verborgen, dass sie Lehrern durch bestimmte Aktionen „gewaltig" zusetzen können. Lehrer wissen oft nicht, warum Schüler Angst haben, den Unterricht stören, kaum mitarbeiten, etwas zerstören, aggressiv gegen Mitschüler und Lehrer handeln. Wollen Lehrer das nicht wissen? Fehlt das Instrumentarium, um Gründe und Hintergründe zu erfahren?

    Feedback-Formen helfen dabei, gruppendynamische Prozesse transparenter zu machen.

    Feedback-Formen spiegeln Gedanken, Gefühle, Einstellungen.

    Die Chance zum offenen *Feedback*-Austausch in beiden Richtungen sollte man nutzen.

Feedback heißt „Bescheid sagen", heißt „hineinschauen lassen". Deshalb sollten einige Grundsätze beachtet werden:

1. *Feedback* ist immer *freiwillig.*
2. *Feedback* kann (!) *anonym* bleiben.
3. *Feedback* braucht *Ruhe* und *Zeit.*
4. *Feedback* heißt, subjektive „Ich-Botschaften" senden, keine pauschalen, abstrakten „Man-Botschaften".
5. *Feedback* darf niemals ohne Reaktion und Konsequenz bleiben.
6. *Feedback* empfangen heißt, wirklich zuhören, nicht sofort in Gegenposition gehen. Es geht nicht darum, wer Recht hat, sondern nur um die Mitteilung von persönlichen Reaktionen auf ein Verhalten.

Feedback setzt primär an bei der Aggressivität, nicht erst oder nur ausnahmsweise bei der Aggression, setzt an bei der Gewaltbereitschaft, nicht erst bei der Gewalt, setzt an beim Potenzial, nicht erst beim Einsatz, setzt an bei der drohenden Gefahr, nicht erst beim Schaden.

Das Maß von mündlichem oder schriftlichem Feedback wird weit gehend bestimmt vom Maß des Vertrauens, das in einer Gruppe/Klasse zu finden ist.

Rückmeldungen sollen sich immer sowohl auf eher negative, als auch auf positive Eindrücke beziehen. Manchmal ist es sehr schwer, Gedanken, Eindrücke, Gefühle in Worte zu kleiden, zumal bei Kindern und Jugendlichen oft noch Sprachbarrieren hinzukommen. Deshalb ist eine Möglichkeit des Feedbacks eine schriftliche Vorgabe, in der nur noch geordnet, angekreuzt werden muss. Deshalb kann Rückmeldung auch z. B. mit Spielen und Übungen erfolgen (Kooperation/Kommunikation).

Wer die Effektivität und Notwendigkeit von Feedback ernsthaft infrage stellt, enthüllt damit etwas, nämlich, wie selbstverständlich der autoritäre Anspruch einer ausschließlichen Bewertung des Geschehens in Klassen durch den Lehrer – und nur durch ihn – verwurzelt ist. Der Lehrer, der gern (zu) autoritär führt, Meinungen und Gesinnungen gleichzeitig mit dem Wissensstoff manipulieren möchte oder die eigene Dominanz durch größeres Wissen gerne beibehält, der wird Zweifel haben, ob er sich zum Einsatz von Feedback-Formen entschließen soll.

Wer die eine oder andere Feedback-Form, präventiv oder korrigierend, in angemessener Weise, zum richtigen Zeitpunkt einsetzt, sensibel und gewissenhaft auswertet, nimmt eine echte Chance zur Reduzierung aggressiven Schülerverhaltens wahr.

Brainstorming – was ist das?

Brainstorming bedeutet „Gehirnsturm" – in möglichst kurzer Zeit wird alles gesagt bzw. geschrieben, was einem zu einem Begriff, einem Bild, einer Aussage, einer Frage, zu einem Problem einfällt. Fehler können nicht gemacht werden; jede Idee ist willkommen, auch eine ausgefallene. Eine Auseinandersetzung, eine Kritik mit dem Vorgebrachten erfolgt zunächst nicht. Die Schüler müssen die Scheu verlieren, Ideen, Gefühle, Gedanken spontan zu äußern, ohne Rücksicht z. B. auf eine eventuelle Erwartungshaltung der Mitschüler oder des Lehrers. Ideen, Begriffe, auch bruchstückhafte und unfertige Gedanken können Impulse für weitere Assoziationen sein. Brainstorming ist fast immer Teamwork. Die gefundenen Assoziationen sollten immer der Gruppe, der Klasse zur Verfügung gestellt werden, mündlich oder besser noch durch schriftliche „Veröffentlichung", z. B. an der Tafel oder auf Folien. Nichts stört einen kreativen, subjektiven Gedankenfluss mehr als Kritik und Analyse! Killerphrasen wie „unmöglich", „so ein Quatsch", „passt hier nicht" sind fehl am Platz.

Mündliche Feedback-Formen

Wie bin ich?

Ein Schüler sitzt auf einem Stuhl in der Mitte; er fragt seine Mitschüler, was sie an ihm mögen und schätzen, was ihnen gefällt, was angenehme Gefühle bei ihnen auslöst. Die Befragten – und diese werden vom Freiwilligen selbst ausgewählt sollen möglichst konkret, vielleicht mithilfe von Beispielen antworten, d. h. zunächst beschreiben und dann die ausgelösten Gefühle erläutern. Danach, und erst wirklich *danach,* fragt der in der Mitte sitzende Schüler, welche seiner Verhaltensweisen eher unangenehme Gefühle auslösen, z. B. Ärger, Ablehnung, Enttäuschung, Neid, Angst. Dabei darf er nachfragen und um genauere Erklärung bitten, er soll sich aber nicht sofort verteidigen und „kontern". Der Lehrer hat dabei besonders darauf zu achten, dass sich die Äußerungen auf konkretes Verhalten beziehen, möglichst nicht auf Situationen, die schon länger zurückliegen. Moralische Wertungen sollen vermieden werden; unveränderbare Merkmale, z. B. Körpergröße und Aussehen, stehen nicht (!) zur Debatte.

Der in der Mitte sitzende Schüler entscheidet, wann die Übung beendet sein soll, und er entscheidet auch, ob er nachher im Einzelgespräch mit jemandem Kontakt aufnehmen will.

Kleine Vorstellungsübung

1. Ich unterscheide mich von den anderen Menschen darin, dass ...
2. Das, was ich am ehesten an mir ändern möchte, ist ...
3. Vor drei Jahren dachte ich noch ...
4. Was niemand an mir versteht ...
5. Manchmal träume ich davon, ...
6. Der Mensch, den ich am meisten mag, ist eine Person, die ...
7. Es ärgert mich wirklich, wenn ...
8. Besonders freuen kann ich mich ...

Auch sich untereinander besser zu kennen ist Prävention gegen Aggressivität. Nicht der Name (allein) und ein paar oberflächliche „Daten zur Person", in der großen Vorstellungsrunde dahingesagt, brechen Anonymität auf. Die acht Statements (siehe *Kasten* oben) lassen recht tief in die Seele eines Menschen schauen. Dabei ist zu beachten, dass die Beantwortung immer freiwillig erfolgt, dass auch ausgewählt werden darf. Rückfragen durch die Mitschüler können zugelassen werden – oder auch nicht. Diese kleine Vorstellungsübung hat ihren Ort nicht nur am Schuljahresanfang, sondern kann immer wieder eingesetzt werden; Sichtweisen und Einstellungen ändern sich, besonders bei Kindern und Jugendlichen.

Das stört mich!
Diese kleine Übung ist eher für jüngere Schüler geeignet.

1. Ich kann nicht aufpassen, weil es so laut ist.
2. Ich finde, es dauert zu lange, bis der Unterricht beginnt.
3. Ich kann nicht schreiben und rechnen, weil ein paar immer stören.
4. Ich meine, der Lehrer/die Lehrerin redet fast immer selbst.
5. Ich finde, der Lehrer/die Lehrerin schimpft zuviel.
6. Ich finde, der Unterricht ist langweilig.
7. Ich werde zu selten aufgerufen.
8. Ich verstehe vieles nicht.
9. Ich finde, dass ich zu lange stillsitzen muss.
10. Ich glaube, die anderen lachen mich aus.

Eine einfache, effektive und Grundschülern angemessene Auswertung kann dadurch erfolgen, dass vier Kästen zur Verfügung stehen, die die Zustimmung zu den einzelnen Aussagen mit „oft", „manchmal", „selten", „nie" unterscheiden. Die Schüler stecken zu jeder Feststellung einen Zettel mit der Nummer in einen der Kästen. Bei diesen Aussagen handelt es sich ausschließlich um mögliche Störfaktoren des Unterrichts bzw. Aktivitäten im Vorfeld aggressiven Verhaltens. Dies zu reflektieren, sich und den Schülern bewusst zu machen, ist unverzichtbar. Die Ergebnisse sind sowohl für den Lehrer aufschlussreich, als auch natürlich für die Schüler, die einen Spiegel vorgehalten bekommen, was *ihnen, ihnen selbst*, nicht gefällt, was sie gerne anders wollen.

Die Situationen und Reaktionen werden den Schülern einzeln vorgestellt. Das Gesprächsverhalten des Lehrers ist eine wichtige Komponente im Lehrer-Schüler-Verhältnis. Häufig kommen leichtsinnige, unreflektierte Lehreräußerungen ganz anders beim Schüler an als beabsichtigt. Bei der Diskussion über die möglichst positive Reaktion kann der Lehrer auf die „nicht direkten Reaktionen" hinweisen, z. B. wortlose Annahme durch Gestik und Mimik, bewusste Nichteinmischung, passives Zuhören (Schweigen), aktives Zuhören durch „Türöffner" *(Gordon)*.

Wenn der Lehrer solche oder ähnliche Reaktionen überhaupt zum Gegenstand des Gesprächs macht, fühlen sich die Schüler beachtet, geachtet, angenommen, ernst genommen. Sie werden dann sicher eher angstfrei, gesprächsbereit, aggressionsärmer. Der Lehrer muss den Mut haben, die Reaktionen auf sich beziehen zu lassen. Die Tatsache, dass *ihr* Lehrer alternatives Lehrerverhalten vorstellt, dass er Stellung bezieht, sich infrage stellen lässt, bedeutet Öffnung, Kommunikationsbereitschaft, Transparentmachen von Erziehung, signalisiert Feed-back-Bereitschaft.

Der Tauschdialog

Im Grunde handelt es sich hierbei um ein rein formales Setting, das inhaltlich nicht näher bestimmt werden kann und soll.

In der Mitte des Klassenzimmers werden zwei Stühle gegenüber gestellt. Jeder Stuhl stellt jeweils eine andere Seite ein und derselben Person dar. Diese Übung eignet sich besonders für eine Situation, in der ein Schüler im Zwiespalt ist, in der zwei unterschiedliche, sich widersprechende Interessen aufeinander treffen. Dieser intrapersonale Konflikt könnte z. B. so aussehen:

- „Ich möchte aufpassen, weil ich ein gutes Zeugnis brauche, *aber* ich möchte auch stören, weil das Spaß macht."
- „Ich möchte mich in der Klasse wohlfühlen und anerkannt sein, *aber* ich raufe gerne und setze meine Meinung manchmal mit der Faust durch."
- „Ich mag eigentlich meinen Lehrer und weiß, dass er sich für mich einsetzt, *aber* es macht mir auch Spaß, ihn zu ärgern und zu provozieren."
- „Ich möchte ja meine Hausaufgaben machen und am nächsten Tag in der Schule keinen Ärger bekommen, *aber* mit der Clique etwas gemeinsam zu unternehmen, macht halt mehr Spaß."

Der Schüler setzt sich nun zunächst auf einen Stuhl und spricht laut in Richtung des zweiten Stuhls. Er sollte zunächst mit einer kleinen Vorstellung beginnen: „*Ich* bin der Teil, der ja eigentlich …, und *du* bist der Teil, der immer wieder …" Dann wechselt er den Stuhl (und damit die Perspektive) und spricht wieder laut. Im folgenden „Zwiegespräch" werden nun mehrfach die Stühle gewechselt. Die beiden Teile in derselben Person treten somit in einen Dialog; sie erzählen einander, wie sie sich gegenseitig empfinden, was sie voneinander halten, warum sie Recht haben, versuchen den jeweils anderen zu überzeugen, schwächen die Argumente des anderen ab, untermauern die eigenen Argumente durch Beispiele usw. Dabei soll sich der Schüler viel Zeit lassen, um auf die Gefühle und Stimmungen des „anderen" zu achten und zu hören. Die jeweils entstehenden Pausen sind nicht nur erlaubt, sondern erwünscht. Der Schüler entscheidet selbst, wann er den Dialog abbricht. Er entscheidet auch darüber, wie viele und welche Mitschüler zuhören und ob sie *nach* der Übung Feed-back geben sollen oder nicht.

Der betroffene Schüler muss sich danach selbst fragen, bei welchem Teil er stärker angesprochen war, auf welcher Seite aus seiner (!) Sicht die besseren Argumente lagen, was ihm über seine Einstellung deutlich wurde, welche Seite er verstärken will und welche konkreten Schritte er sofort einleitet.

Kinder! – Kinder?

Die Schüler notieren im Sinne eines Brainstormings ihre Assoziationen und geben vielfältigen Anlass für unterschiedliche Aufarbeitung der Thematik „Gewalt".

Was sehen Sie? …
Eine junge Dame? …
Eine alte Frau? …
Gelingt es Ihnen, beide Figuren zu
sehen,
umzustrukturieren?

Schüler streiten oft genug darüber, ein und dieselbe Situation unterschiedlich gesehen zu haben. Sie bezichtigen sich gegenseitig der Lüge, weisen Schuld zu, unterstellen falsche Aussagen. Jeder ist fest der Meinung, das „Richtige" gesehen zu haben; vom Gegenteil ist er nicht zu überzeugen. Der Streit ist programmiert; so entstehen oft (kleine) Feindschaften.

Über optische Brücken dieser Art kann man Kindern beweisen, dass ein und dasselbe Bild durchaus Unterschiedliches darstellen kann bzw. von verschiedenen Betrachtern Unterschiedliches gesehen wird – und keiner lügt! Der Transfer in die alltägliche Schulsituation gelingt leicht, die Einsicht ist die Basis der Verständigung.

Erzogen – aufgezogen

Mit Hilfe dieser Zeichnung (siehe Cartoon unten) lassen sich einige Leitfragen bearbeiten, z. B.
• Beschreibe den Gesichtsausdruck des „Kleinen" und des „Großen".
• Wer könnte der „Kleine" und wer der „Große" sein?
• Stelle zusammen, welche Absicht der „Kleine" haben könnte.
• Warum sind manche Schüler so aggressiv?
• Warum sind Lehrer manchmal „machtlos"?
• Welche Wege gibt es, um die Zusammenarbeit zwischen Lehrer und Schüler besser zu gestalten?
• Was kannst du dazu beitragen, um in einer angenehmen Klassengemeinschaft zu leben?

Training zur Unterscheidung von förderlichem und hinderlichem Gesprächsverhalten

1. Gerade, wenn ich mich besonders freue, dass ich mit … zusammenarbeiten kann, soll ich etwas anderes tun.
   a) Auch noch patzig werden, was?
   b) Jetzt bist du richtig sauer, wütend, traurig …

c) Red nicht so ein dummes Zeug, mach schon!

d) Du willst ja nur wieder von ihm abschreiben.

e) Weißt du vielleicht eine andere Lösung?

f) Es tut mir auch Leid, dass ich dich jetzt stören muss.

2. Gestern lief es richtig toll. Ich bin nach Hause gekommen und habe mich gleich an die Arbeit gemacht und im Nu war ich fertig.

a) Na, siehst du, es geht doch, wenn du willst.

b) Das war wohl ein richtig tolles Gefühl für dich, oder?

c) Du sagst das so, als wärst du selber erstaunt gewesen.

d) Ich freue mich mit dir.

e) Als wenn das etwas Besonderes wäre, das machen die anderen doch täglich so!

f) Das liegt bloß an deiner neuen Einstellung zur Arbeit.

3. Solche Aufgaben zu rechnen, ist doch wohl der letzte Mist. Ich brauche das doch nie in meinem Leben.

a) Du wirst später verstehen, dass dir das Rechnen nützt.

b) Das kann ich sicher besser beurteilen als du.

c) Du magst diese Rechenaufgabe wohl nicht besonders, ja?

d) Du willst dich nur wieder drücken, du fauler Strick!

e) Auch noch frech werden, he?

f) Irgendwie hast du überhaupt keine Lust, jetzt zu rechnen.

4. Wenn der Peter morgen wieder da ist, dann kann er was erleben!

a) Du hast eine Stinkwut im Bauch.

b) Reiß dich zusammen, und lass dich nicht beim Prügeln erwischen.

c) Wie kannst du dich nur über solch eine Kleinigkeit ärgern!

d) Ich sehe, dass du ganz schön geladen bist, stimmt das?

e) Ich an deiner Stelle würde ihn gar nicht beachten.

f) Als Klügerer gibst du halt nach.

5. Erst haben Sie alles mitgemacht und jetzt lassen Sie uns doch hängen. Auch nicht besser als die anderen Pauker!

a) Ich merk, dass du ganz schön wütend über mich bist.

b) Das will ich gleich mal beweisen, wie Recht du hast.

c) Aber schau doch, was ich alles für euch getan habe.

d) Und undankbar bist du auch noch, nach all der Mühe!

e) Ich fühle mich ziemlich mies, wenn du mir so etwas sagst.

f) Wie kannst du nur so schlecht von mir denken!

(Schwäbisch, L./Siems, M., Anleitung zum sozialen Lernen für Paare, Gruppen und Erzieher)

Schriftliche Feedback-Formen (am Beispiel Deutschunterricht)
Stimmungsbarometer

Datum: _____ Ort: _____

Familienname: _____ Vorname: _____

geb.: _____ Wohnort: _____

	a)	b)	c)	
1. Wie fühlst du dich … a) … in der Klasse? b) … in der Gruppe? c) … im Deutschunterricht?				1 äußerst unwohl 2 ziemlich unwohl 3 mehr unwohl als wohl 4 weder unwohl noch wohl 5 mehr wohl als unwohl 6 ziemlich wohl 7 äußerst wohl
2. Arbeitsintensität im Deutschunterricht : a) Wie arbeitet die Klasse? b) Wie arbeitet die Gruppe? c) Wie arbeitest du?				1 faul und unwillig 2 ziemlich oberflächlich 3 öfter oberflächlich als tief gehend 4 weder oberflächlich noch tief gehend 5 öfter tief gehend als oberflächlich 6 ziemlich tief gehend 7 sehr interessiert
3. Waren die Arbeitsaufträge im Deutschunterricht klar? a) Der Klasse? b) Der Gruppe? c) Dir selbst?				1 stets unklar 2 meistens unklar 3 oft unklar 4 manchmal unklar 5 häufig klar 6 meistens klar 7 stets klar
4. Sachbezogenheit des Gesprächs: a) Wie war das Gespräch in der Klasse? b) Wie war das Gespräch in der Gruppe? c) Wie war dein eigenes Gesprächsverhalten?				1 immer sachfremd 2 häufig sachfremd 3 gelegentlich sachfremd 4 manchmal etwas an der Sache vorbei 5 selten sachfremd 6 meistens sachbezogen 7 stets sachbezogen
5. Wollten einige Schüler eigene Standpunkte durchsetzen? a) In der Klasse? b) In der Gruppe? c) Du selbst?				1 alle bzw. immer 2 sehr viele bzw. meistens 3 viele bzw. oft 4 manche bzw. manchmal 5 wenige bzw. mitunter 6 kaum jemand bzw. sehr selten 7 keiner bzw. nie
Summe der 1. Seite				

	a)	b)	c)	
6. Wurden abweichende Meinungen genügend angehört und gewürdigt? a) Von der Klasse? b) Von der Gruppe? c) Von dir?				1 gar nicht erst angehört 2 kaum angehört 3 meistens angeh., nicht gewürdigt 4 stets angeh., aber nicht gewürdigt 5 wenn möglich gewürdigt 6 meistens gewürdigt 7 immer angehört und gewürdigt
7. Hast du im Deutschunterricht (mit)arbeiten können? a) In der Klasse? b) In der Gruppe? c) Für dich allein?				1 ich kann überhaupt nie (mit)arbeiten 2 eigentlich nicht 3 selten 4 manchmal und manchmal nicht 5 meistens 6 immer 7 selbstverständlich
8. Wie schätzt du im Deutschunterricht ein … a) … die Klasse? b) … die Gruppe? c) … dich selbst?				1 denkbar faul 2 ziemlich faul 3 eher faul als eifrig 4 weder faul noch eifrig 5 eher eifrig als faul 6 ziemlich eifrig 7 denkbar eifrig
9. Wie schätzt deiner Meinung nach der Lehrer ein … a) … die Klasse? b) … die Gruppe? c) … dich?				1 denkbar faul 2 ziemlich faul 3 eher faul als eifrig 4 weder faul noch eifrig 5 eher eifrig als faul 6 ziemlich eifrig 7 denkbar eifrig
10. Wie ist der Lehrer … a) … zur Klasse? b) … zu deiner Gruppe? c) … zu dir?				1 äußerst abweisend 2 ziemlich abweisend 3 mehr abweisend als verständnisvoll 4 weder abweisend noch verständnisvoll 5 mehr verständnisvoll als abweisend 6 ziemlich verständnisvoll 7 äußerst verständnisvoll
Summe der 1. Seite				
Summe der 2. Seite				
Gesamtsumme 1 und 2				
	: 10	: 10	: 10	
Durchschnittswerte				
Gesamtdurchschnitt				

Das Stimmungsbarometer als schriftliche Feedback-Form bietet eine Fülle von Anwendungsmöglichkeiten (hier bezogen auf den Deutschunterricht). Sie ist eine einfache, leicht anwendbare und effektive Methode. Während eines Schuljahres sollte sie drei- bis viermal durchgeführt werden, denn gerade Verschiebungen dienen dem Lehrer gewissermaßen als Kontrolle. Voraussetzung dazu ist allerdings, dass eine Atmosphäre der Bereitschaft geschaffen wird, aus direkten Erfahrungen etwas über eigenes und fremdes Verhalten zu lernen.

Die Ermittlung der Daten ist nicht identisch mit einer Untersuchung. Der Lehrer darf hier nichts nur für sich gewinnen wollen, woran die Klasse, die Gruppe, der einzelne seinen Anteil hat. Jeder Schüler braucht das Gefühl, als Person einen Wert darzustellen. Das klingt selbstverständlich, aber die häufigste Methode gegen Unvollkommenheit und abweichendes Verhalten sind Tadel, den Wert des Schülers infrage zu stellen, seine Unzulänglichkeiten zu betonen, sein Selbstvertrauen zu unterminieren.

Zur Auswertung:
Der Schüler setzt bei jeder Fragestellung drei Ziffern ein: Spalte a) bezieht sich immer auf die Klasse; Spalte b) bezieht sich auf die jeweilige Gruppe; Spalte c) bezieht sich auf den einzelnen Schüler.
Die Schwerpunkte der Fragen:
• pauschales Befinden,
• Arbeitsintensität,
• Verständlichkeit der Arbeitsaufträge,
• Gesprächshaltung,
• Toleranz gegenüber anderen Standpunkten,
• Einschätzung der Leistung,
• Einschätzung der Klasse durch den Lehrer,
• Lehrerbeurteilung.

Über die gesamte Klasse hinweg lassen sich die jeweiligen Mittelwerte je Fragestellung, zugeordnet zu Klasse, Gruppe, Einzelschüler, leicht errechnen. Da die Befragung mehrmals im Jahr stattfindet, ist eine grafische Auswertung möglich; diese muss der Klasse sichtbar gemacht werden und dient zur Diskussion und zum Hinterfragen möglicher Ursachen für auftretende Veränderungen. Selbstverständlich werden keine Einzelergebnisse diskutiert oder gar „veröffentlicht". Mögliche Ursachen für Aggression im Schulalltag können z. B. Monotonie des Unterrichts, keine wechselnden Sozialformen, intolerante Haltung gegenüber anderen Meinungen, Unter- oder Überschätzungen von Leistungen sein. Diese Gesichtspunkte sind in die Prozessanalyse eingeflossen.

Der Lehrer kann im Gespräch mit den Schülern solche Ursachen mithilfe der Auswertung zum Thema eines Gesprächs machen. Jeder ist mit dem sichtbaren grafischen Verlauf konfrontiert und kann nach den jeweiligen Ursachen suchen.

Fremde bei uns

„Die Ausländer sollen raus aus Deutschland! Das sagt mein Vater auch – wegen der Arbeitsplätze und der Wohnungen. Nur die Ajda aus unserer Klasse, die ist in Ordnung, die soll hierbleiben!"

„Letztes Jahr hatten wir ein Schulfest. Da haben auch ausländische Eltern und ihre Kinder was gemacht: Es gab Spezialitäten aus vier Ländern und die Mädchen haben Tänze aufgeführt. Das hat mir gut gefallen. Man weiß ja eigentlich kaum was über die ausländischen Schüler. Vielleicht gibt es deshalb oft Ärger?"

„Ich find das total doof mit den Parolen: ,Deutschland den Deutschen', ,Ausländer raus!' und so. Auch an unserer Schule laufen ein paar mit Springerstiefeln und so Schnürsenkeln herum. Sie sprühen Parolen. Die Lehrer, die kriegen das oft gar nicht mit!"

„Die Asylbewerber kommen doch nur, weil wir reich sind und sie arm – von wegen politisch verfolgt. Die kommen, leben auf unsere Kosten, nehmen uns Arbeit und Wohnungen weg. Schluss jetzt – wir können nicht alle Armen der Welt aufnehmen!"

„Das gibt oft Probleme. Die treten immer in Gruppen auf und halten unheimlich zusammen. Manche haben Angst vor denen. Auf dem Schulhof geben sie den Ton an, da hat man alleine keine Chance. Und die sind alle im Karateclub."

„Ich bin hier in Deutschland geboren. Die Türkei kenne ich nur von Urlauben her und ich bin immer wieder froh, wenn ich hier in Deutschland bin. Deutschland ist meine Heimat, aber meine Eltern wollen zurück. Sie wollen, dass ich in der Türkei heiraten soll …"

„Wir sind aus Afghanistan. Dort ist alles kaputt; mein Vater ist verschwunden. Mutter ist verzweifelt und weint immer. Ich bin in einer Extraklasse. Ich verstehe mich mit vielen gut. Aber ein paar sagen, wir sollen abhauen."

„In Syrien ist Krieg. Mein Onkel und mein Bruder sind tot. Wir sind geflohen. Wir hatten Angst – wie tausend andere auch. Danke, dass wir da sein dürfen und ohne Angst leben können."

Was meinst du dazu?
Nimm Stellung zu jeder Aussage und bgründe deine Meinung.

Meditative Formen gegen aggressives Verhalten

Hat man dafür Zeit? In einer Schule, die häufig mehr fordert als fördert, ist diese Frage nicht verwunderlich. Die Zeiteinheiten, die ein Lehrer in einfache, aber sehr intensive meditative Übungen investiert, werden mehrfach zurückgewonnen. Es braucht nämlich dann viel weniger Zeitaufwand und Energieverschleiß, um Schüler zu beruhigen und zu sammeln, um aktive Mitarbeit zu erreichen, um Randstörungen aller Art zu beseitigen. Die Konzentration steigt, die Lernbereitschaft nimmt zu, Toleranz und Kooperation werden selbstverständlicher, aggressives Verhalten reduziert sich.

Kann ich das überhaupt? Es geht bei meditativen Übungen im Unterricht nicht um schwierige, nur von Psychologen und anderen Fachleuten durchzuführende Übungen. Es wird nicht nach einem Mantra meditiert, es wird nicht im Sinne ganzheitlicher Meditation vorgegangen; auch die Grundsätze des autogenen Trainings, so wertvoll das auch ist, brauchen nicht beherrscht zu werden. Die indische Yoga-Meditationstechnik, die mehr westlich geprägte Form des Hatha-Yoga, das buddhistische Zen, die Transzendentale Meditation, die religiöse Mystik – so wertvoll und effektiv diese und andere Formen der Meditation sein mögen – in der Schulpraxis können sie nicht zur Anwendung kommen!

Das Wichtigste im Rahmen von Meditieren in der Schule ist die Bereitschaft des Lehrers und der Schüler, sich einzulassen auf ein paar Phasen der Selbstreflexion, einer sensiblen Fremdwahrnehmung. Meditieren gehört in ein pädagogisches Gesamtkonzept zur Prävention, z. B. von Störungen und aggressivem Verhalten. Ein sensibles Hinschauen, Hinhören, Wirkenlassen muss bei vielen unserer Kinder erst wieder behutsam angebahnt werden. Das Potenzial ist bei jedem vorhanden, aber oft verschüttet.

Und wie soll ich vorgehen? Von heute auf morgen wird ein Lehrer nicht meditieren bzw. Schüler zur Meditation bringen können. Es ist empfehlenswert, in einem *ersten Schritt*, z. B. im Musikunterricht, eventuell unter Mithilfe eines Kollegen die Bedeutung von *Musik* für die eigene Gestimmtheit zu erfahren bzw. erfahren zu lassen.

Die Schüler spüren, wie sehr Musik eine Grundstimmung verändern kann. Aggressive, dynamische, wuchtige Musik wühlt auf, macht wach, aktiviert; weiche, sensibel instrumentierte Musik macht ruhig, besinnlich. Diese Wirkungen werden anhand verschiedener Musikstücke demonstriert bzw. erspürt.

In einem *zweiten Schritt* sollte die Übertragung von akustischen zu optischen Eindrücken gelingen. *Bilder* beeinflussen ebenso unsere Stimmungslage, machen nachdenklich, provozieren, aktivieren eigene Erinnerungen, bewirken Assoziationen, erschrecken, besänftigen, beschämen, erzeugen Träume und Sehnsüchte. Zunächst einmal sollte mithilfe einiger weniger Bilder oder Transparentvorlagen die Änderung der Gemütsverfassung und der aktuellen Gedankenwelt erfahrbar gemacht werden, ohne dass sich daran weitere Aktivitäten anschließen. Bildmeditation ist etwas anderes als Bildbetrachtung. Nicht das Detail zählt. Die gedankliche Assoziation, die Sensibilität auch für Symbole, Zeichen, Signale ist angezielt.

In einem *dritten Schritt* wird nun die Kombination von *Musik und Bild* hergestellt. Der Lehrer, später auch die Schüler, verbinden optische Eindrücke mit musikalischen. Die Wirkung beider Medien potenziert sich, wenn die Kombination sensibel vorgenommen wurde. Es gibt unzählige *Einsatzmöglichkeiten*. Hier nur einige Beispiele: zu Beginn des Unterrichtstages, zur Beendigung des Unterrichtstages, als eingestreute Meditationsphase zur Entspannung, Vertiefung, Konzentration, zum Start nach einer „geladenen" Pause, um eine sich anbahnende verbale Auseinandersetzung zu beschwichtigen, als Motivation für eine Lernsequenz, um aggressionshaltige Situationen zu entschärfen, ohne dass der Lehrer die übliche und doch so unwirksame Moralpredigt einsetzt, an Montagen, um ein Gegengewicht zu den „videofilmgefüllten" Köpfen zu schaffen bzw. diese Bilder zu verwischen usw. Es sei nur am Rande erwähnt, dass Übungen dieser Art natürlich auch auf nervöse, unruhige Lehrer ihre Wirkung nicht verfehlen!

Meditative Übungen dürfen nicht zur Routine, zum Alltag, zur Pflicht werden. Sie sind ein angenehmer, von Lehrern und Schülern gewollter, ja oft sogar herbeigesehnter Abschnitt des Unterrichtstages. Sowohl im Sinne von Prävention, als auch im Sinne gezielter Intervention kann Meditation wirken.

Nach dem Betrachten von Bildern kann das Schweigen, das Betroffensein, das Staunen alleine schon genügen. Natürlich können sich Übungen und vielfache Variationen anschließen. Wichtig, ja unverzichtbar ist der Austausch mit anderen, besonders wenn Assoziationen belastend oder Angst erzeugend gewesen sein können. Hier einige Anregungen:
• Aussprache über Gefühle und Gedanken nur mit einer Person (Banknachbar);
• Aussprache über Gefühle und Gedanken in der Gruppe;
• Aussprache über Gefühle und Gedanken in der gesamten Klasse;
• Brainstorming, d. h. der Schüler notiert in sehr knapp gehaltener Zeit, was ihn während der Übung bewegt, was ihm einfällt;
• Beantwortung gezielter Arbeits- bzw. Beobachtungsaufträge;
• Anknüpfen an aktuelle Vorfälle;
• Perspektiven, Vorsätze, Pläne entwickeln;
• Assoziationsketten erstellen;
• lückenhaft vorgegebene Assoziationsketten vervollständigen;
• Betroffenheit in Form von Zeichnungen, Skizzen, Bildern zu Papier bringen, alleine oder mit selbst gewählten Partnern.

Nach Meditationsphasen notieren Schüler häufig spontan ihre Gedanken, Ideen, Eindrücke, die dann allen zur Verfügung gestellt werden, z.B. durch Tafelanschrift bzw. (wenn von vornherein auf Folie geschrieben wird) durch Projektion.

Bei allen meditativen Übungen kommt es darauf an, Schüler immer wieder herauszuholen aus dem Alltag, einem Alltag, der auch schon für Kinder und Jugendliche hektisch, laut, gedrängt ist, der sie häufig überfordert, bedrängt, ängstlich und/oder aggressiv macht. Die Schüler müssen wenigstens in der Schule (wo denn sonst noch?) zu sich selbst kommen, sich finden, in sich hineinhorchen können. Konzentrierte, freiwillige Aufmerksamkeit auf ausdrucksstarke Bilder und Töne kann Stille bewirken, nicht nur im Sinne von vorübergehender akustischer Ruhe, sondern im Sinne von innerer Stille, von Sich-Versammeln, von Ruhigwerden. In diesen Phasen sind Menschen sehr ansprechbar, auch manipulierbar (!), Vorsätze werden geboren, Impulse aufgenommen und umgesetzt.

Es ist der Sensibilität des Lehrers ans Herz gelegt, Meditationshilfen am „richtigen" Ort, zur „richtigen" Zeit, mit den „richtigen" Schülern einzusetzen. Natürlich können bestimmte Übungen auch einmal mit nur ganz wenigen durchgeführt werden.

„Er (der Lehrer) muss selbst offen sein für das, wohin er Kinder führen will, er muss eigene Erlebnisse und Erfahrungen einbringen, damit Kinder die Sinnhaftigkeit und Bedeutung dessen, was er vermitteln will, erspüren können; dabei unterstützen oder verhindern auch Stimme und Gestik das Intendierte." (H. Müller-Bardorff, Meditation in der Grundschule)

Es sei noch darauf hingewiesen, dass natürlich die äußeren Gegebenheiten zu beachten sind, also beispielsweise Lichtverhältnisse, Nebengeräusche, Sitzhaltung usw. (Hinweis: Nach der unmittelbaren Übung bleiben die Schüler, fast immer freiwillig, noch eine ganze Zeit in der Meditation bzw. Ruhephase.)

Sollten Schüler z.B. nach kleineren Fantasiereisen, nach ausgedehnterer Bildmeditation in eine tiefe Entspannung geraten sein, ist es dringend notwendig, sie wieder in das Hier und Jetzt „zurückzuholen". Dies geschieht z.B. durch langsame, kräftiger werdende Waschbewegungen mit den Händen, durch Strecken, Räkeln, auch Gähnen, Augen öffnen.

Das Wesentliche, die echte Wirkung von Meditation ist eher langfristig, kurzfristig kaum überprüfbar; genau deshalb sollte der Lehrer aber nicht aufgeben oder nicht erst gar nicht beginnen. Veränderungen in der Gedankenwelt, in der Gefühlswelt werden manchmal „nur" sichtbar durch ein Lächeln, vielleicht durch Tränen, durch einen Ausdruck in den Augen, durch verkrampfte Hände, durch eine sich entspannende Körperhaltung. Das kann mehr bedeuten als Worte! Das hat häufig veränderte Handlungen zur Folge.

Und noch etwas: Meditation will manchmal nicht gelingen! Abbrechen ist erlaubt – ohne Zorn, ohne Enttäuschung!

Gedanken zur Gewalt

Die größte Schwäche der Gewalt liegt darin,
Dass sie gerade das erzeugt,
was sie vernichten soll.
(Martin Luther King)

Menschliche Ziele können
nicht durch unmenschliche
Mittel erreicht werden.
(Richard von Weizäcker)

Jede Rohheit hat ihren Ursprung
in einer Schwäche.
(Seneca)

Gewaltlosigkeit ist die größte Kraft,
die der Menschheit zur Verfügung steht.
Sie ist mächtiger als das wirksamste
Vernichtungsmittel, das des Menschen
Erfindungsgeist ersonnen hat.
(Gandhi)

Weich ist stärker als hart,
Wasser stärker als Fels,
Liebe stärker als Gewalt.
(Herrmann Hesse)

Wir haben gelernt, wie die Vögel zu fliegen
und wie die Fische zu schwimmen.
Aber wir haben die einfache Kunst nicht erlernt,
als Brüder zu leben.
(Martin Luther King)

Gewalt erzeugt
immer
Gegengewalt

Mobbing unter Schülern

Vorsicht: Nicht alles was nach „Mobbing" aussieht ist auch „Mobbing". Es muss klar erkennbar sein, dass es sich handelt um
• gezielte, vorsätzliche Aktionen,
• die immer wiederkehren,
• über einen längeren Zeitraum hinweg,
• gegen einzelne Personen.

Mobbing kann von Einzelnen oder mehreren ausgehen. Ziele sind immer
• Ausgrenzung
• Diffamierung
• Demontage.

Wichtig ist in diesem Zusammenhang, dass Mobbing immer Verbündete sucht, immer auf der Suche nach geringsten Fehlern ist, Gerüchte aller Art streut und nutzt und immer Öffentlichkeit herstellt. Der Begriff „Mobbing" stammt aus dem Englischen: *mob* = Pöbel, Pöbelhaufen.

Abhängig vom Alter kennt Mobbing bzw. „Bullying" (*bully* = der Rabauke) sehr unterschiedliche Erscheinungsformen, z. B.
• man wird wie Luft behandelt;
• Schweigen in Anwesenheit des Betroffenen;
• lachen, kichern;
• isolieren, ausgrenzen, ausweichen;
• verspotten, nachäffen, hänseln,
  lächerlich machen (Aussehen,
  Verhalten …);
• diffamieren, Lügen verbreiten, üble Nachrede;
• „Sachen" verstecken, falsche Informationen an den Betroffenen weitergeben,
  „Sachen" beschädigen;
• bedrängen, Angst einflößen, demütigen, destruktiv laut vor anderen kritisieren, eventuell sexuelle Anzüglichkeiten;
• schlagen, bespucken, treten, körperlich attackieren, erpressen.

Dies bleibt natürlich für die Betroffenen, die Gemobbten, die Opfer niemals ohne Folgen. Hier seien – ohne weitere Erläuterung – einige mögliche Folgen genannt:
• Traurigkeit, Frustration, Resignation;
• Unsicherheit, Apathie;
• Angst, Alpträume, schlaflose Nächte;
• Ohnmacht, Hilflosigkeit, blinde Wut;
• Irritation Einsamkeit (bis hin zu Selbstmordgedanken);

- allgemeines Misstrauen auch anderen gegenüber;
- Leistungsversagen;
- direkte Aggressivität;
- abgeleitete Aggressivität (z. B. gegen Eltern/Lehrern);
- gesundheitliche Folgen aller Art;
- Schwächung des Selbstwertbewusstseins; Suche von Schuld bei sich;
- Fluchtverhalten, z. B. in Alkohol, Drogen …;
- Anbiederungstendenzen; sich „einkaufen" wollen u. a.

Bevor gehandelt werden kann – rechtzeitig und zum eigenen Schutz – müssen viele Faktoren berücksichtigt und bedacht werden. Niemals führt ein „monokausaler" Ansatz zu akzeptablen Lösungen. Hier einige Fragestellungen, die infrage kommen können:

- Wie viele „Täter" sind es?
- Wer ist der „Kopf", der „Anführer"?
- Gab es einen Auslöser für die Attacken?
- Warum macht es dem Mobber offensichtlich Spaß, so zu handeln?
- Spielen „Macht", „Rache", „Minderwertigkeitsgefühle", „Angeberverhalten" o. Ä. eine Rolle?
- Welche Ziele verfolgen die Mobber?
- Wo gibt es eventuelle Grenzen?
- Welchen Informationsstand haben die anderen Mitschüler, die Lehrer?
- Dulden die Mitläufer die Attacken, machen sie nur mit, werden sie gezwungen, sind sie selbst aktiv?
- Wo wird hauptsächlich gemobbt, im Klassenzimmer, beim Sportunterricht, auf dem Schulweg, in der Pause usw.?

Vielleicht kann der Fragebogen auf S. 161 helfen, verdecktes, vermeintliches, sich anbahnendes, fortgeschrittenes Mobbing zu entdecken, es bewusst zu machen und dann zum Handeln befähigen.

Was tun?

Als sehr hilfreich und sensibilisierend erweisen sich sowohl präventiv als auch korrigierend intervenierend neben der Bearbeitung, Auswertung und Besprechung der Fragebögen – individuelle und abstrakte – auch Fallbesprechungen (siehe Seite 214–214).

Einfacher Fragebogen zum Schülermobbing

Name (freiwillig): _____

Nur du arbeitest für dich!
Kreuze an. Deine Angaben werden absolut vertraulich behandelt.
Vielleicht kann dir ja bald jemand helfen.
Nicht übertreiben, ehrlich antworten, nachdenken, entscheiden,
ankreuzen.

	nie	selten	manchmal	oft
1. Mitschüler (MS) hindern, etwas zu sagen.	☐	☐	☐	☐
2. Ich werde von MS angeschrien, niedergeschrien.	☐	☐	☐	☐
3. Ich werde übertrieben von MS kritisiert.	☐	☐	☐	☐
4. Ich werde am Telefon belästigt.	☐	☐	☐	☐
5. MS lassen mich einfach stehen; behandeln mich wie Luft.	☐	☐	☐	☐
6. MS lachen laut über mich.	☐	☐	☐	☐
7. MS grenzen mich aus, wählen mich nicht, lassen mich stehen.	☐	☐	☐	☐
8. MS verspotten mich, äffen mich nach, beleidigen mich.	☐	☐	☐	☐
9. MS verbreiten Lügen über mich.	☐	☐	☐	☐
10. MS verstecken meine Sachen.	☐	☐	☐	☐
11. MS beschädigen meine Sachen.	☐	☐	☐	☐
12. MS machen mir Angst, drohen mir.	☐	☐	☐	☐
13. MS erpressen mich.	☐	☐	☐	☐
14. MS gehen mich körperlich an (z. B. spucken, treten ...).	☐	☐	☐	☐
15. MS bedrohen (verletzen) mich mit Waffen.	☐	☐	☐	☐

Beispiel 1

Daniel aus einer der 9. Klassen berichtet, er halte es nun nicht mehr aus in seiner Klasse. Die Kameraden schikanierten ihn täglich und versuchten ihn zu ärgern. Nun habe ihn der Klassenlehrer mit Arrest bestraft, obgleich er gar nichts dafür könne. Er habe ja nur laut gerufen: „Lasst mich in Ruhe!" Der Lehrer habe dies als Störung des Unterrichts geahndet. Was war geschehen? Seit Monaten gaben die hinter ihm sitzenden Schüler immer wieder leise und fast nur für ihn hörbar Hundelaute von sich, knurrten und bellten. Nur Daniel und einige wenige Mitschüler wussten, was dies bedeutet. Sie machten „wie Opa Feinfingers Hund".

Eines Tages, so berichtete Daniel, hätten die anderen „furchtbar gelacht". Dirk habe den anderen erzählt, auf der Kommode bei seinem Opa stehe ein Hundebild. Auf dem Rand sei das Todesdatum eingetragen: 25. Mai. An diesem Tag ist Daniel geboren worden. Bestimmt sei die Seele von Opa Feinfingers Hund in Daniel gefahren: Seelenwanderung! Von diesem Tag an hätten sie mit ihrer „Hundesprache" angefangen. Wenn ihn die anderen ärgern wollten, machten sie „wie Opa Feinfingers Hund". Neuerdings aber trieben sie es derartig schlimm, dass er es nicht mehr aushalte. Daniel war am Ende seiner Kräfte. Er hatte bis dahin bereits häufig wegen Krankheit gefehlt, wie der Klassenlehrer besorgt festgestellt hatte. Manchmal war Daniel aus Angst vor seinen Peinigern morgens nicht in die Schule gegangen. Ein ziemlicher Einbruch seiner ohnedies nicht besonderen Leistungen war die Folge.

Daniel war so über viele Monate durch einige „Klassenkameraden" ständig schikaniert, lächerlich gemacht, bedroht worden. Die Angriffe geschahen außer dem „Spiel mit dem Hundeknurren" auf vielerlei Weise: Sie nahmen ihm mehrfach trotz seiner Gegenwehr einfach das Mofa (sein ganzer Stolz) weg und fuhren damit herum. Daniel wurde durch die fortdauernden Schikanen krank, setzte sich bei seinen Lehrern aber dem Verdacht der Schul- und Leistungsverweigerung aus. Trotz Beendigung des Mobbings – durch die entschlossene Haltung des Schulleiters und der unterrichtenden Lehrer waren die Mobber von ihrem schäbigen Tun abgebracht worden – war der Leistungseinbruch nicht mehr aufzuholen. Daniel verließ am Schuljahresende entnervt die Schule. Selbst das Angebot der Aussetzung der Versetzung für ein halbes Jahr konnte ihn nicht davon abhalten. Er wollte nur noch seinen Peinigern entkommen.

Quelle: Horst Kasper: Mobbing in der Schule, S. 64 f.

Beispiel 2

Wenn Schule zum Albtraum wird

Jochen R. berichtet: „Ich heiße mit richtigem Namen Rowisch. Meine Klassenkameraden nannten mich aber irgendwann nur noch „Klofisch". Etwas später
erfand jemand zum Riesenspaß der anderen die geschmackvolle Bezeichnung,
„Tiefseetoilettentaucher". Diese Spitznamen haben mich schrecklich gekränkt.
Inzwischen bin ich 26 Jahre alt, aber noch heute grüßen mich meine ehemaligen Klassenkameraden mit „Klofisch, wie gehts?" Das war übrigens nur eine
von vielen Feindseligkeiten. Es gab Zeiten, da fand ich mein Fahrrad jeden Tag
„gelüftet". Schon in der ersten Klasse hat dieses Mobbing begonnen. Bald war ich
der „Prügelknabe". Ich bin oft schnell nach Hause gelaufen, um nicht geschlagen
zu werden. Auch Telefonterror bei mir zu Hause war keine Seltenheit. Irgendwann aber ist es mir gelungen, das Problem in den Griff zu bekommen ..."

Mobbing ist längst kein Phänomen mehr, das nur in der Arbeitswelt von Erwachsenen vorkommt. Auch Kinder müssen damit leben. Nicht wenige erfahren,
dass Mitschüler im Kampf um Macht und Einfluss mit Worten ebenso verletzen
können wie mit Fäusten, und plötzlich finden sie sich im Abseits wieder. Mobbing
kann viele Gesichter haben: hänseln, quälen, abzocken, ausgrenzen und manchmal sogar erpressen. Oft wiegen die Folgen für die Opfer so schwer, dass sie weit
in ihr späteres Leben hineinreichen.
Woher die Verrohung mobbender Kids kommt, liegt für viele Fachleute auf der
Hand: „Das Verhalten der Kinder spiegelt die Welt wider, in der wir leben", sagt
ein anerkannter Erziehungswissenschaftler. Aufgewachsen in einer Ellbogen-
Gesellschaft, in der jeder sich selbst der Nächste ist, imitieren sie, was Vorbilder
ihnen vorleben. Solidarität mit Schwächeren wird zur Ausnahme. Immer mehr
verfolgen rücksichtslos ihre Interessen. Viele Jungen und Mädchen, glauben
Experten, haben ein hohes Erziehungsdefizit. Sie werden aggressiv und drang-
salieren andere, weil sie nicht gelernt haben, Regeln und Gesetze zu beachten
und Grenzen zu akzeptieren. Auf sich allein gestellt, schlingern solche Kinder wie
kleine Schlauchboote orientierungslos in den aufgewühlten Fluten.

Was bei kleinen Kindern die Lust am Quälen weckt, ist zunächst nur schwer
nachvollziehbar. Tatsache ist jedoch: Mobber, die Schulkameraden zur Zielscheibe
von Gemeinheiten, Spott, Gewalt und Verachtung machen, sind meist selbst
emotional wenig gefestigt. Häufig geht der Terror von Schülern aus, deren Selbstbewusstsein auf wackeligen Beinen steht und die sich durch gezieltes Mobbing
ein Mittel schaffen, um eigene Defizite zu vertuschen, z. B. mangelnde Leistung in
der Schule oder fehlende Zuwendung im Elternhaus.
Spüren die Mobber Widerstand, werden sie oft mutlos und verlieren die Lust
am Psychoterror. Bestimmtes Auftreten und eine sichere Körpersprache wirken
abschreckend. Eltern, die ihre Kinder stark machen wollen, sollten ihnen sowohl
Selbstbewusstsein als auch die Fähigkeit zum sozialen Miteinander vermitteln.
Selbstsicherheit kann eventuelle Täter fern halten. Was Jungen und Mädchen
jedoch am allermeisten brauchen, sind Vertrauen und die Sicherheit, sowohl im
Elternhaus als auch in der Schule Rückhalt und Unterstützungen zu finden.

Quelle: „Für Sie", Nr. 21-09/2000, und „Mobbing an der Schule", Horst Kasper, Info Atlas
2000/2001

Mögliche Arbeitsaufträge zu Beispiel 2:

1. Der erste Absatz unterscheidet sich nicht nur durch die Schriftart deutlich vom Rest des Textes.
   Stelle in wenigen Sätzen weitere Unterschiede dar.
2. Der Text enthält mehrere sprachliche Bilder. Suche zwei davon heraus und erkläre sie.
3. In diesem Text geht es um den Begriff „Mobbing".
   Nenne stichpunktartig zwei Ursachen und zwei Folgen für dieses Phänomen.
4. Jochen trifft einen ehemaligen Klassenkameraden. Er traut sich nun über das Mobbing in der zurückliegenden Schulzeit zu sprechen und äußert sich zu seinen damaligen Gedanken und Gefühlen.
   Beginne so: „Manchmal war für mich die Schule ein richtiger Albtraum. Ich …"
5. Ein(e) Mitschüler(in) deiner Klasse wird gemobbt.
   Stelle in einem zusammenhängenden Text dar, wie du diesem(r) Mitschüler(in) helfen kannst.
6. Die „Traumschule" ist wohl kaum zu verwirklichen. Dennoch sollen alle sich in der Schule wohl fühlen. Lehrer und Schüler können viel dazu beitragen.
   Erläutere und begründe.

Mögliche Arbeitsimpulse:
- spontane Stellungnahme/Wertung;
- „Angst vor seinen Peinigern";
- Fluchtverhalten;
- … und in euerer Klasse?;
- „Mobbing ist fies und feige!"
- Courage zeigen!

Vielleicht kann noch folgende kleine Impulssammlung dazu beitragen, mit dem Phänomen Mobbing bzw. Bullying mutig, offener und effektiver umzugehen. Grundsätzlich ist Wachsamkeit angesagt – auf Seite der Schule und der Lehrer. Schon kleine, sich anbahnende Veränderungen sind sensibel zu registrieren.

A – I – D – A !

Diese Formel ist unverzichtbar umzusetzen:

A = *attention*; aufmerksam sein, wach sein

I = *interest*; Interesse an den sich verändernden Sachverhalten zeigen; Aufgeschlossenheit, Neugierde

D = *desire*; der Wunsch muss entstehen, konkret, mutig eingreifen zu wollen

A = *action*; handeln, verändern, unterstützen, zur Rede stellen

Die Problematik von Mobbing muss offen und direkt, vielleicht am „Fall" angesprochen werden; dabei sind Opfer- und Täterperspektive zu durchleuchten.

Eventuell können kleine Fallbeispiele, Rollenspiele sehr hilfreich sein. Die Situation, der Fall, die Rolle werden entweder vom Lehrer vorgegeben oder von den Schülern erarbeitet; gemeinsames Ringen um „Lösungen" ist unverzichtbar.

Ein paar Tipps für die Opfer können gemeinsam erarbeitet werden; hier einige Anregungen:

- Reagiere bald (!), nicht ängstlich warten; nur Mut!
- Vertraue dich bald anderen an (Freunde, Eltern, Klassenleiter, Lehrer deines Vertrauens)
- Schreibe Vorfälle auf (wann? wo? wer? was? wie?)
- Überlege (schreibe auf), warum andere dich mobben (was vermutest du … ehrlich!).
- Welchen Anteil könntest du (!) an dem Problem haben?
- Gab es eventuell einen Auslöser für die „Attacken"? Wenn ja – welchen?
- Beschreibe (schreibe auf) dein Grundgefühl.
- Lenke dich ab (Hobby, Sport, Freunde …), nicht grübeln!
- Aggression plus Aggression gibt Aggression … das weißt du doch, oder?
- Was könntest du jetzt unternehmen, wie könntest du (!) dich wehren? Drei Ideen … Besprich sie mit anderen.
- Traust du dir zu, vor (mit) der ganzen Klasse – Auge in Auge – in Anwesenheit einer Lehrerin/eines Lehrers dich mit den „Tätern" auszutauschen? Bereite dich gut vor:
- Stelle z. B. drei Fragen.
- Erzähle wie es dir wirklich geht.
- Formuliere Wünsche/Erwartungen, aber auch Befürchtungen.

Literatur

Alexander, J., „Das ist gemein" – Wenn Kinder mobben, Freiburg 1999

Bayerisches Innenministerium, PIT – Prävention im Team, München 2011

Becker, G./Gonschorek, G., Das Burnout-Syndrom, in: Pädagogische Beiträge 10/90

Berkowitz, L., Aggression, in: Arnold, W./Eyseneck, H. J./Meili, R. (Hrsg.), Lexikon der Psychologie, Freiburg 1980

Blankertz, H., Die Geschichte der Pädagogik. Von der Aufklärung bis zur Gegenwart, Wetzlar 1982

BZgA (Bundeszentrale für gesundheitliche Aufklärung), Infomaterialien, Köln 2011

Dambach, K. E., Wenn Schüler im Internet mobben, München 2011

Dannhäuser, A., Gewalt in den Medien – Ein Statement, in: Bayerische Schule, 45. Jahrgang, 23.04.1992

Dreikurs, R./Soltz, V., Kinder fordern uns heraus, Stuttgart 1991

Engelmann, R. (Hrsg.), Tatort Klassenzimmer, Würzburg 1994

Erb, H., Gewalt in der Schule und wie du dich dagegen wehren kannst, Wien 1999

Feldmann-Gange/Krüger, K.J. (Hrsg.), Gewalt und Erziehung, Bonn 1986

Fürntratt, E., Angst und instrumentelle Aggression, Weinheim 1974

Geschwinder, H.-G., Gewalt in der Schule, in: Die höhere Schule, Krefeld 7/91

Goodman, P., zitiert nach Griese, H., Die Rolle der heutigen Jugend für die künftige Gesellschaft, in: Kaeber, H./Tripp, B. (Red.), Politische Bildung mit Jugendlichen, Bonn 1983

Gordon, Th., Lehrer-Schüler-Konferenz, Hamburg 1977

Gratzer, W., Unterrichtsstörungen, Aggression – sind wir Lehrer machtlos?, Regensburg 2013

Gratzer, W., Aggression, Gewalt –sind wir Lehrer machtlos?, Regensburg 2013

Gratzer, W., Eltern und Lehrer helfen Kindern und Jugendlichen, Regensburg 2012

Gratzer, W., Aggressivität bei Schülern reduzieren – Neue Chancen durch Feedback, Regensburg 2009

Graumann, C. F., Die Klasse als Gruppe, in: Pädagogische Psychologie 1, Frankfurt 1980

Grell, J./Grell, M., Unterrichtsrezepte, Weinheim 1990

Griese, H., Gewalt und Schule. Studien im Blickfeld der Kommerzialisierung und gesellschaftlichen Gewaltverhältnisse, Bremen 1988

Guggenbühl, A. u.a., Aggression und Gewalt in der Schule, Freiburg 1998

Hacker, F., Aggression, Wien 1971

Hacker, F., Aggression – Die Brutalisierung unserer Welt, München 1988

Heye, W., Jugendliche zu ihrer Lebenssituation und Perspektiven für die Jugendarbeit vor dem Hintergrund sozialen Handelns, in: Bezirksregierung Hannover (Hrsg.), Fachdienst Jugendarbeit Nr. 1, Hannover 1987

Hurrelmann, K., Gewalt in der Familie, in: Kind – Jugend – Gesellschaft, Neuwied 1989

Immisch, P./Rössner, L., Verhaltenskorrektur in Lerngruppen, München/Basel 1975

Jefferys-Duden, K., Das Streit-Schlichter-Programm, Weinheim 1999

Kasper, H., Mobbing in der Schule, Basel 1998

Keller, J.A./Novak, F., Kleines pädagogisches Wörterbuch, Freiburg 1990

Kerner, H. J. u. a., Ursachen, Prävention und Kontrolle von Gewalt aus kriminologischer Sicht, in: Schwind, H. D./Baumann, I. u. a. (Hrsg.), Ursachen, Prävention und Kontrolle von Gewalt, Berlin 1990

Klafki, W., Die Methoden des Unterrichts in der Erziehung, in: Erziehungswissenschaft 2, Weinheim 1980

Klockhaus, H./Habermann-Morbey, B., Psychologie des Schulvandalismus, Göttingen 1986

Kuhlmann, A., Faustrecht, Gewalt an Schulen, Freiburg 1994

Kunczik, M., Gewalt und Medien, Köln 1987

Mainberger, B., Jede Menge Zoff: Was tun gegen Mobbing und Gewalt?, München 2000

Medienpraxis 2, Gewaltdarstellung in Film und Fernsehen, Frankfurt 1983

Merz, F., Aggression und Aggressionstrieb, in: Thomae, H. (Hrsg.), Allgemeine Psychologie II, Motivation, Göttingen 1965

Michaelis, W., Verhalten ohne Aggression, Köln 1976

Miller, R., Sich in der Schule wohlfühlen, Weinheim 2006

Müller-Bardorff, H., Meditation in der Grundschule, Regensburg 1990

Nolting, H. P./Bernath-Kaufmann, L., in: Fittkau, B., Pädagogisch-psychologische Hilfen für Erziehung, Unterricht und Beratung, Band 2, Aachen 1983

Petermann, F./Petermann, U., Training mit aggressiven Kindern, Weinheim 1991

Rolinski, u. a., Gewalt in unserer Gesellschaft. Gutachten für das Bayerische Staatsministerium des Innern, Berlin 1990

Schulz von Thun, F., Miteinander reden 2, Hamburg 1992

Speck, O., Aggression und Schulunlust, in: Unterrichtsstörungen, Velber 1987

Theunert, H. u. a., Zwischen Vergnügen und Angst – Fernsehen im Alltag von Kindern, Berlin 1982

Weber, H., Mut zur Phantasie – Kinder lernen über Kinder, Reinbek/Hamburg 1979

Weinhold, V., in: Hauptschulmagazin, Heft 9/1981, München

Weißer Ring, Vom Schrein, Schlagen, Misshandeln (über gewaltfreie Erziehung), Mainz 2001

Willems, H. u.a., Fremdenfeindliche Gewalt, 1993

Winkel, R., Antionomische Pädagogik und kommunikative Didaktik, Düsseldorf 1986

Ziehe, T., Wenn Schüler auffallen, in: Unterrichtsstörungen, Velber 1987

Zöpfl, H., Gewaltbereitschaft in der Schule – Ein Statement. Anhörung von Sachverständigen am 11.05.1991, Bayerisches Staatsministerium des Innern

Bildnachweis